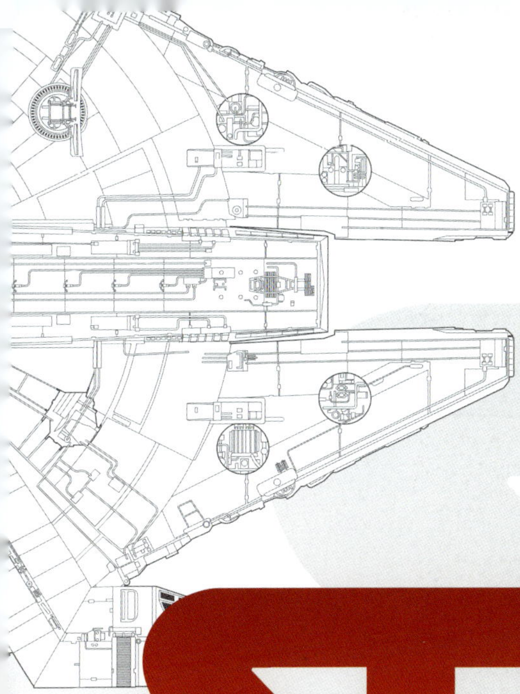

STAR WARS™

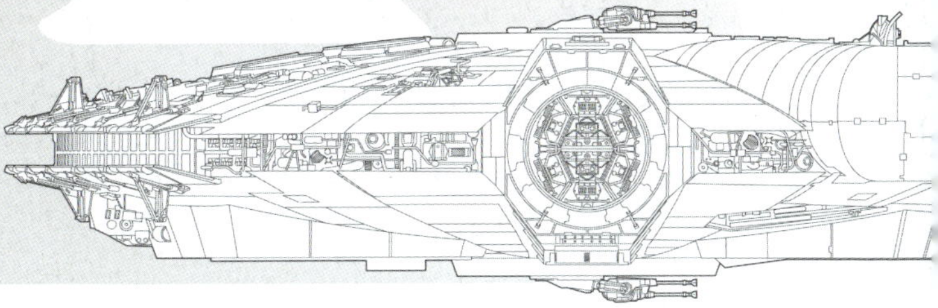

3. DARTH VADER

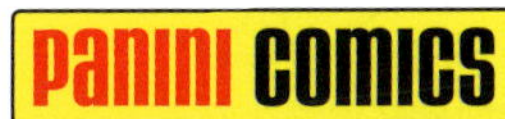

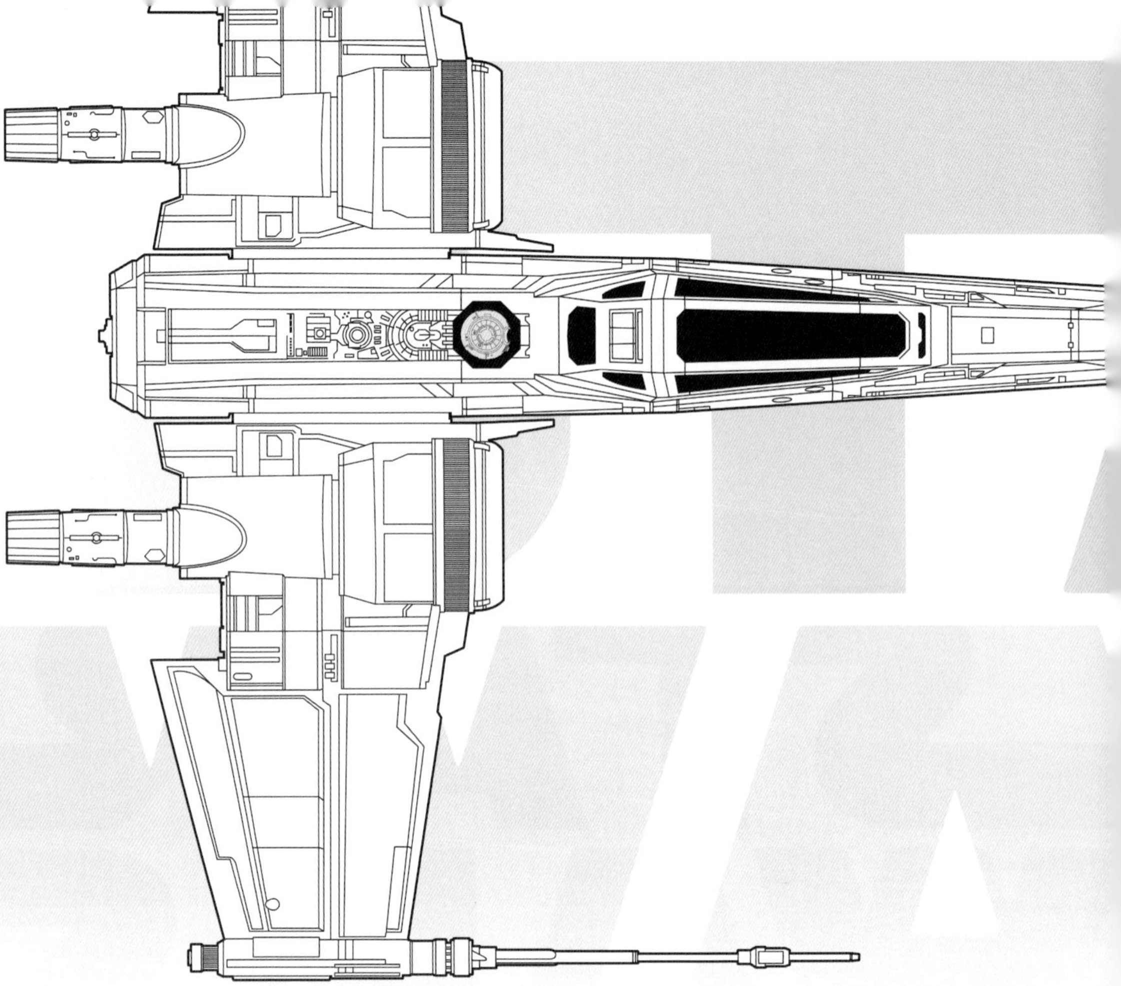

***Star Wars* Marvel Comics-Kollektion 3**

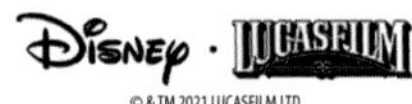

Impressum: *STAR WARS* Marvel Comics-Kollektion 3 – Darth Vader wird von der Panini Verlags GmbH herausgegeben, Schloßstraße 76, 70176 Stuttgart. Geschäftsleitung: Hermann Paul; Head of Editorial: Jo Löffler (v.i.S.d.P.); Redaktion: Benjamin Feuer, Gunther Nickel; Übersetzung: Michael Nagula (Comic); Head of Marketing: Holger Wiest; Marketing: Jette Götz (E-Mail: marketing@panini.de); Lettering & Grafik: Brightstar Studio, Ludwigsburg; Produktion: Sanja Ancic; Druck: Mohn Media, Gütersloh.

Anzeigen: BLAUFEUER VERLAGSVERTRETUNGEN GmbH, info@blaufeuer.de
Es gilt die Anzeigenpreisliste Nr. 18 vom 1.10.2020.
Vertriebsservice: stella distribution, Hamburg, Fax: 040/808053050
Presse & PR: Steffen Volkmer
Panini-Nachbestell-Service: Bezugsmöglichkeiten für ältere Ausgaben unter www.starwars-marvel-comics-kollektion.de

Star Wars Marvel Comics-Kollektion Abonnenten-Service: PrimaNeo GmbH & Co. KG, Postfach 10 40 40, D-20027 Hamburg, Tel.: 040/23670-3990, Fax: 040/23670-301, E-Mail: STWCK@primaneo.de

Hinweise zu unseren Datenschutzrichtlinien finden Sie im Internet unter: https://www.paninishop.de/datenschutz

www.starwars.com

HDESWM003
ISBN 978-3-7416-2317-2

Findet uns im Netz:
www.paninicomics.de
www.starwars-marvel-comics-kollektion.de

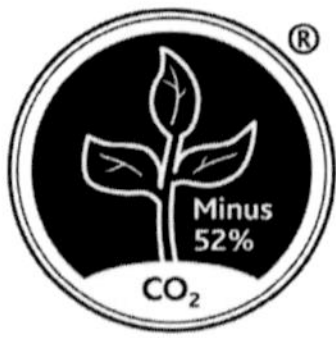

Beim Druck dieses Produkts wurde durch den innovativen Einsatz der Kraft-Wärme-Kopplung im Vergleich zum herkömmlichen Energieeinsatz bis zu 52% weniger CO_2 emittiert.

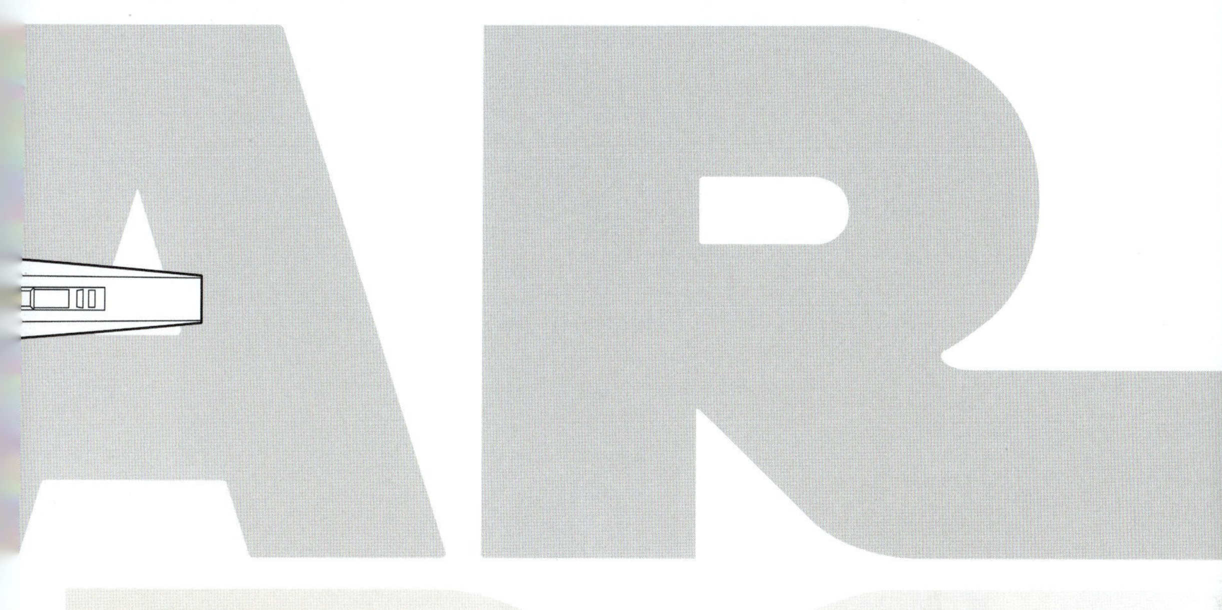

INHALT

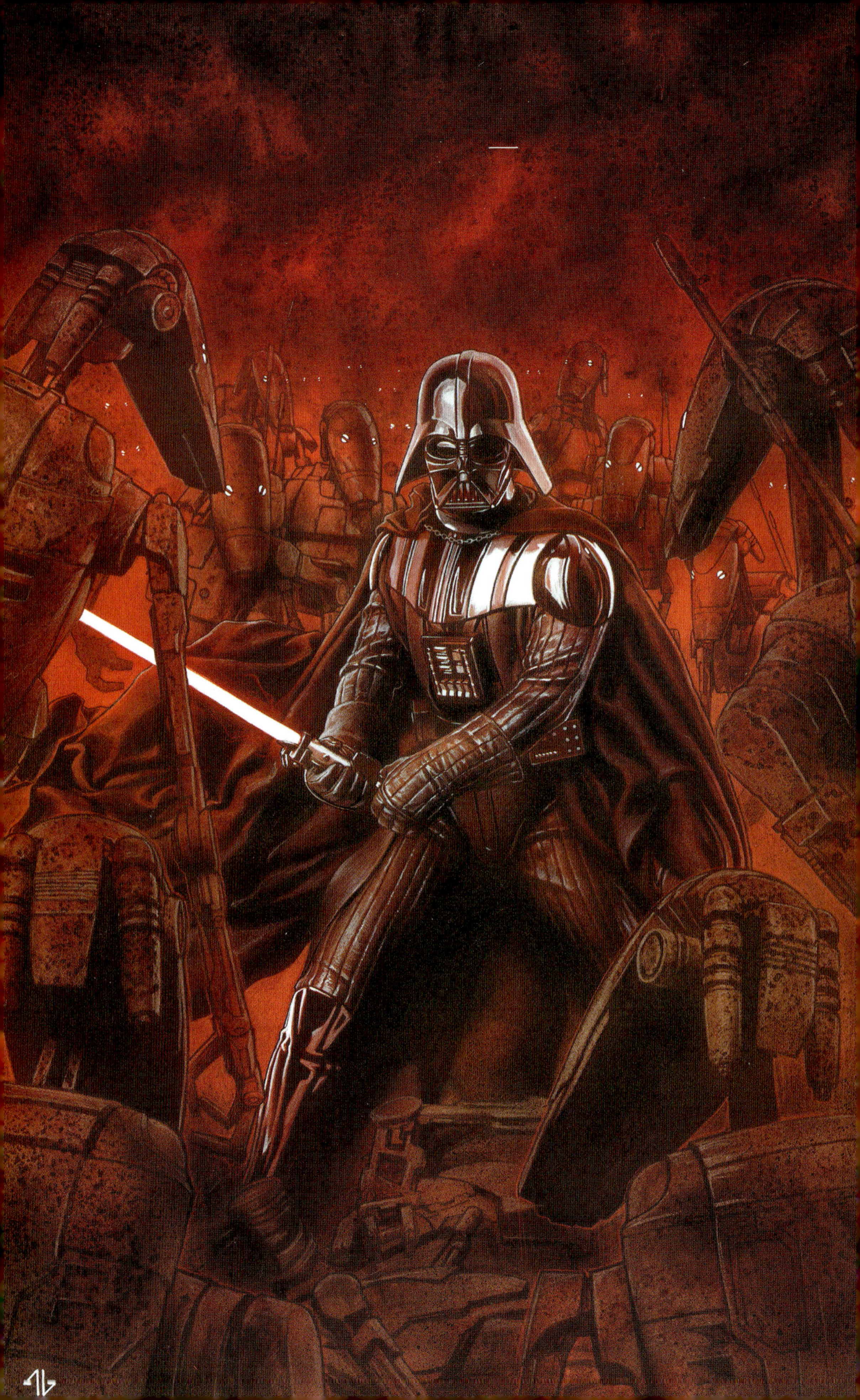

DIE MASKE DER ANGST

von **MARCO RICOMPENSA**

Bereits mit seinem ersten Auftritt auf der großen Leinwand wurde Darth Vader zu einem der bekanntesten Superschurken der Popkultur. Man lässt sich leicht von der dunklen Seite verführen, wenn dort einer der Furcht einflößendsten wie faszinierendsten Dunklen Lords der Sith auf einen wartet: Darth Vader. Nachdem Marvel Comics unzählige Verkaufsrekorde mit der ersten Ausgabe von *Star Wars* gebrochen hatte, brachten sie mit *Darth Vader* einen Comic heraus, der zwar im gleichen zeitlichen Rahmen spielt, die Geschichte jedoch nicht aus der Sichtweise der Rebellenallianz schildert, sondern aus der des Imperiums. Wie sich herausstellt und wie auf den folgenden Seiten zu lesen ist, entsprechen die Pläne Darth Vaders keineswegs immer denen seines Meisters, des Imperators Palpatine. Auch an diese Serie setzte Marvel seine besten Kreativen und diesmal stammt das Team aus Europa. Geschrieben wurde die Geschichte von dem britischen Autor Kieron Gillen, der zuvor an den bekanntesten Marvel-Helden überhaupt arbeitete wie *Thor* oder *Iron Man*. Als Zeichner kam ein spanischer Comicveteran zum Einsatz, Salvador Larroca, der seit Mitte der Neunzigerjahre zur Comicspitze gehört und besonders für seine Arbeit an *X-Men* bekannt wurde. In den USA lief *Darth Vader* sehr erfolgreich. Alle 25 Ausgaben entpuppten sich als Kassenschlager und eroberten nacheinander die Comic-Charts. Die Serie wurde nur zugunsten einer neuen beendet, die sich einem anderen Abschnitt aus Darth Vaders Leben widmete. Im Rahmen seines persönlichen Rachefeldzugs gegen die Rebellen und um die geheimen Machenschaften des Imperators näher unter die Lupe zu nehmen, verbündet sich Vader mit der der düsteren Wissenschaftlerin Aphra und zwei grausamen und tödlichen Droiden und kehrt nach Geonosis zurück, um mit ihrer Hilfe eine Armee aufzubauen. Jedoch wollen ein paar sehr mächtige Leute mit allen Mitteln verhindern, dass er seine Ziele erreicht …

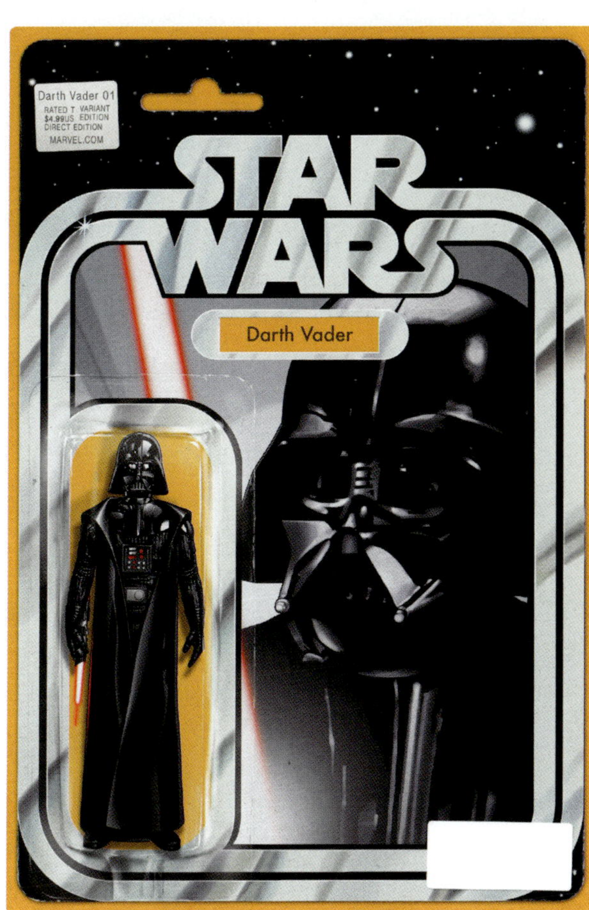

Darth Vader #1 Variant Cover von John Tyler Christopher

STAR WARS

Die dunkle Bedrohung | Angriff der Klonkrieger | Die Rache der Sith | Solo | Rogue One | Eine neue Hoffnung | Das Imperium schlägt zurück | Die Rückkehr der Jedi-Ritter | Das Erwachen der Macht | Die letzten Jedi | Der Aufsti Skywalke

Schlacht von Yavin
(Zerstörung des Todessterns)

Schlac von Exe

DARTH VADER

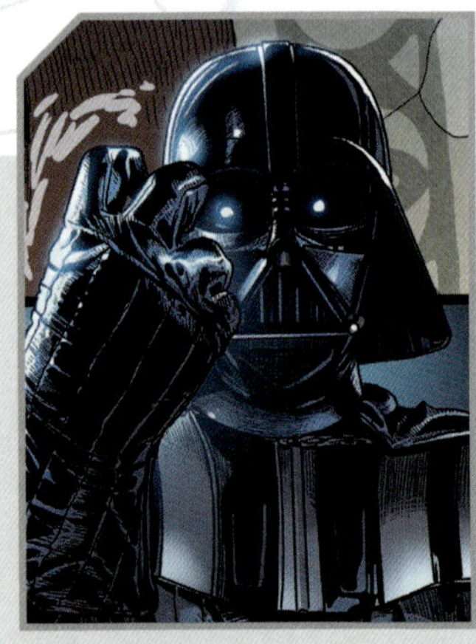

DARTH VADER

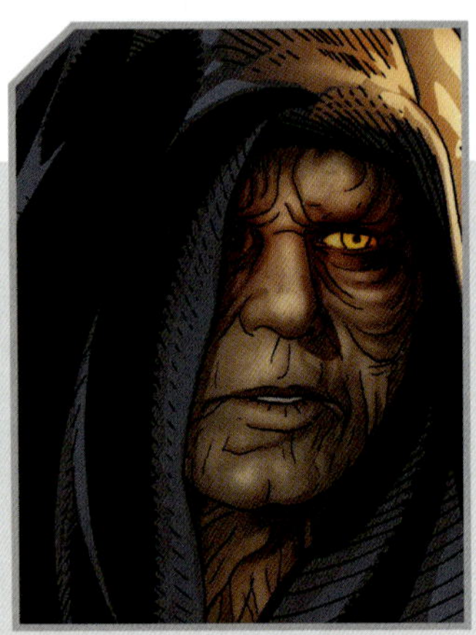

IMPERATOR PALPATINE

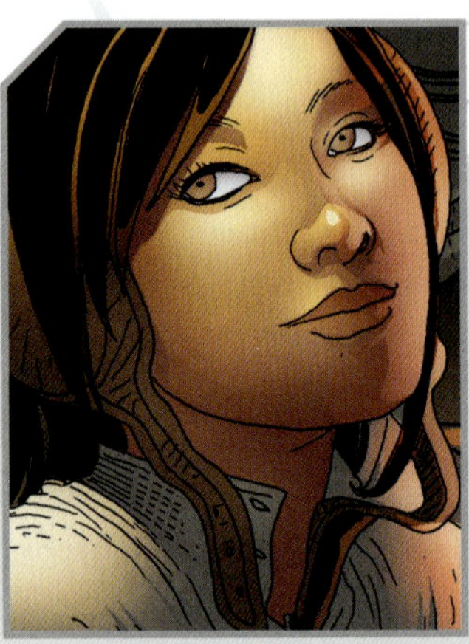

CHELLI LONA APHRA

STORY
KIERON GILLEN

ZEICHNUNGEN
SALVADOR LARROCA

FARBEN
EDGAR DELGADO

ÜBERSETZUNG
MICHAEL NAGULA

Es ist eine Zeit des Aufruhrs. Rebellenschiffe, die aus dem Verborgenen zuschlugen, haben einen schockierenden Überraschungssieg über die rechtmäßigen Herrscher des Galaktischen Imperiums erzielt.

Das ultimative Instrument zur Friedenserhaltung, DER TODESSTERN, wurde aufgrund eines unbemerkten Konstruktionsfehlers zerstört. Ohne dieses Abschreckungsmittel sind Sicherheit und Ordnung in Gefahr. Es droht das völlige Chaos!

In den neunzehn Jahren seit dem Sieg über die Jedi und seiner schmerzhaften Wiedergeburt auf dem vulkanischen Mustafar hat der Sith-Lord DARTH VADER seinem Meister treu gedient. Doch nun hat er in den Augen des Imperators versagt und muss den Preis dafür zahlen …

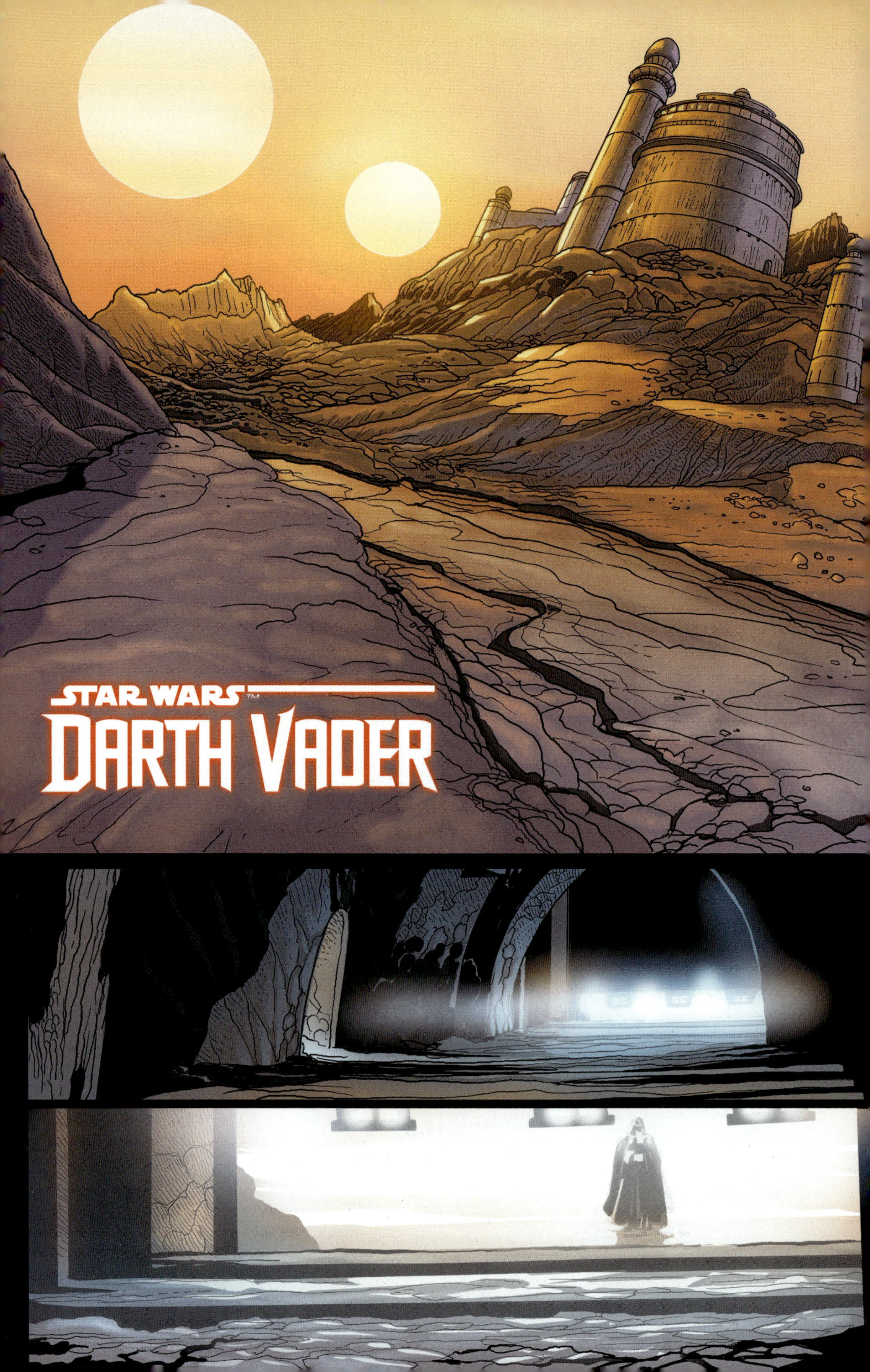
STAR WARS™
DARTH VADER

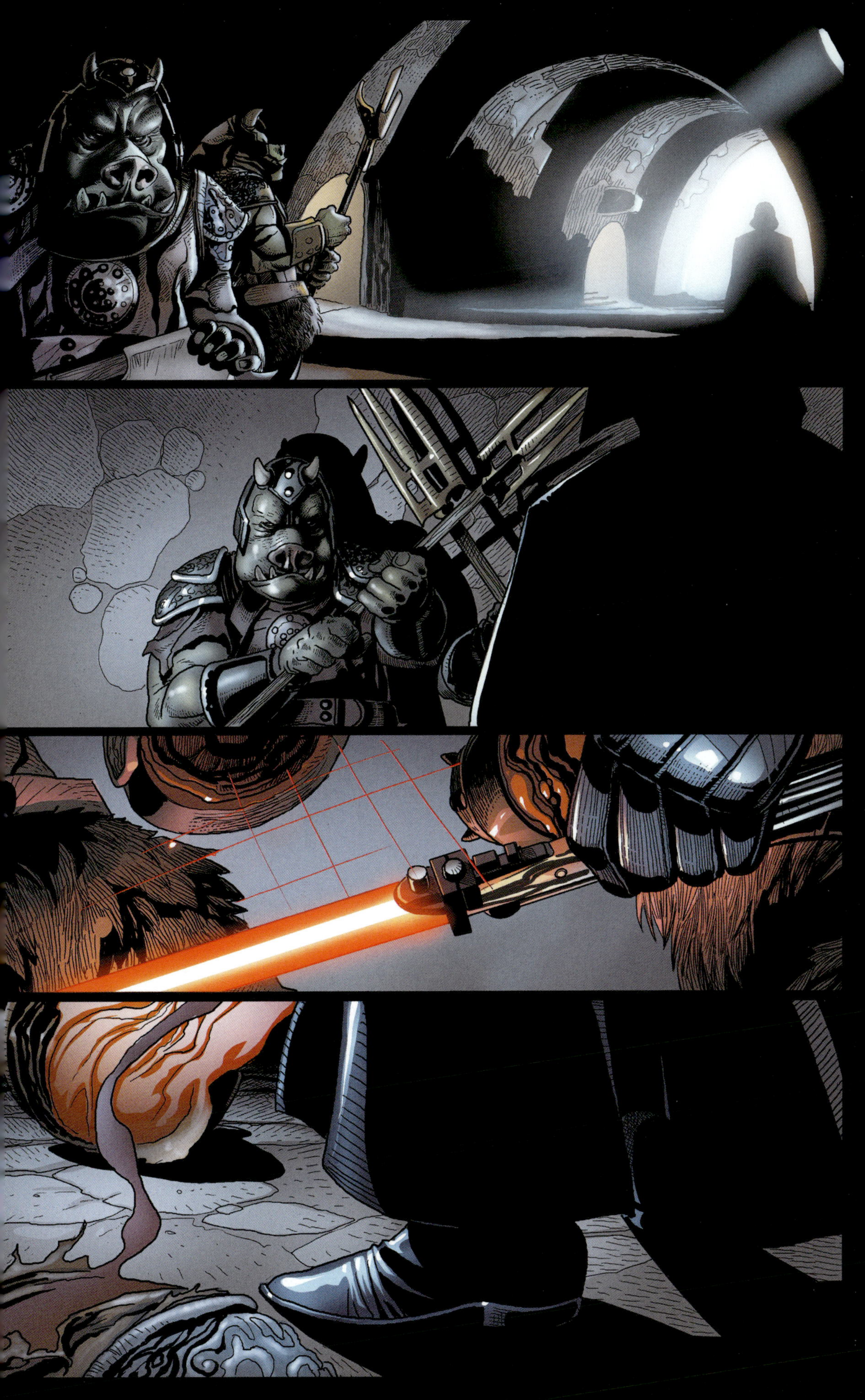

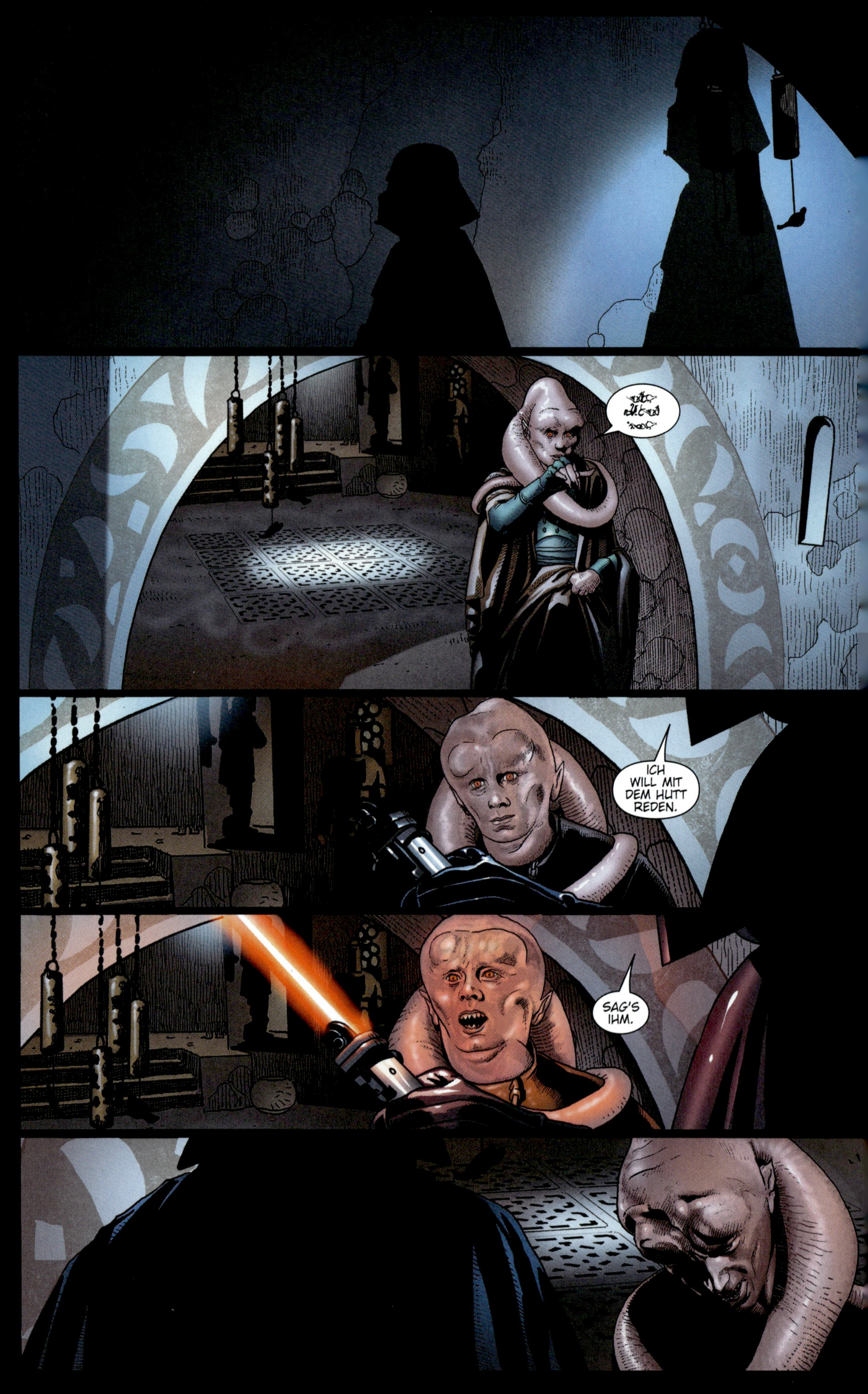
ICH WILL MIT DEM HUTT REDEN.
SAG'S IHM.

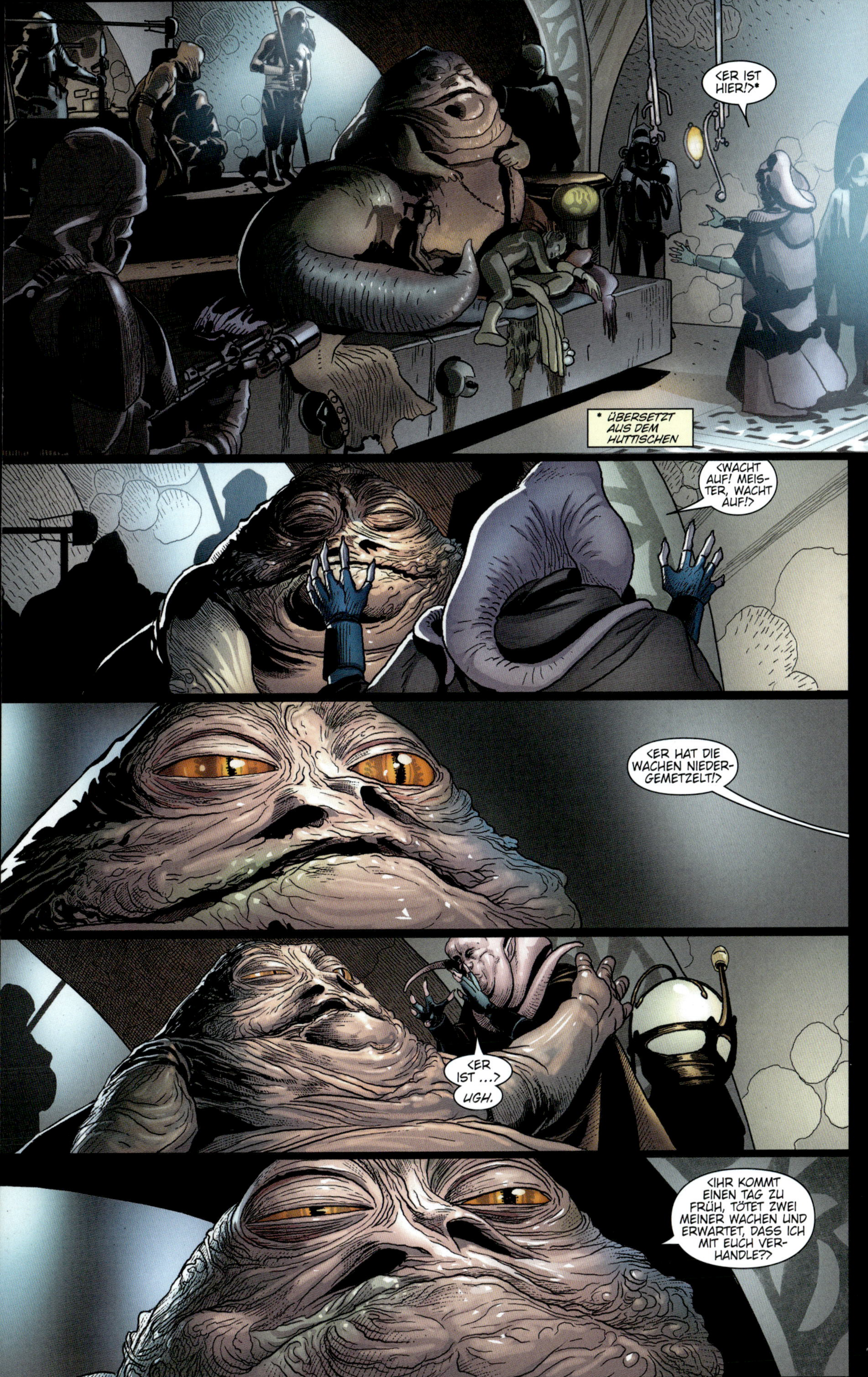
<ER IST HIER!>*
* ÜBERSETZT AUS DEM HUTTISCHEN
<WACHT AUF! MEISTER, WACHT AUF!>
<ER HAT DIE WACHEN NIEDERGEMETZELT!>
<ER IST ...>
UGH.
<IHR KOMMT EINEN TAG ZU FRÜH, TÖTET ZWEI MEINER WACHEN UND ERWARTET, DASS ICH MIT EUCH VERHANDLE?>

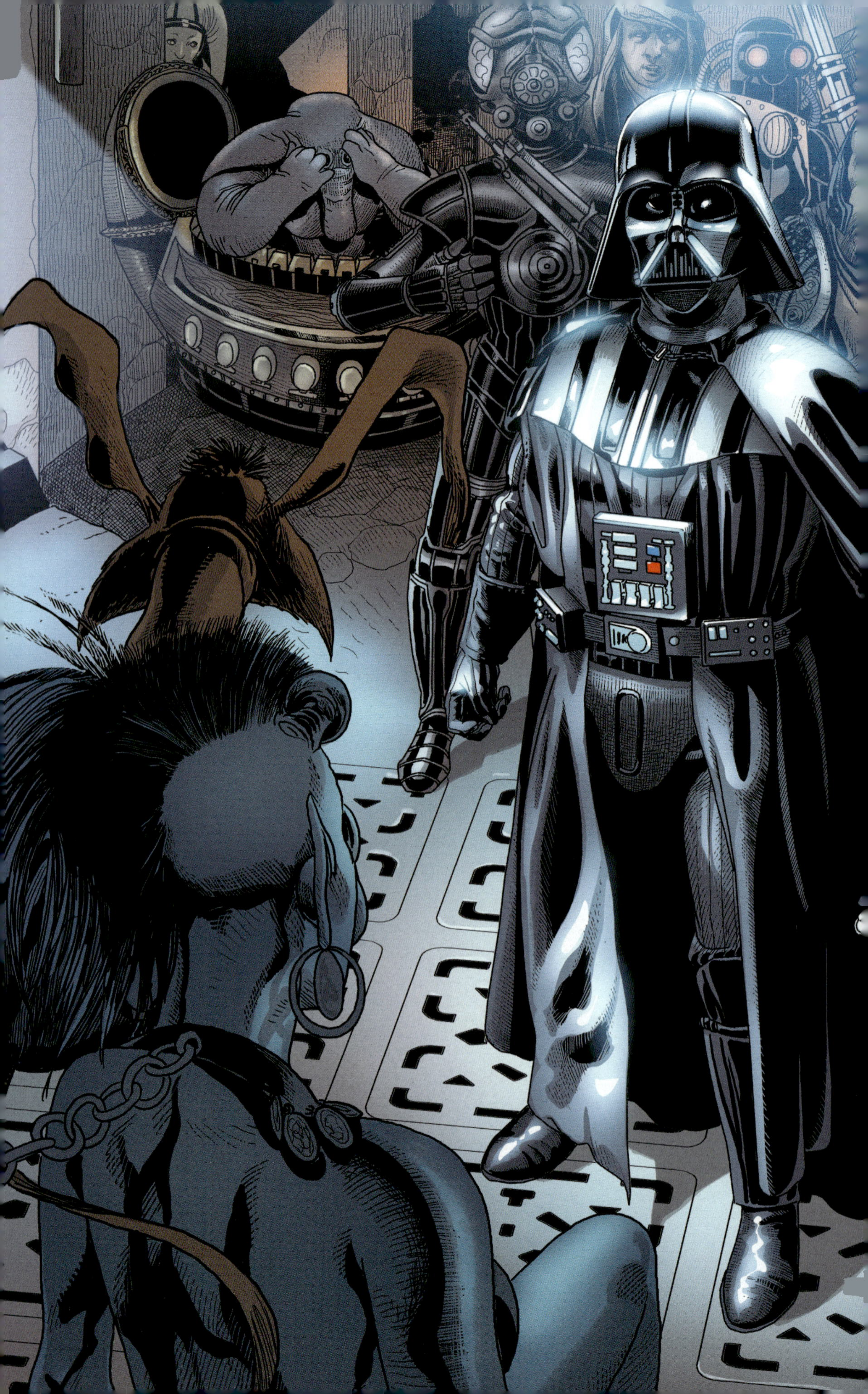

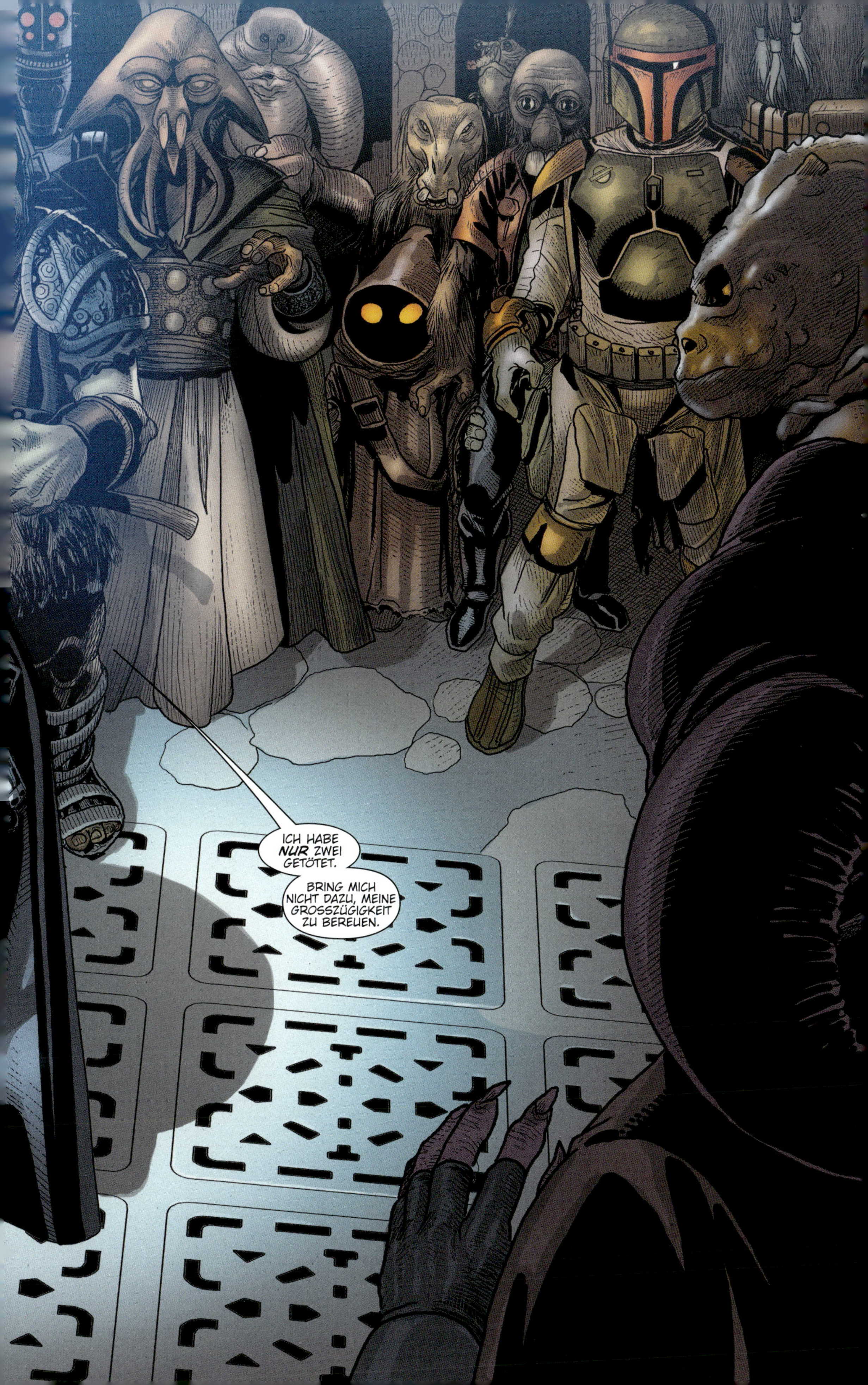
ICH HABE NUR ZWEI GETÖTET.
BRING MICH NICHT DAZU, MEINE GROSSZÜGIGKEIT ZU BEREUEN.

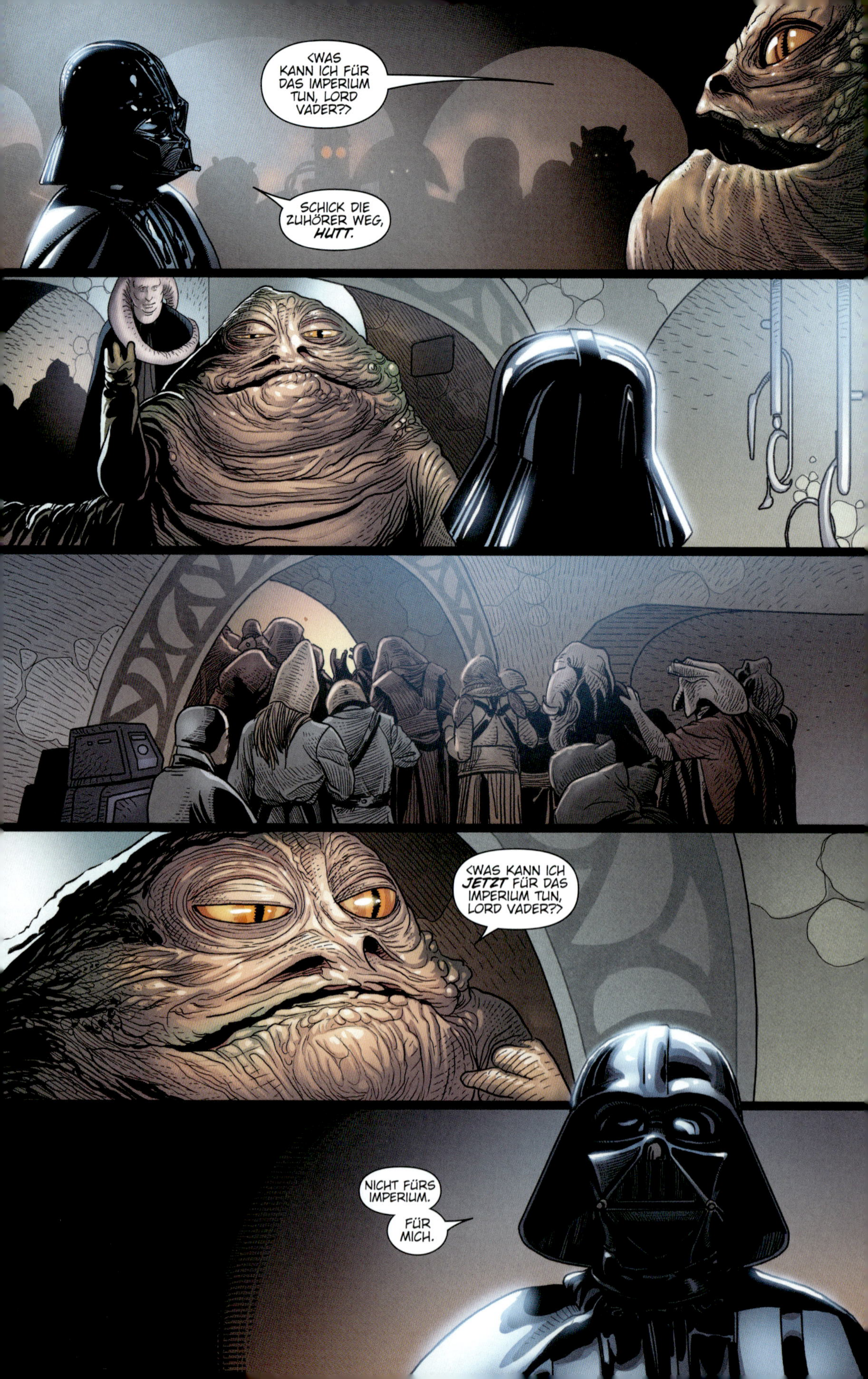

<WAS KANN ICH FÜR DAS IMPERIUM TUN, LORD VADER?>
SCHICK DIE ZUHÖRER WEG, HUTT.
<WAS KANN ICH JETZT FÜR DAS IMPERIUM TUN, LORD VADER?>
NICHT FÜRS IMPERIUM.
FÜR MICH.

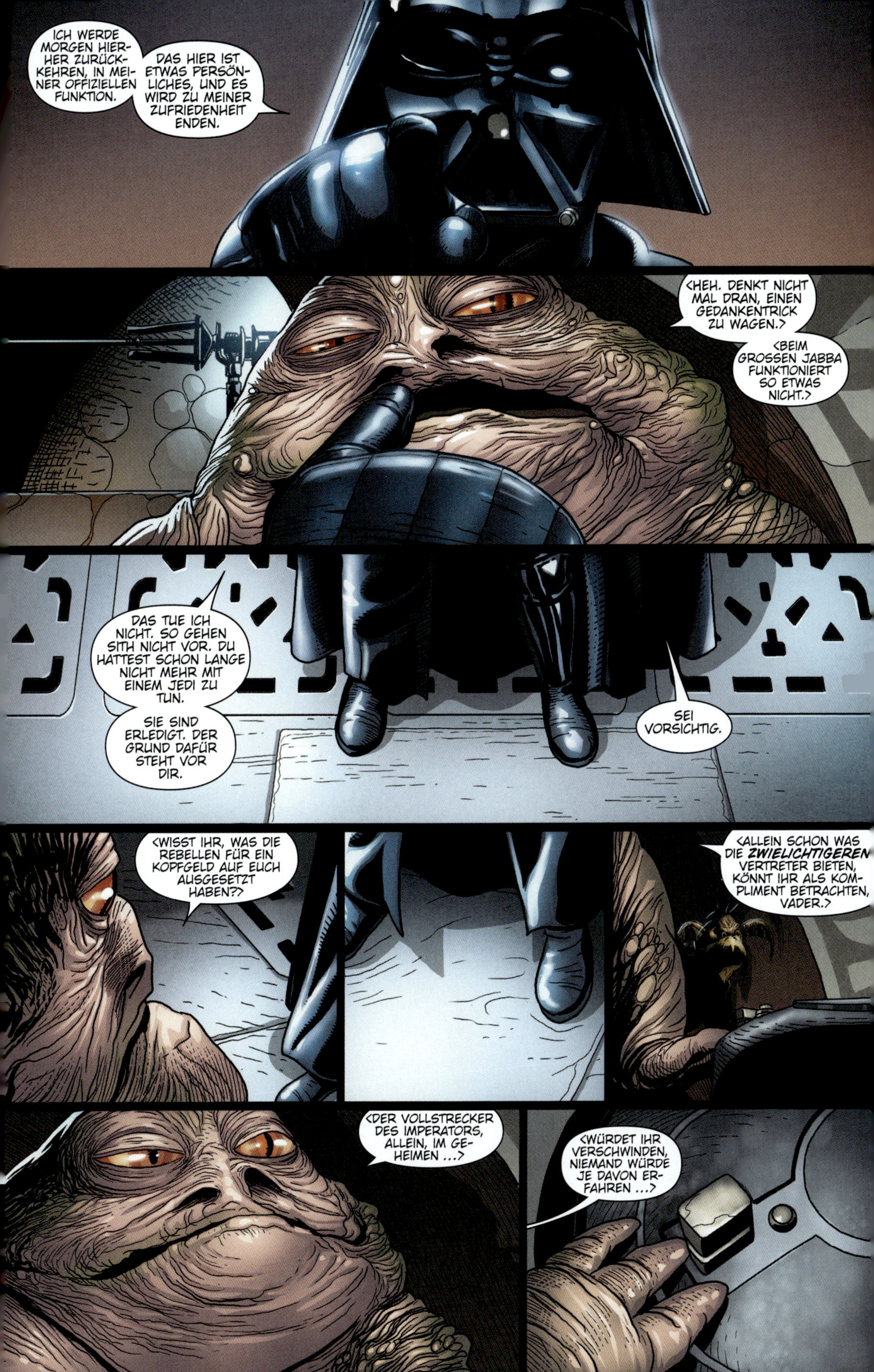

ICH WERDE MORGEN HIERHER ZURÜCKKEHREN, IN MEINER OFFIZIELLEN FUNKTION.
DAS HIER IST ETWAS PERSÖNLICHES, UND ES WIRD ZU MEINER ZUFRIEDENHEIT ENDEN.
<HEH. DENKT NICHT MAL DRAN, EINEN GEDANKENTRICK ZU WAGEN.>
<BEIM GROSSEN JABBA FUNKTIONIERT SO ETWAS NICHT.>
DAS TUE ICH NICHT. SO GEHEN SITH NICHT VOR. DU HATTEST SCHON LANGE NICHT MEHR MIT EINEM JEDI ZU TUN.
SIE SIND ERLEDIGT. DER GRUND DAFÜR STEHT VOR DIR.
SEI VORSICHTIG.
<WISST IHR, WAS DIE REBELLEN FÜR EIN KOPFGELD AUF EUCH AUSGESETZT HABEN?>
<ALLEIN SCHON WAS DIE **ZWIELICHTIGEREN** VERTRETER BIETEN, KÖNNT IHR ALS KOMPLIMENT BETRACHTEN, VADER.>
<DER VOLLSTRECKER DES IMPERATORS, ALLEIN, IM GEHEIMEN ...>
<WÜRDET IHR VERSCHWINDEN, NIEMAND WÜRDE JE DAVON ERFAHREN ...>

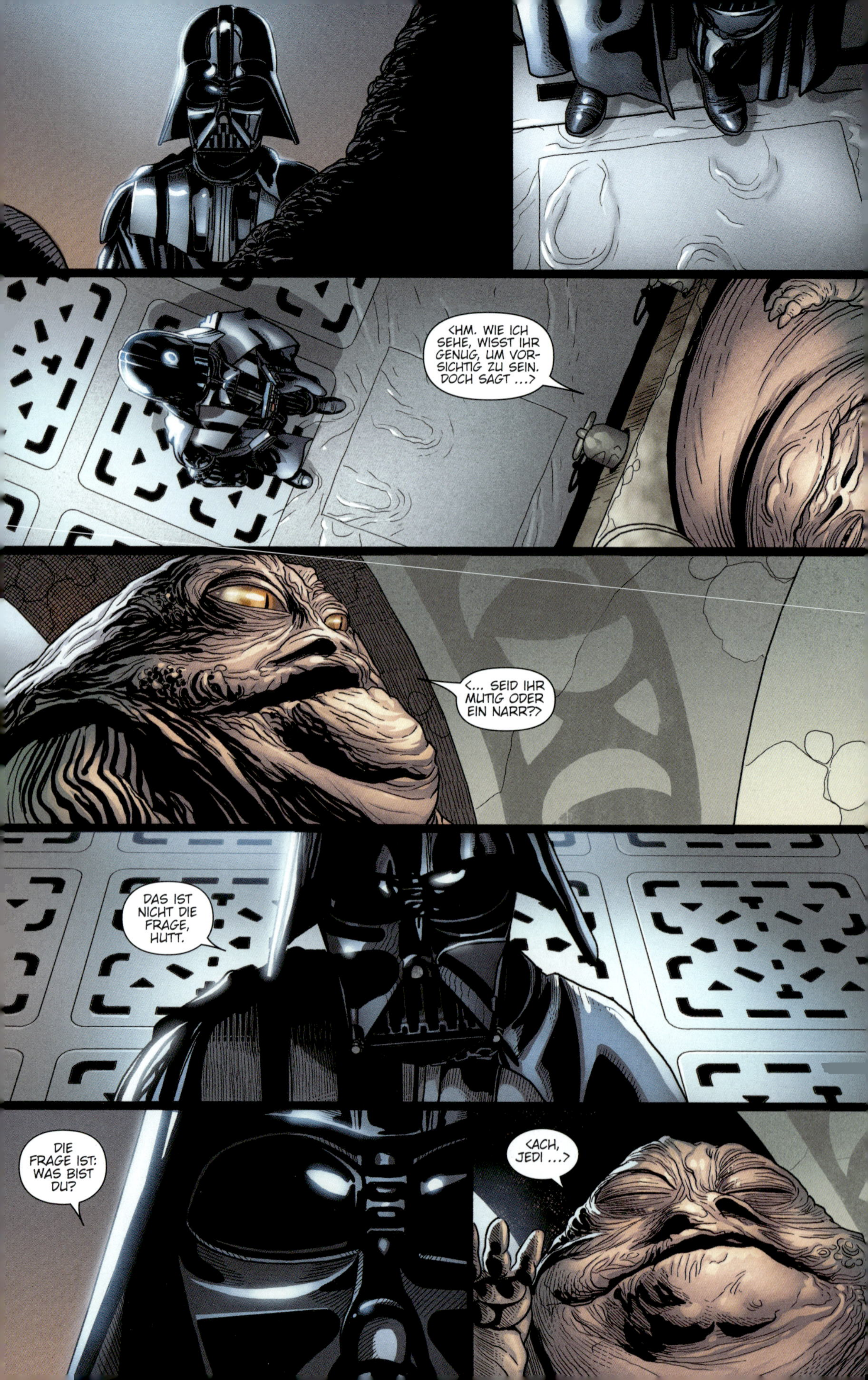
<HM. WIE ICH SEHE, WISST IHR GENUG, UM VORSICHTIG ZU SEIN. DOCH SAGT ...>
<... SEID IHR MUTIG ODER EIN NARR?>
DAS IST NICHT DIE FRAGE, HUTT.
DIE FRAGE IST: WAS BIST DU?
<ACH, JEDI ...>

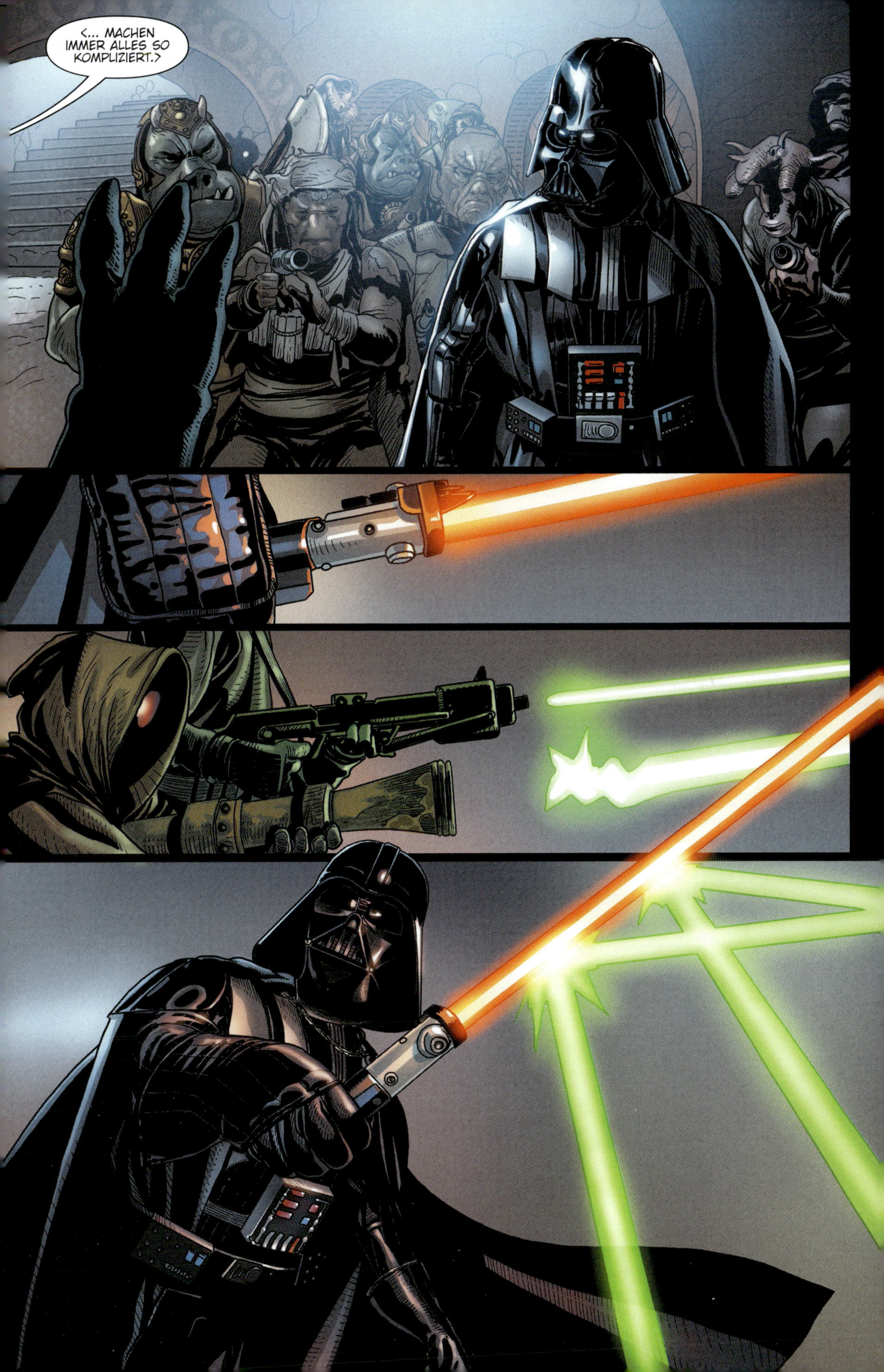
<... MACHEN IMMER ALLES SO KOMPLIZIERT.>

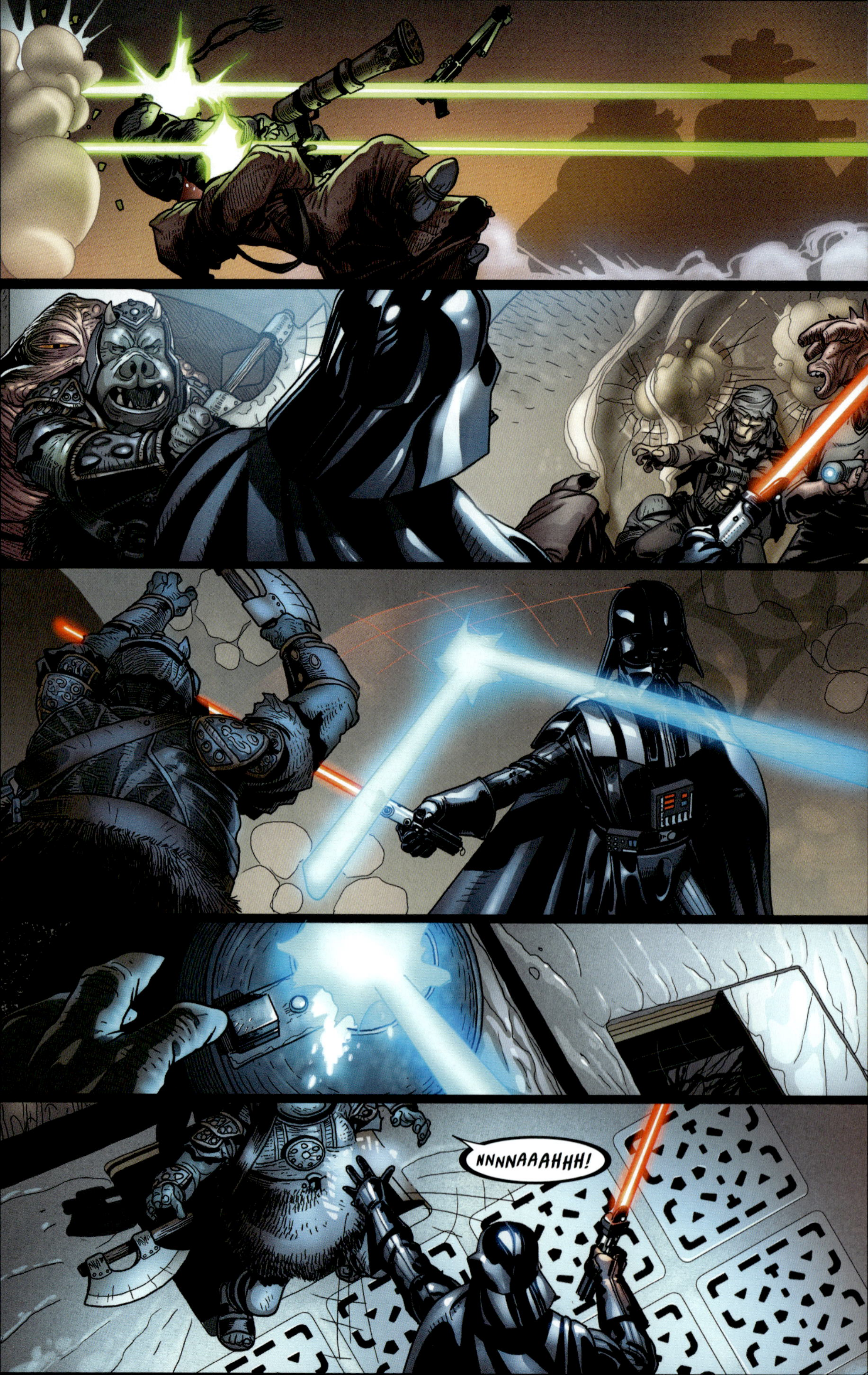
NNNNAAAHHH!

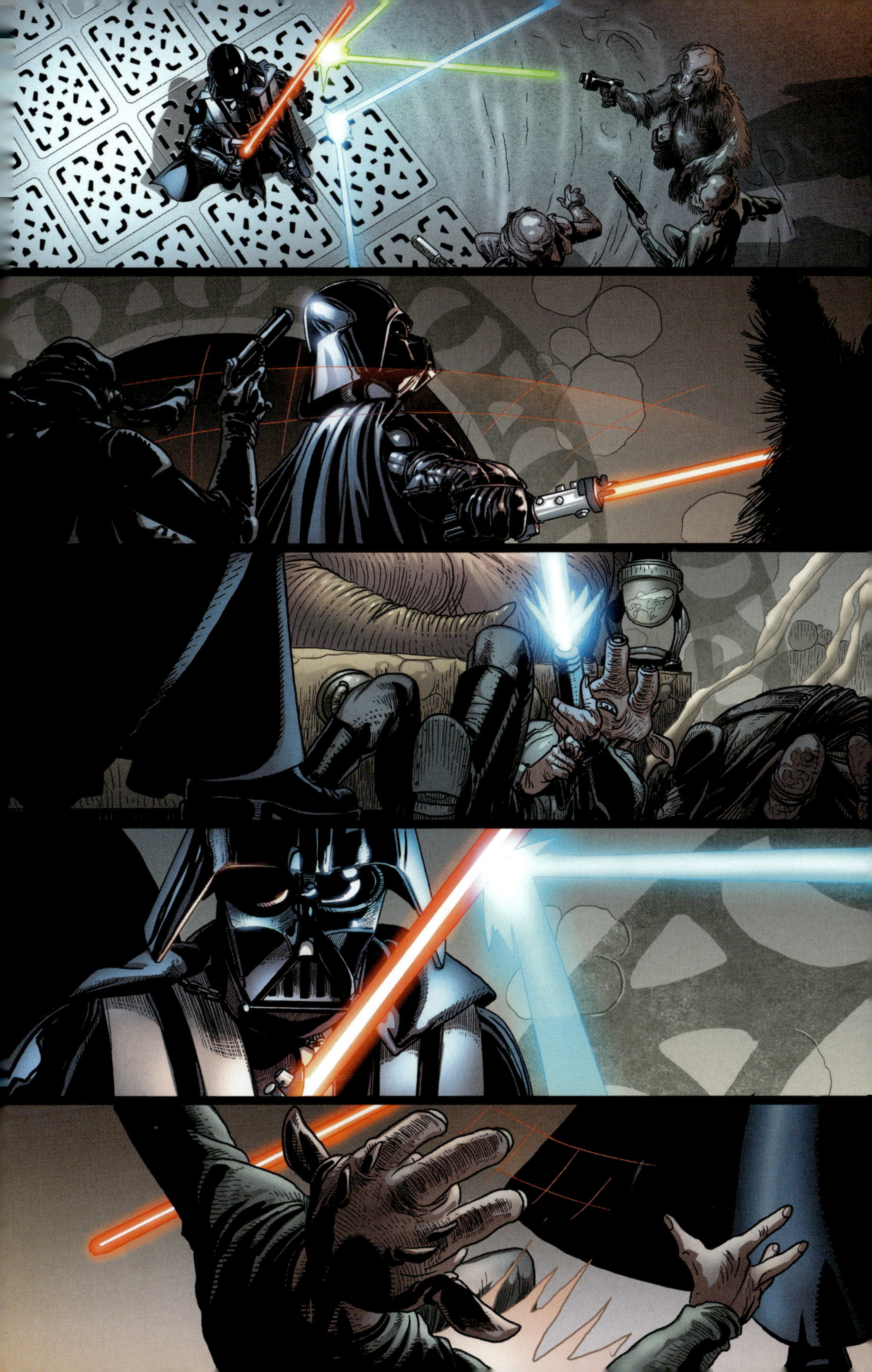

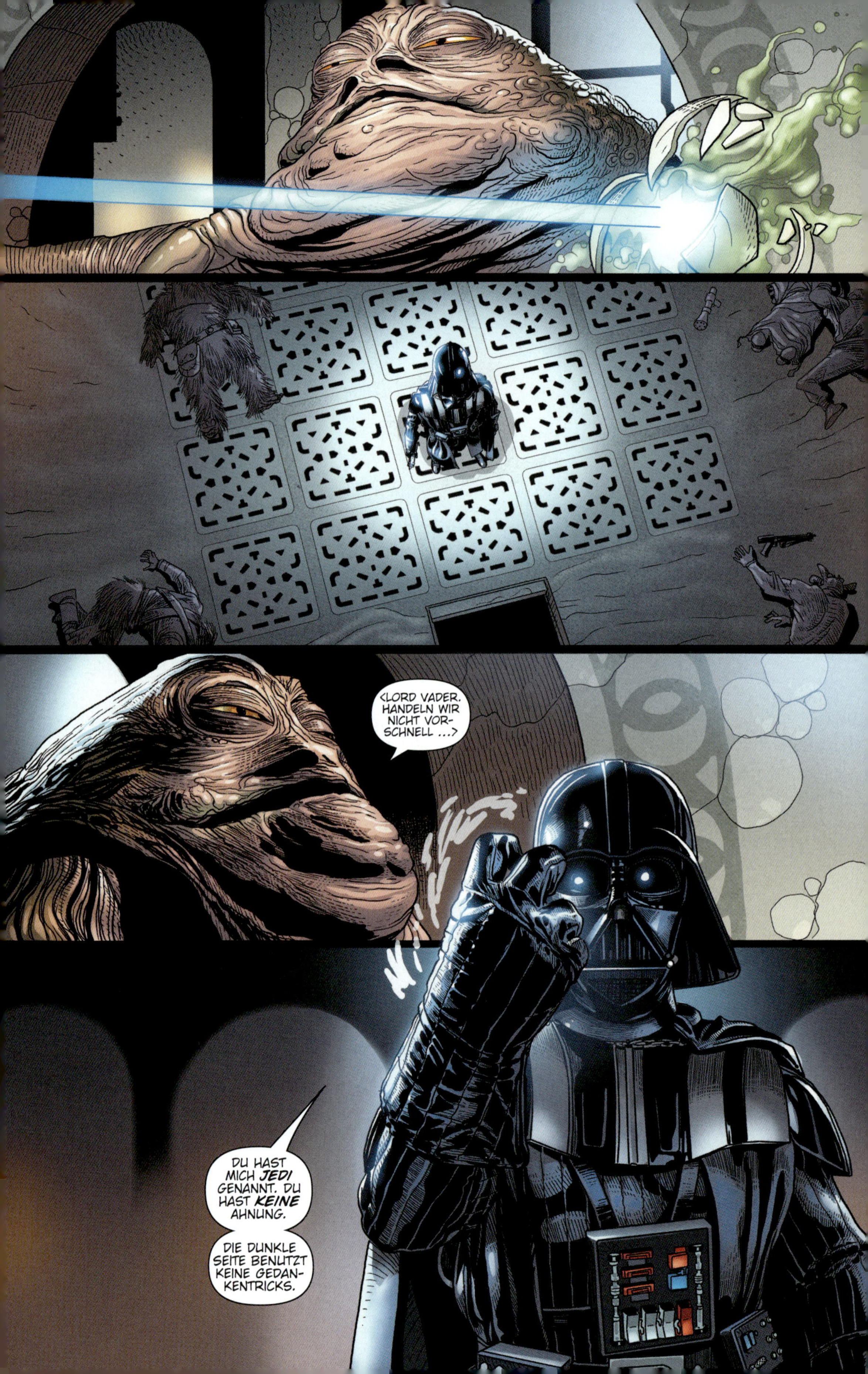
<LORD VADER. HANDELN WIR NICHT VORSCHNELL ...>
DU HAST MICH ***JEDI*** GENANNT. DU HAST ***KEINE*** AHNUNG.
DIE DUNKLE SEITE BENUTZT KEINE GEDANKENTRICKS.

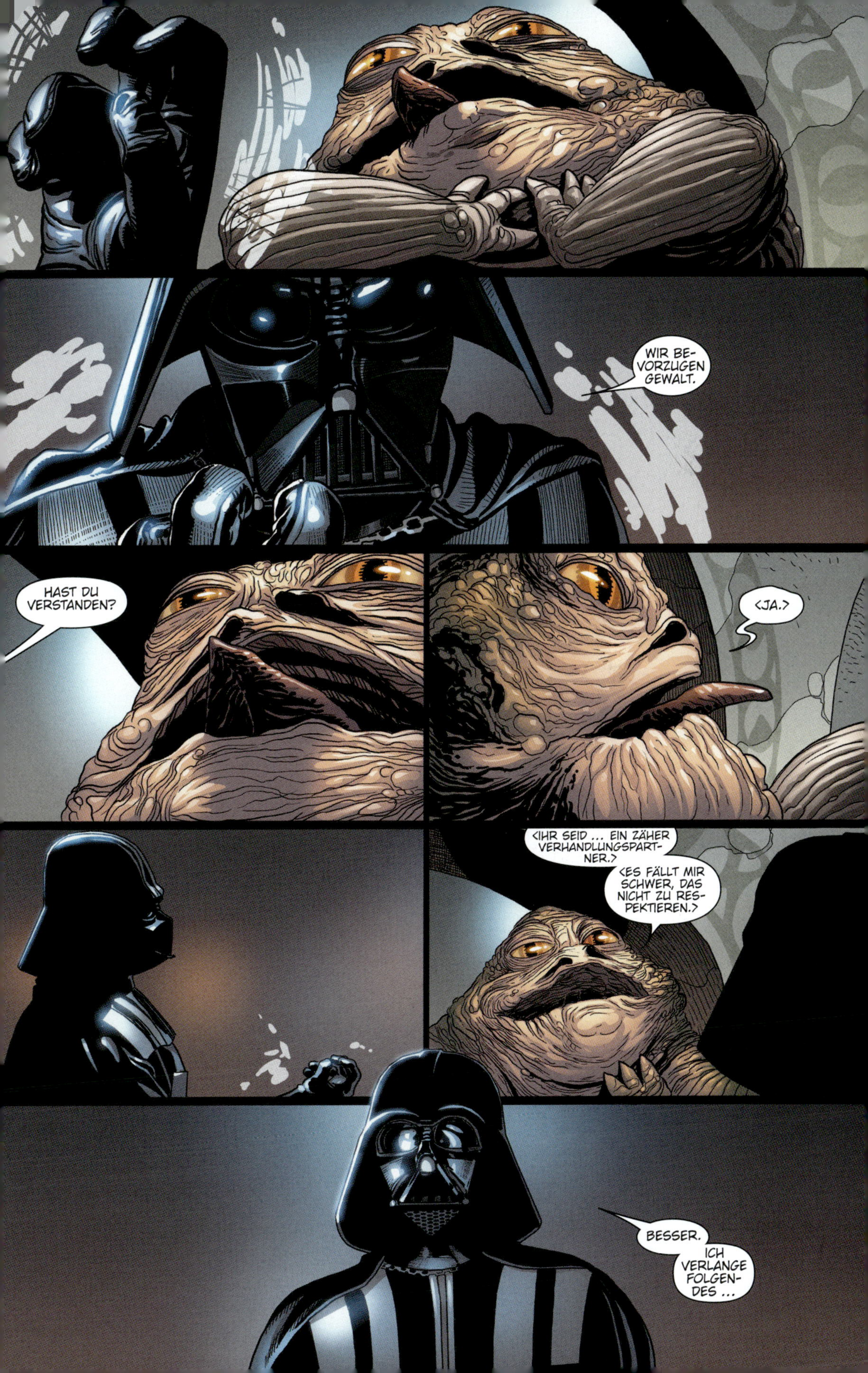
WIR BEVORZUGEN GEWALT.
HAST DU VERSTANDEN?
<JA.>
<IHR SEID ... EIN ZÄHER VERHANDLUNGSPARTNER.>
<ES FÄLLT MIR SCHWER, DAS NICHT ZU RESPEKTIEREN.>
BESSER.
ICH VERLANGE FOLGENDES ...

Einen Tag zuvor.
Der Imperiale Palast, Coruscant.

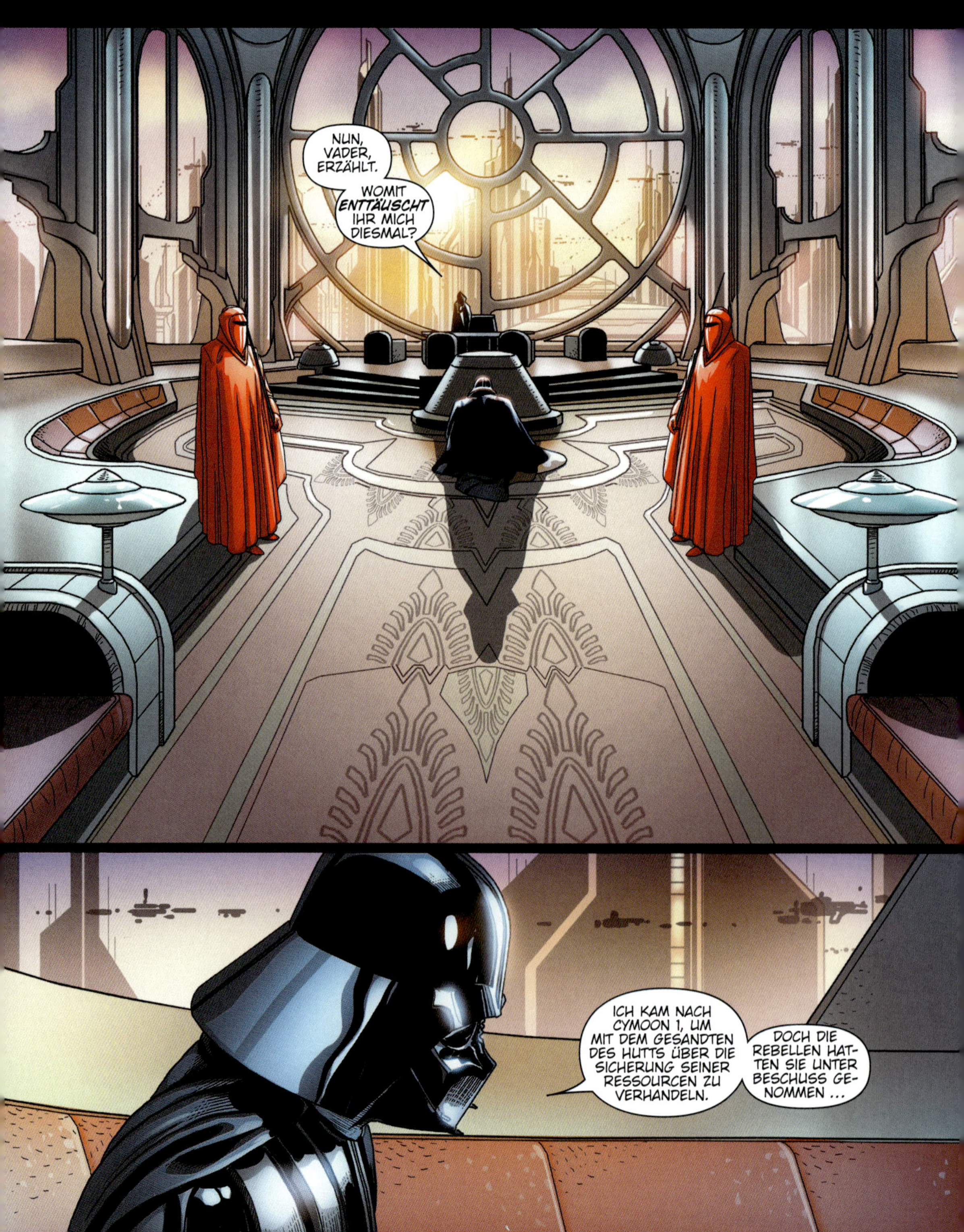

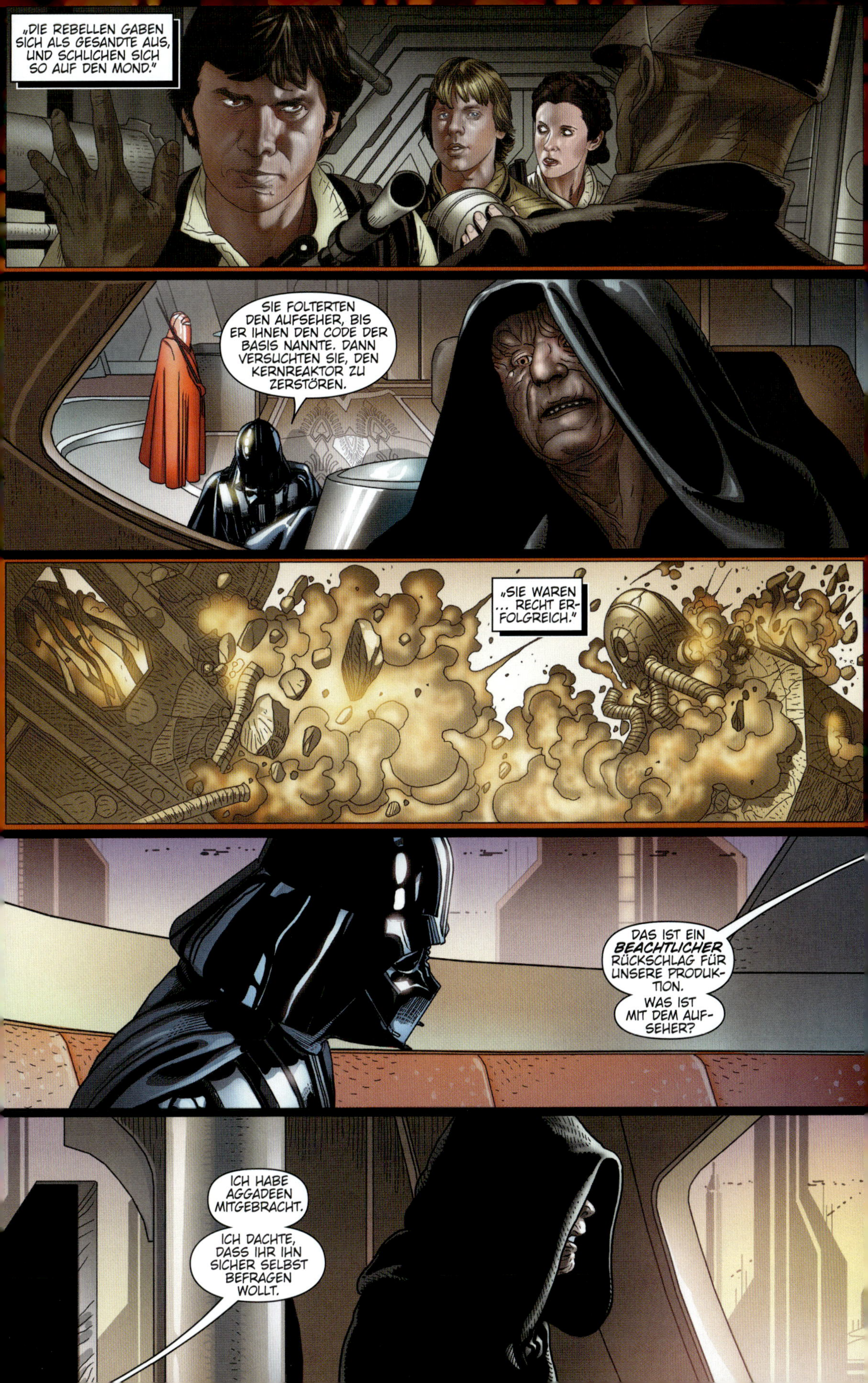
„DIE REBELLEN GABEN SICH ALS GESANDTE AUS, UND SCHLICHEN SICH SO AUF DEN MOND."
SIE FOLTERTEN DEN AUFSEHER, BIS ER IHNEN DEN CODE DER BASIS NANNTE. DANN VERSUCHTEN SIE, DEN KERNREAKTOR ZU ZERSTÖREN.
„SIE WAREN ... RECHT ERFOLGREICH."
DAS IST EIN BEACHTLICHER RÜCKSCHLAG FÜR UNSERE PRODUKTION.
WAS IST MIT DEM AUFSEHER?
ICH HABE AGGADEEN MITGEBRACHT.
ICH DACHTE, DASS IHR IHN SICHER SELBST BEFRAGEN WOLLT.

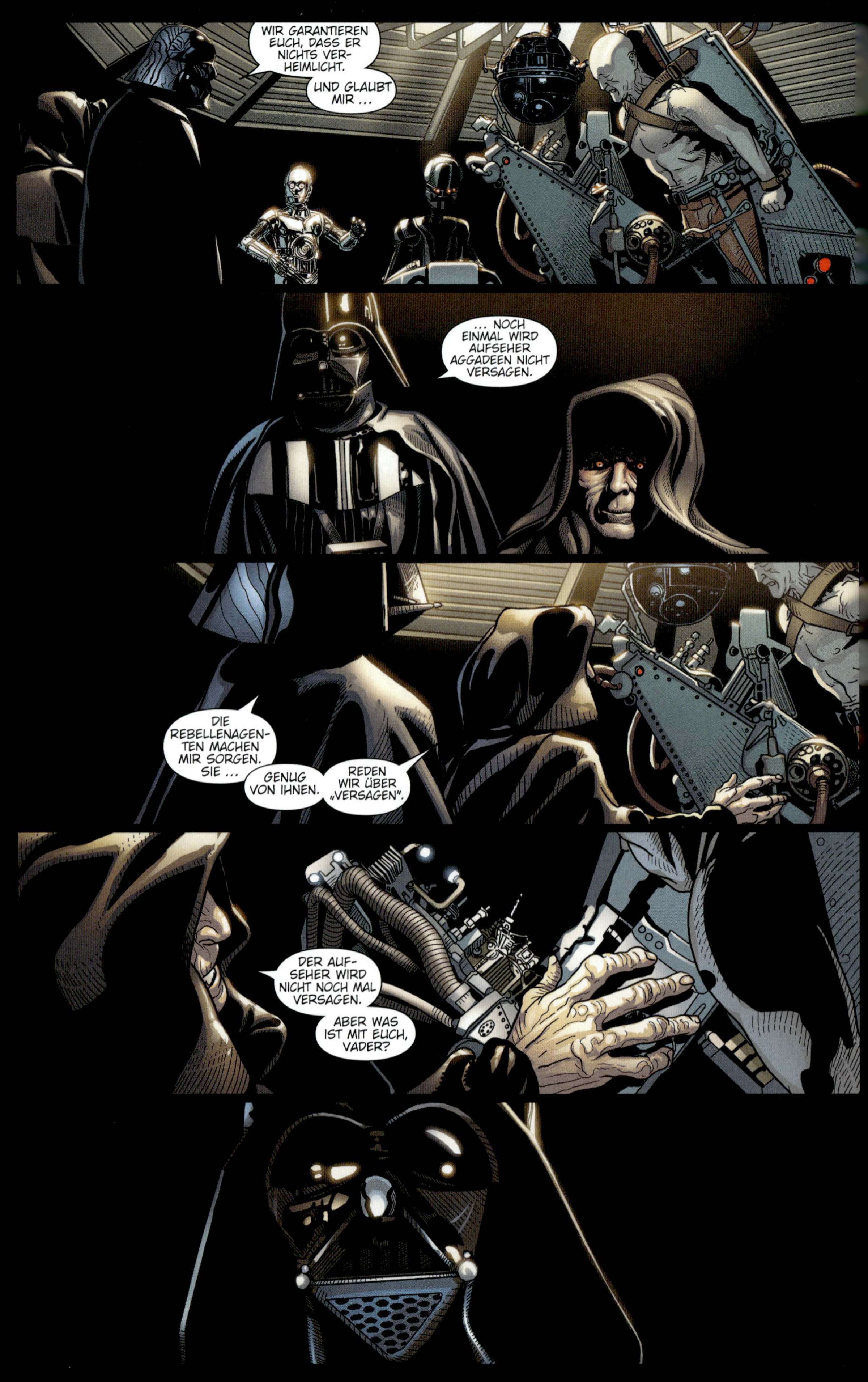

WIR GARANTIEREN EUCH, DASS ER NICHTS VERHEIMLICHT.
UND GLAUBT MIR ...
... NOCH EINMAL WIRD AUFSEHER AGGADEEN NICHT VERSAGEN.
DIE REBELLENAGENTEN MACHEN MIR SORGEN. SIE ...
GENUG VON IHNEN.
REDEN WIR ÜBER „VERSAGEN".
DER AUFSEHER WIRD NICHT NOCH MAL VERSAGEN.
ABER WAS IST MIT EUCH, VADER?

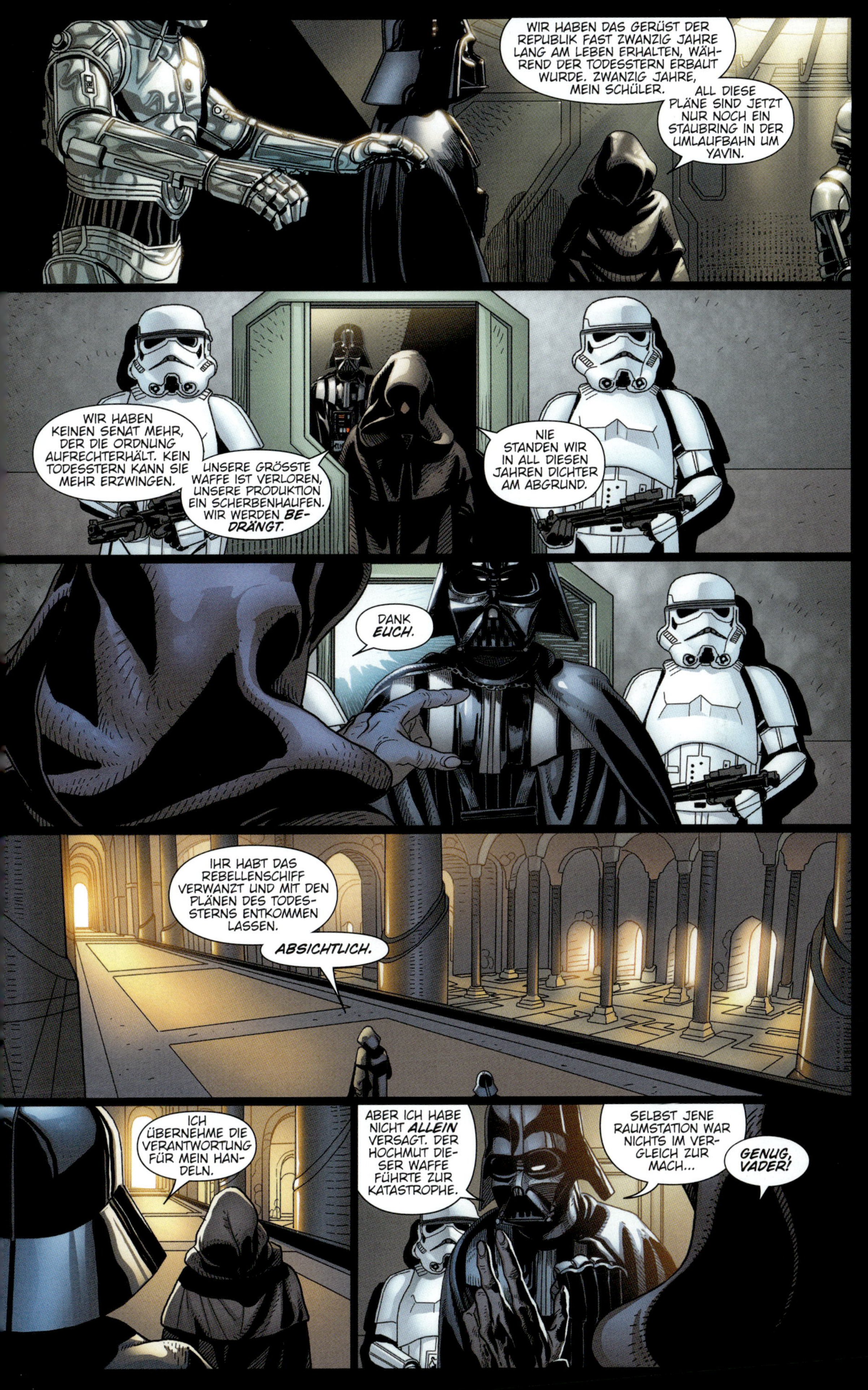
WIR HABEN DAS GERÜST DER REPUBLIK FAST ZWANZIG JAHRE LANG AM LEBEN ERHALTEN, WÄHREND DER TODESSTERN ERBAUT WURDE. ZWANZIG JAHRE, MEIN SCHÜLER.
ALL DIESE PLÄNE SIND JETZT NUR NOCH EIN STAUBRING IN DER UMLAUFBAHN UM YAVIN.
WIR HABEN KEINEN SENAT MEHR, DER DIE ORDNUNG AUFRECHTERHÄLT. KEIN TODESSTERN KANN SIE MEHR ERZWINGEN.
UNSERE GRÖSSTE WAFFE IST VERLOREN, UNSERE PRODUKTION EIN SCHERBENHAUFEN. WIR WERDEN BEDRÄNGT.
NIE STANDEN WIR IN ALL DIESEN JAHREN DICHTER AM ABGRUND.
DANK EUCH.
IHR HABT DAS REBELLENSCHIFF VERWANZT UND MIT DEN PLÄNEN DES TODESSTERNS ENTKOMMEN LASSEN.
ABSICHTLICH.
ICH ÜBERNEHME DIE VERANTWORTUNG FÜR MEIN HANDELN.
ABER ICH HABE NICHT ALLEIN VERSAGT. DER HOCHMUT DIESER WAFFE FÜHRTE ZUR KATASTROPHE.
SELBST JENE RAUMSTATION WAR NICHTS IM VERGLEICH ZUR MACH...
GENUG, VADER!

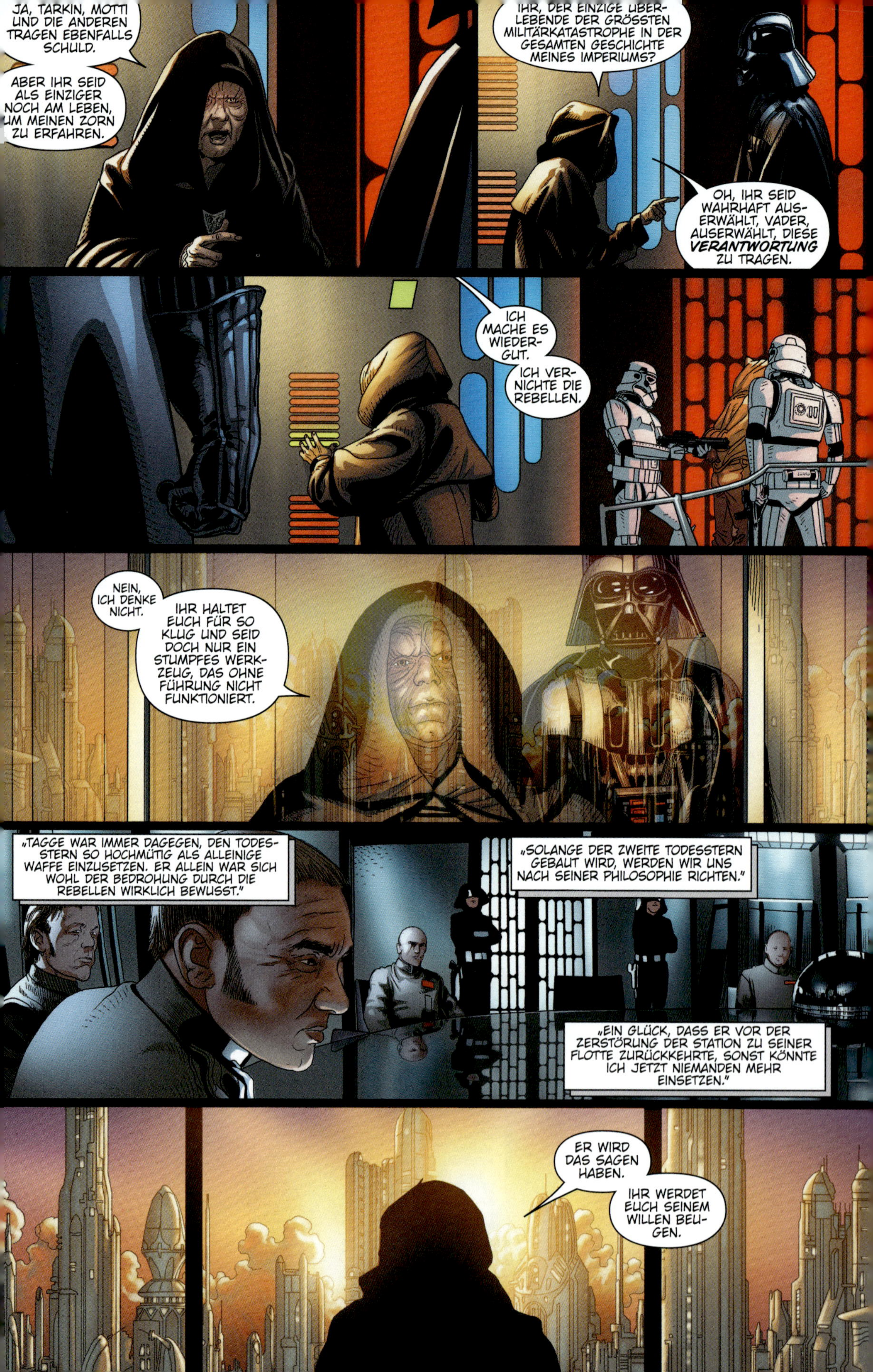
JA, TARKIN, MOTTI UND DIE ANDEREN TRAGEN EBENFALLS SCHULD.
ABER IHR SEID ALS EINZIGER NOCH AM LEBEN, UM MEINEN ZORN ZU ERFAHREN.
IHR, DER EINZIGE ÜBERLEBENDE DER GRÖSSTEN MILITÄRKATASTROPHE IN DER GESAMTEN GESCHICHTE MEINES IMPERIUMS?
OH, IHR SEID WAHRHAFT AUSERWÄHLT, VADER, AUSERWÄHLT, DIESE **VERANTWORTUNG** ZU TRAGEN.
ICH MACHE ES WIEDERGUT.
ICH VERNICHTE DIE REBELLEN.
NEIN, ICH DENKE NICHT.
IHR HALTET EUCH FÜR SO KLUG UND SEID DOCH NUR EIN STUMPFES WERKZEUG, DAS OHNE FÜHRUNG NICHT FUNKTIONIERT.
„TAGGE WAR IMMER DAGEGEN, DEN TODESSTERN SO HOCHMÜTIG ALS ALLEINIGE WAFFE EINZUSETZEN. ER ALLEIN WAR SICH WOHL DER BEDROHUNG DURCH DIE REBELLEN WIRKLICH BEWUSST."
„SOLANGE DER ZWEITE TODESSTERN GEBAUT WIRD, WERDEN WIR UNS NACH SEINER PHILOSOPHIE RICHTEN."
„EIN GLÜCK, DASS ER VOR DER ZERSTÖRUNG DER STATION ZU SEINER FLOTTE ZURÜCKKEHRTE, SONST KÖNNTE ICH JETZT NIEMANDEN MEHR EINSETZEN."
ER WIRD DAS SAGEN HABEN.
IHR WERDET EUCH SEINEM WILLEN BEUGEN.

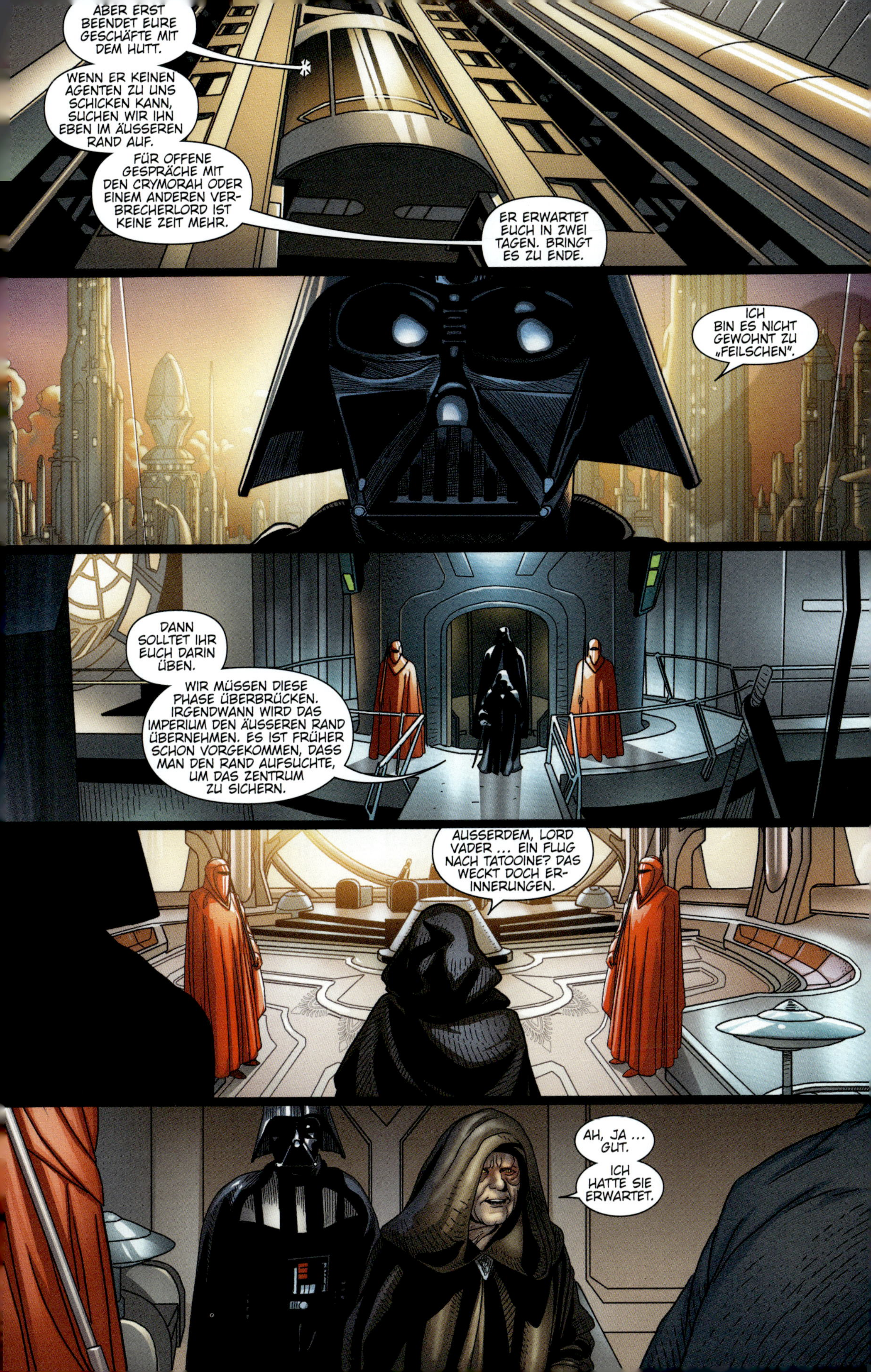
ABER ERST BEENDET EURE GESCHÄFTE MIT DEM HUTT.
WENN ER KEINEN AGENTEN ZU UNS SCHICKEN KANN, SUCHEN WIR IHN EBEN IM ÄUSSEREN RAND AUF.
FÜR OFFENE GESPRÄCHE MIT DEN CRYMORAH ODER EINEM ANDEREN VERBRECHERLORD IST KEINE ZEIT MEHR.
ER ERWARTET EUCH IN ZWEI TAGEN. BRINGT ES ZU ENDE.
ICH BIN ES NICHT GEWOHNT ZU „FEILSCHEN".
DANN SOLLTET IHR EUCH DARIN ÜBEN.
WIR MÜSSEN DIESE PHASE ÜBERBRÜCKEN. IRGENDWANN WIRD DAS IMPERIUM DEN ÄUSSEREN RAND ÜBERNEHMEN. ES IST FRÜHER SCHON VORGEKOMMEN, DASS MAN DEN RAND AUFSUCHTE, UM DAS ZENTRUM ZU SICHERN.
AUSSERDEM, LORD VADER ... EIN FLUG NACH TATOOINE? DAS WECKT DOCH ERINNERUNGEN.
AH, JA ... GUT.
ICH HATTE SIE ERWARTET.

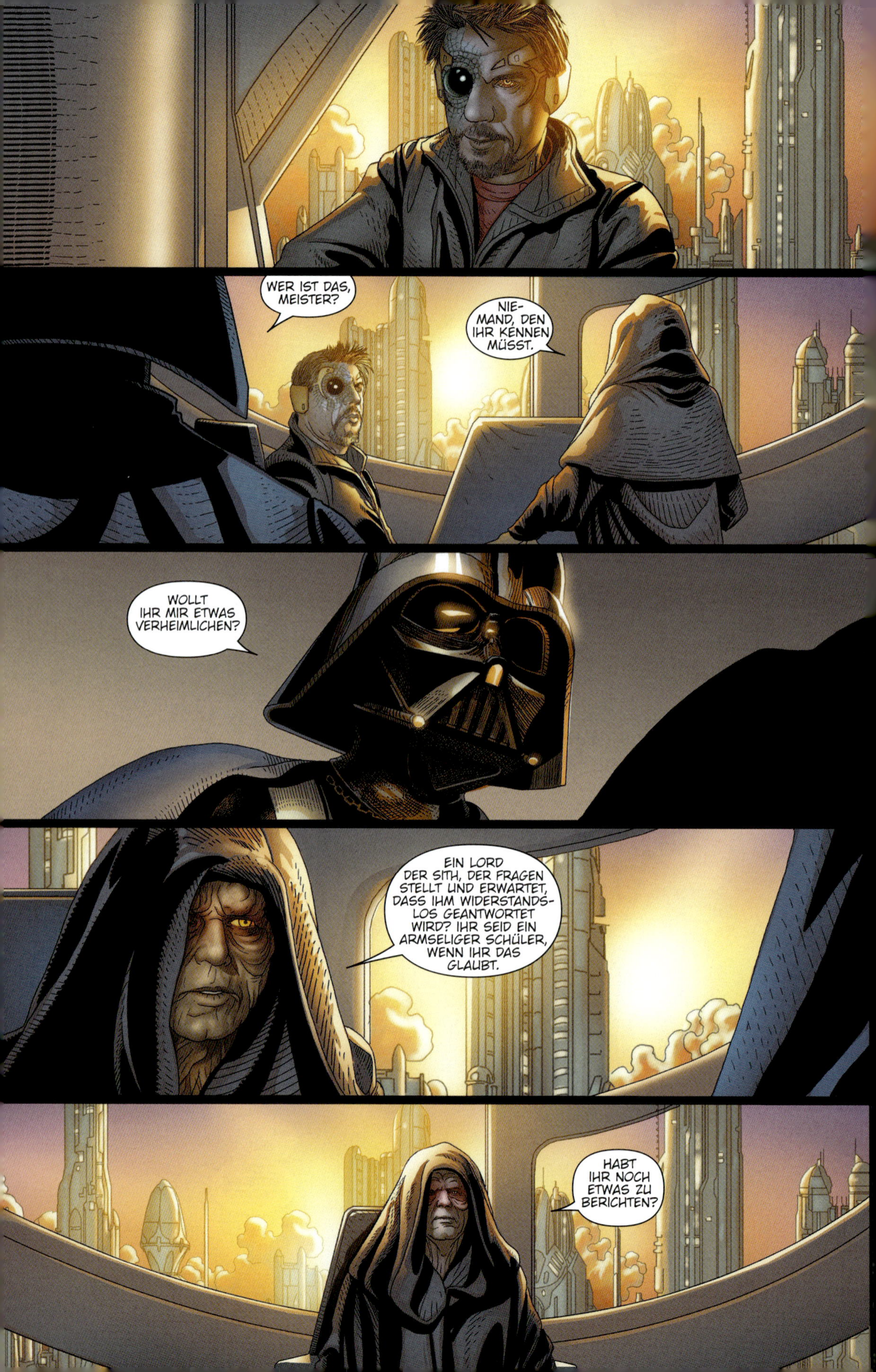
WER IST DAS, MEISTER?
NIE-MAND, DEN IHR KENNEN MÜSST.
WOLLT IHR MIR ETWAS VERHEIMLICHEN?
EIN LORD DER SITH, DER FRAGEN STELLT UND ERWARTET, DASS IHM WIDERSTANDS-LOS GEANTWORTET WIRD? IHR SEID EIN ARMSELIGER SCHÜLER, WENN IHR DAS GLAUBT.
HABT IHR NOCH ETWAS ZU BERICHTEN?

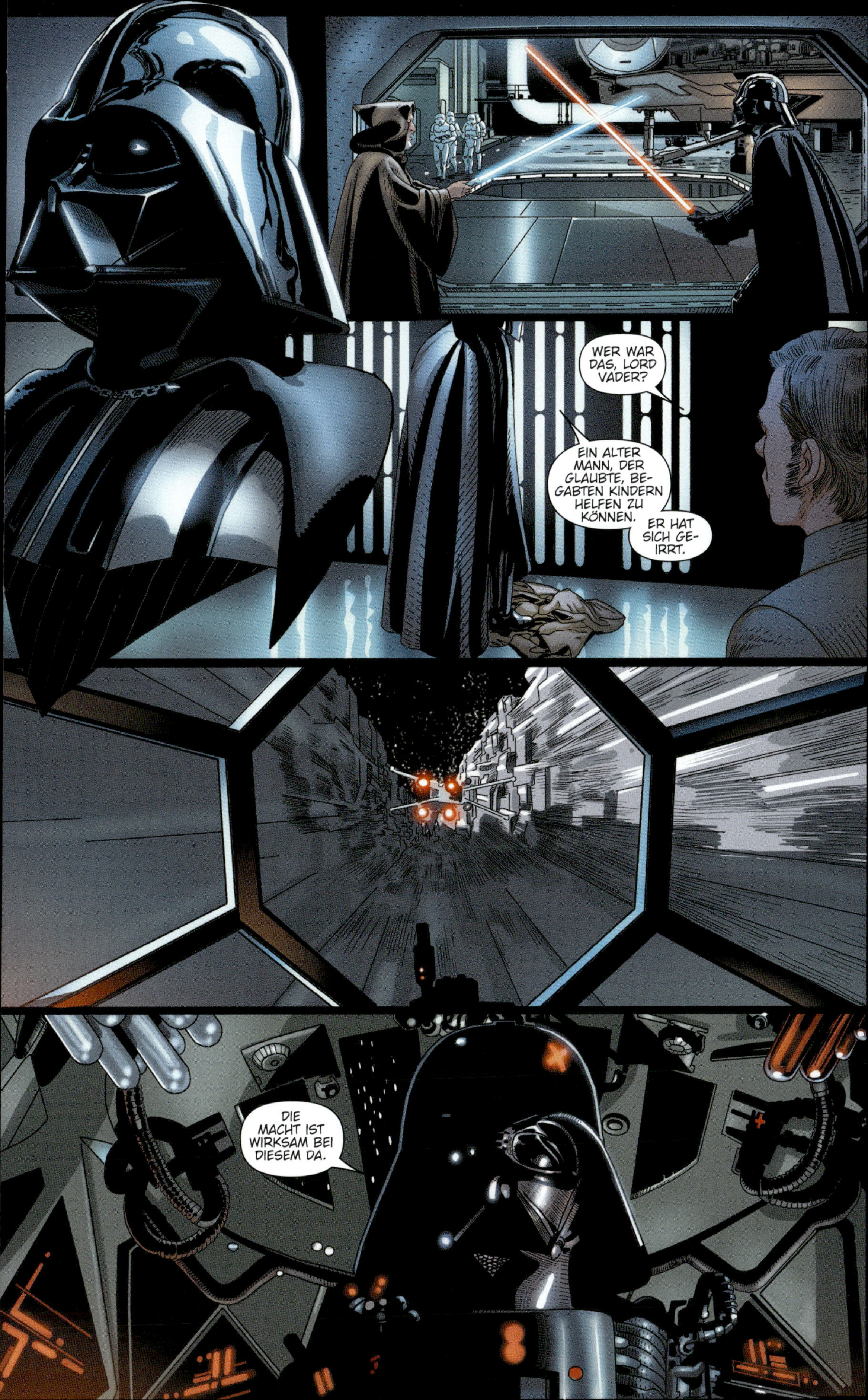
WER WAR DAS, LORD VADER?
EIN ALTER MANN, DER GLAUBTE, BEGABTEN KINDERN HELFEN ZU KÖNNEN.
ER HAT SICH GEIRRT.
DIE MACHT IST WIRKSAM BEI DIESEM DA.

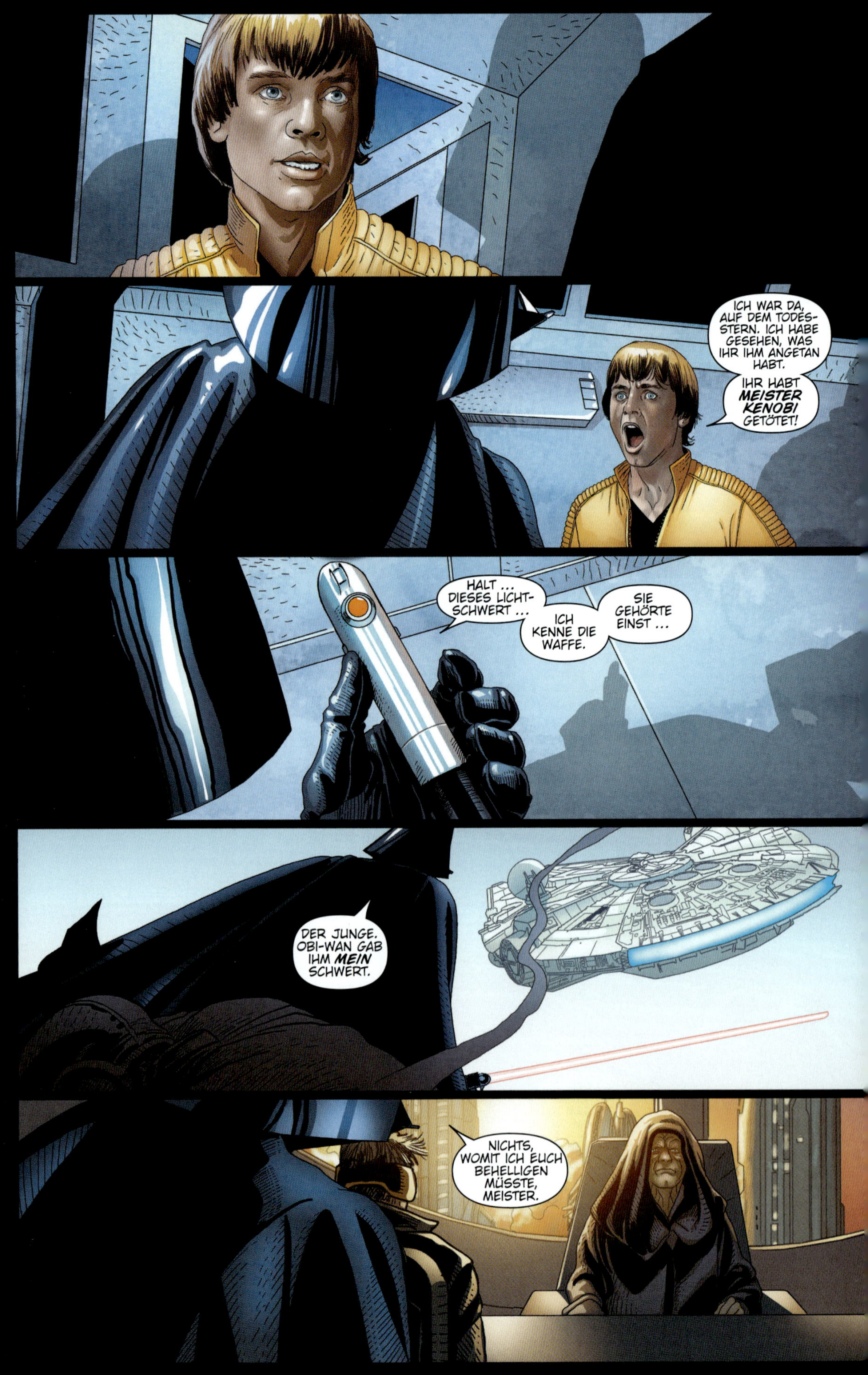
ICH WAR DA, AUF DEM TODES-STERN. ICH HABE GESEHEN, WAS IHR IHM ANGETAN HABT.
IHR HABT MEISTER KENOBI GETÖTET!
HALT ... DIESES LICHT-SCHWERT ...
ICH KENNE DIE WAFFE.
SIE GEHÖRTE EINST ...
DER JUNGE. OBI-WAN GAB IHM MEIN SCHWERT.
NICHTS, WOMIT ICH EUCH BEHELLIGEN MÜSSTE, MEISTER.

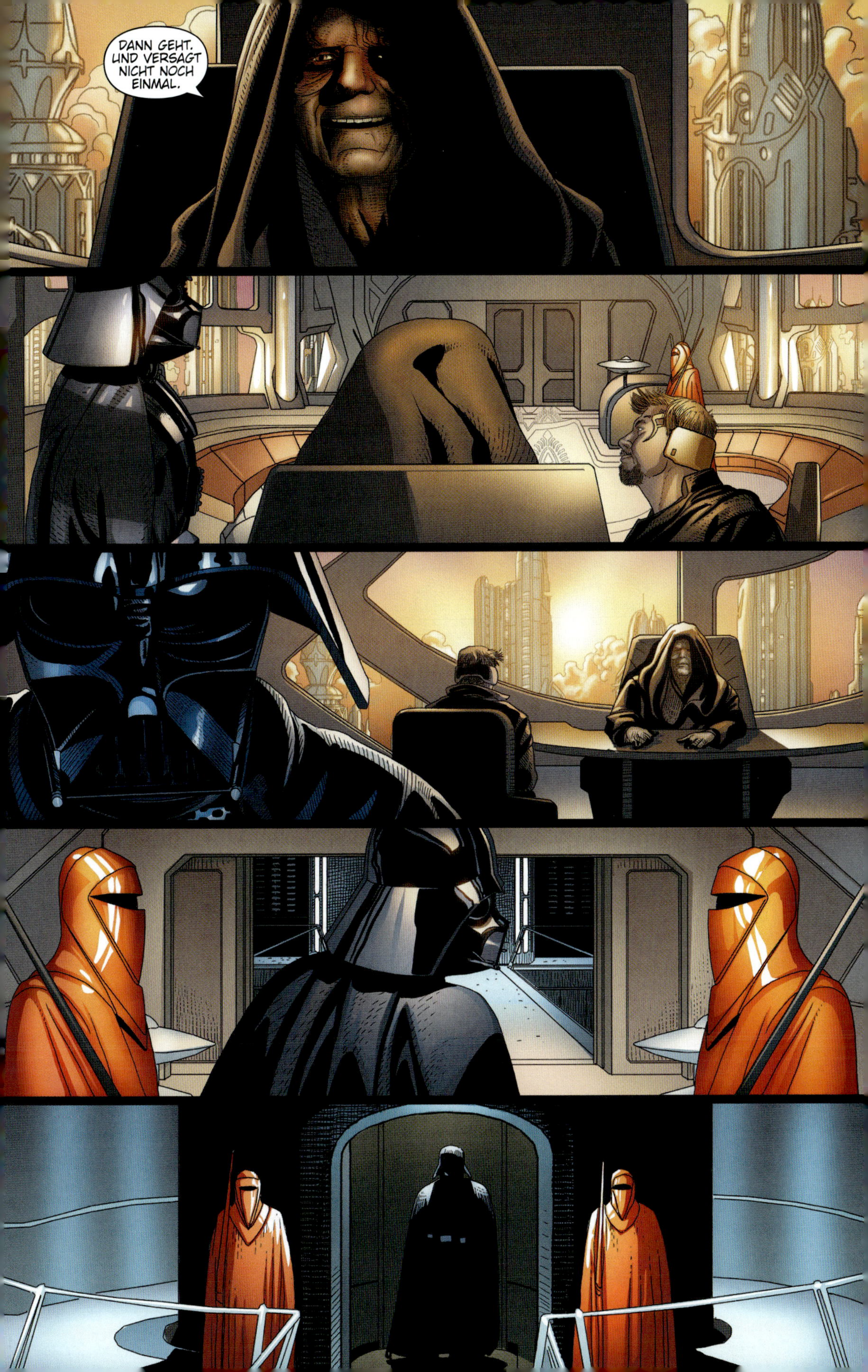
DANN GEHT. UND VERSAGT NICHT NOCH EINMAL.

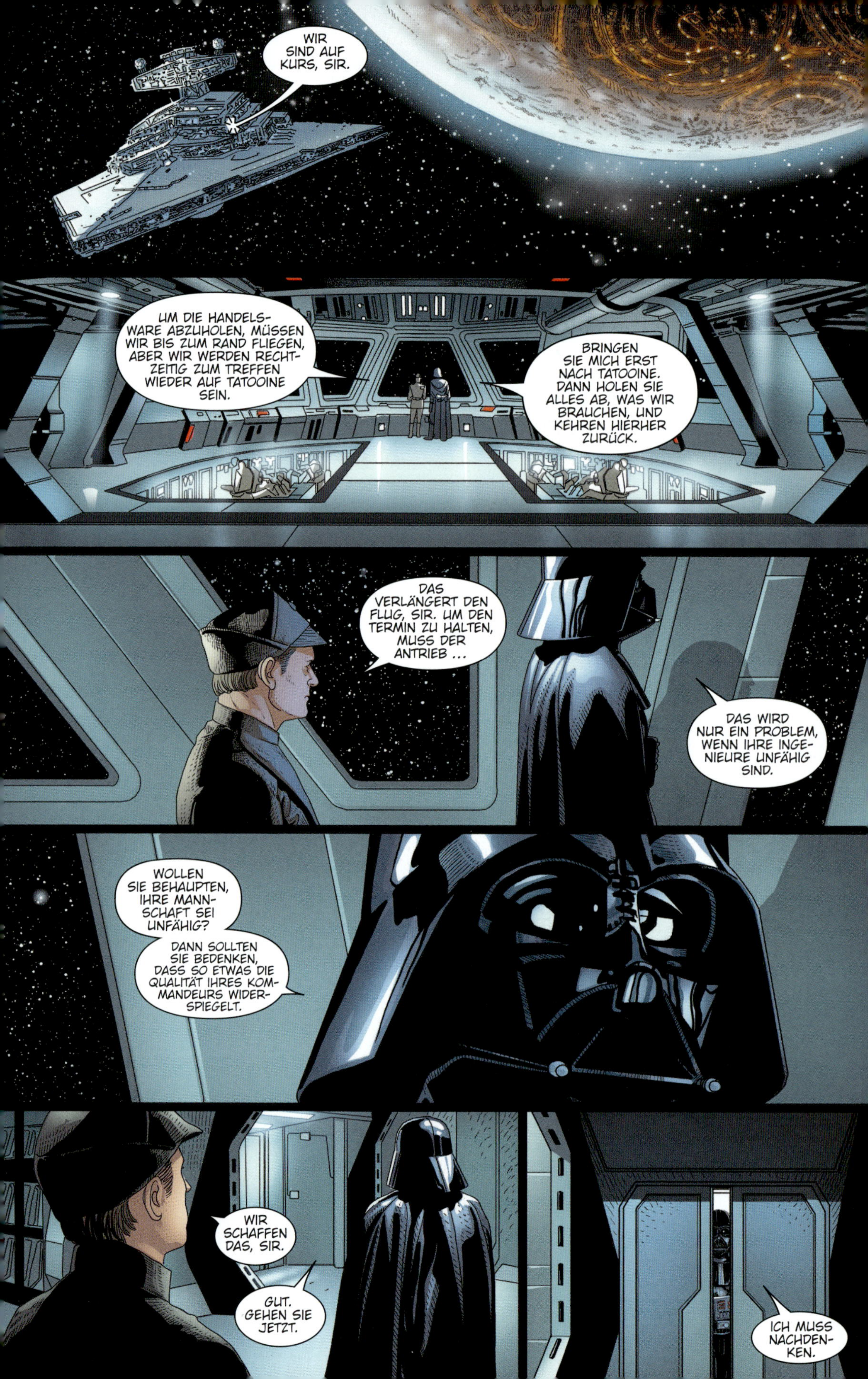
WIR SIND AUF KURS, SIR.
UM DIE HANDELSWARE ABZUHOLEN, MÜSSEN WIR BIS ZUM RAND FLIEGEN, ABER WIR WERDEN RECHTZEITIG ZUM TREFFEN WIEDER AUF TATOOINE SEIN.
BRINGEN SIE MICH ERST NACH TATOOINE. DANN HOLEN SIE ALLES AB, WAS WIR BRAUCHEN, UND KEHREN HIERHER ZURÜCK.
DAS VERLÄNGERT DEN FLUG, SIR. UM DEN TERMIN ZU HALTEN, MUSS DER ANTRIEB ...
DAS WIRD NUR EIN PROBLEM, WENN IHRE INGENIEURE UNFÄHIG SIND.
WOLLEN SIE BEHAUPTEN, IHRE MANNSCHAFT SEI UNFÄHIG?
DANN SOLLTEN SIE BEDENKEN, DASS SO ETWAS DIE QUALITÄT IHRES KOMMANDEURS WIDERSPIEGELT.
WIR SCHAFFEN DAS, SIR.
GUT. GEHEN SIE JETZT.
ICH MUSS NACHDENKEN.

Einen Tag später.

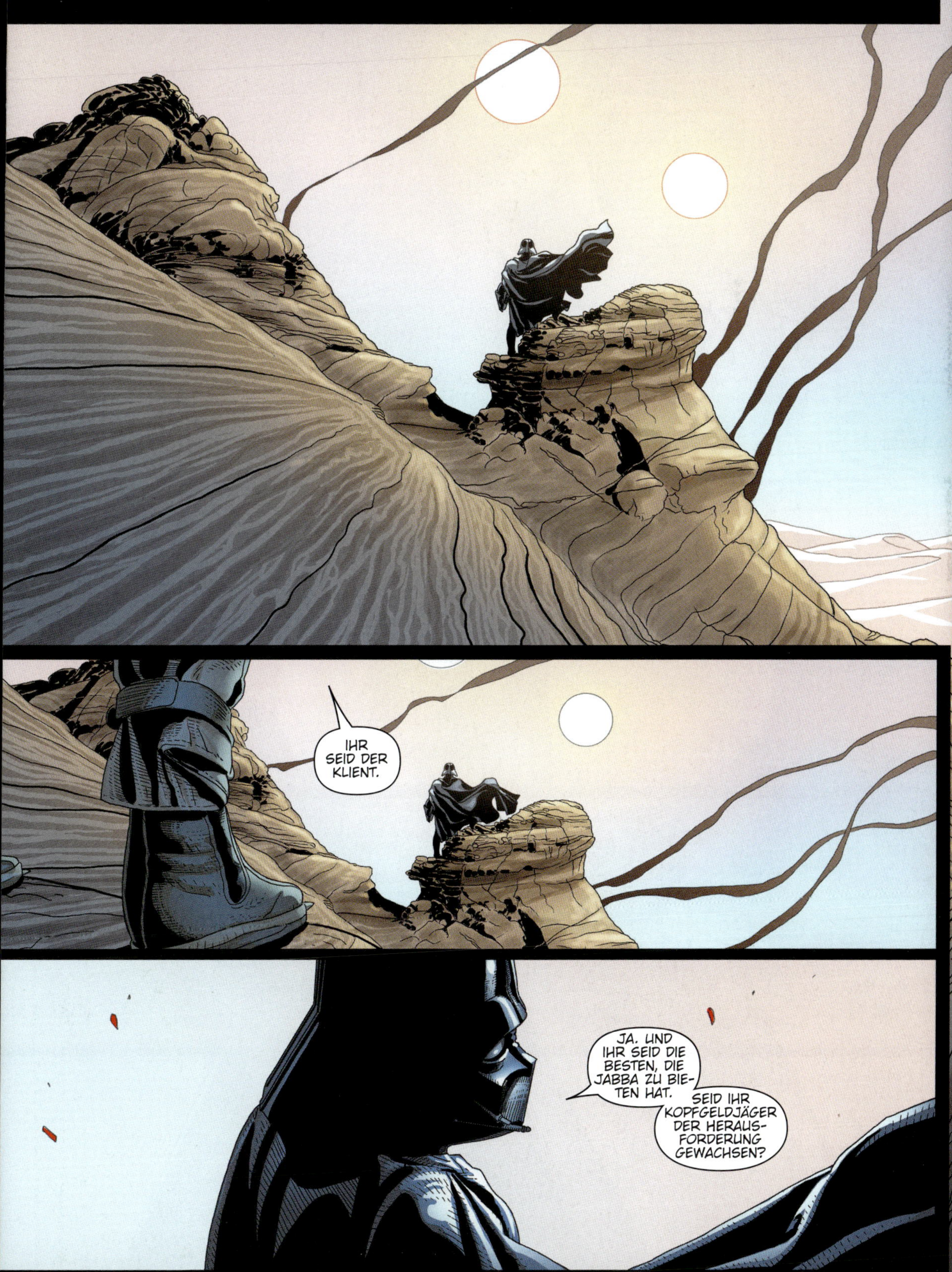

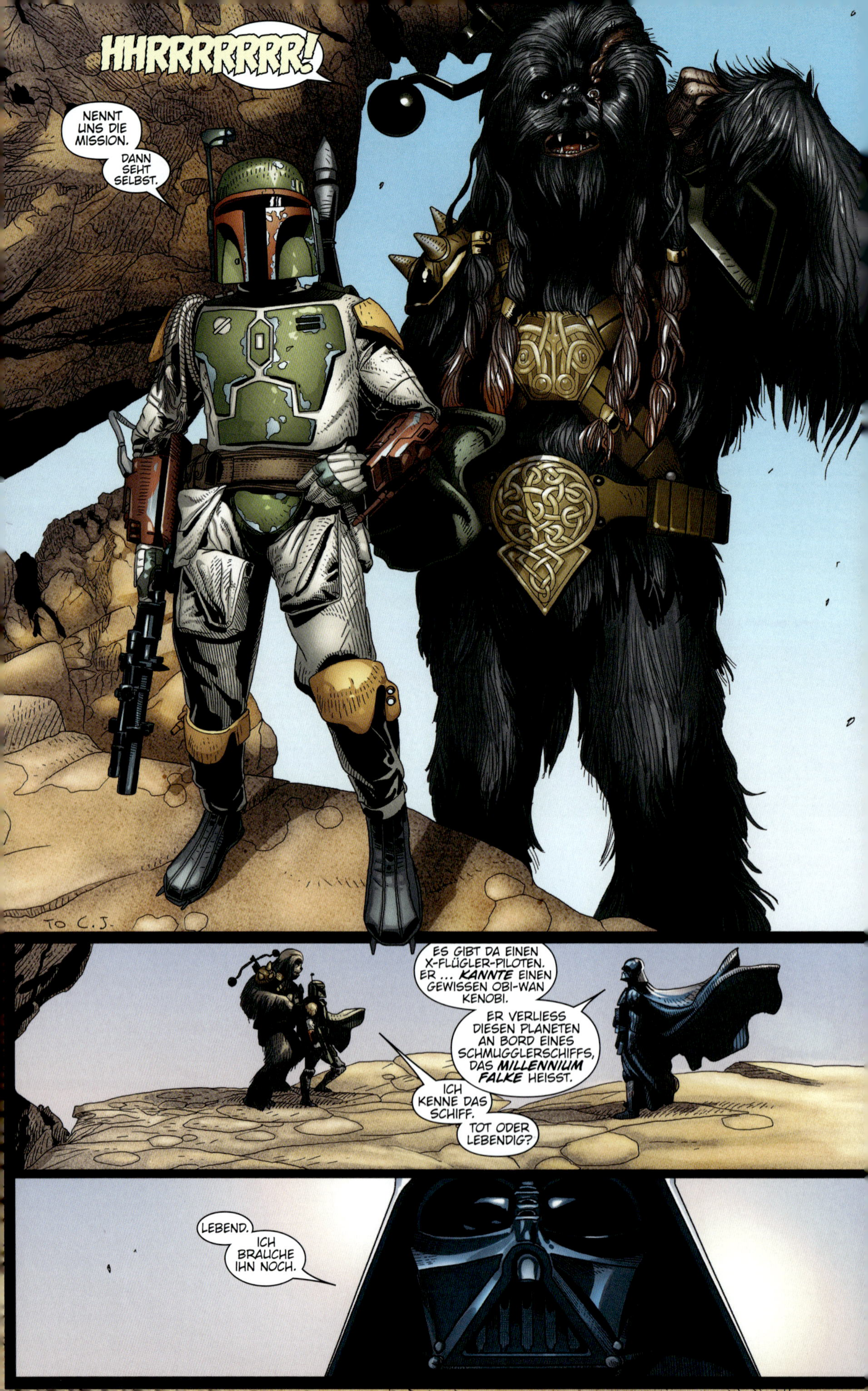
HHRRRRRRRR!
NENNT UNS DIE MISSION.
DANN SEHT SELBST.
TO C.J.
ES GIBT DA EINEN X-FLÜGLER-PILOTEN. ER ... KANNTE EINEN GEWISSEN OBI-WAN KENOBI.
ER VERLIESS DIESEN PLANETEN AN BORD EINES SCHMUGGLERSCHIFFS, DAS MILLENNIUM FALKE HEISST.
ICH KENNE DAS SCHIFF.
TOT ODER LEBENDIG?
LEBEND.
ICH BRAUCHE IHN NOCH.

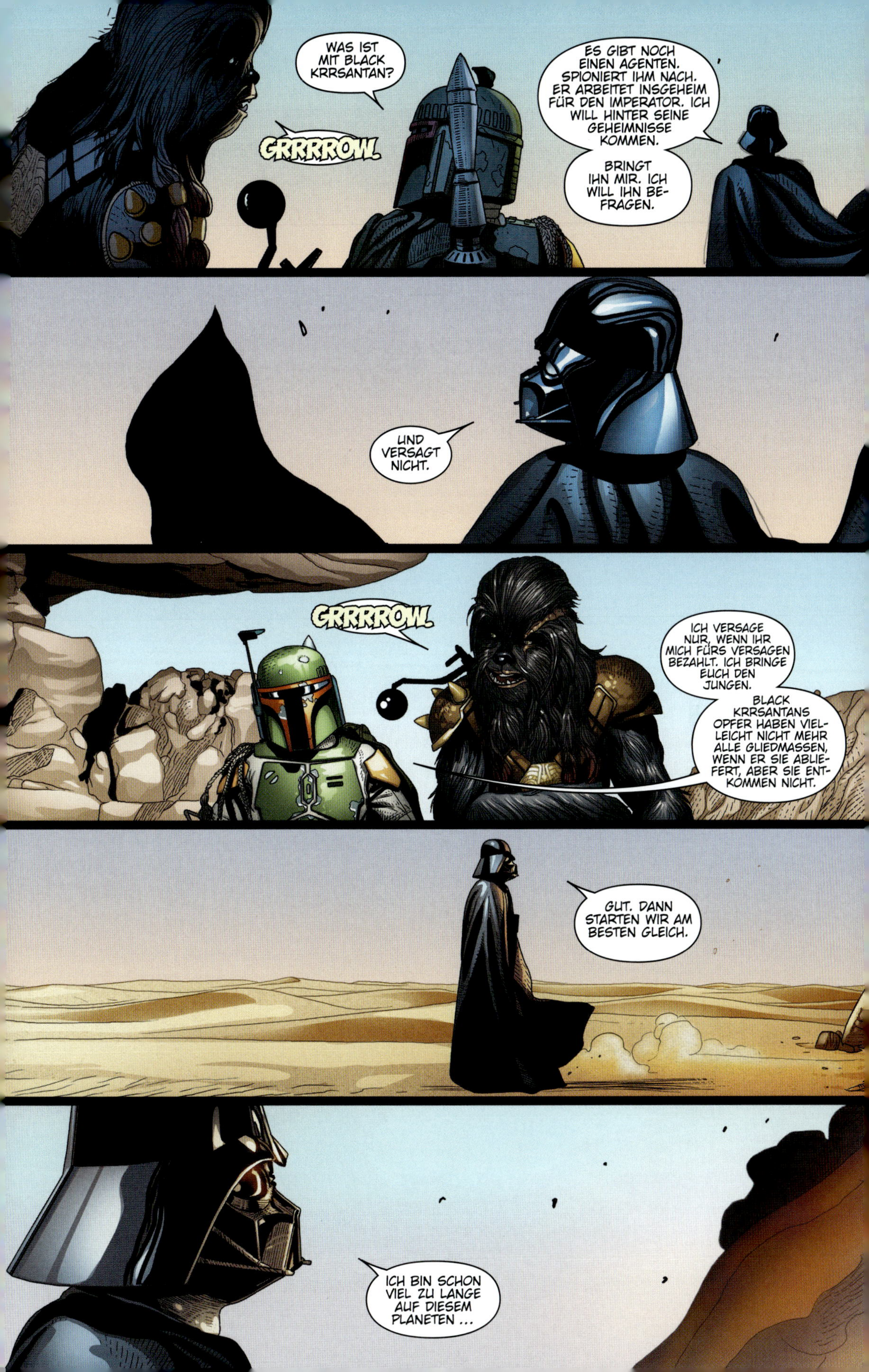
WAS IST MIT BLACK KRRSANTAN?
GRRRROW.
ES GIBT NOCH EINEN AGENTEN. SPIONIERT IHM NACH. ER ARBEITET INSGEHEIM FÜR DEN IMPERATOR. ICH WILL HINTER SEINE GEHEIMNISSE KOMMEN.
BRINGT IHN MIR. ICH WILL IHN BEFRAGEN.
UND VERSAGT NICHT.
GRRRROW.
ICH VERSAGE NUR, WENN IHR MICH FÜRS VERSAGEN BEZAHLT. ICH BRINGE EUCH DEN JUNGEN.
BLACK KRRSANTANS OPFER HABEN VIELLEICHT NICHT MEHR ALLE GLIEDMASSEN, WENN ER SIE ABLIEFERT, ABER SIE ENTKOMMEN NICHT.
GUT. DANN STARTEN WIR AM BESTEN GLEICH.
ICH BIN SCHON VIEL ZU LANGE AUF DIESEM PLANETEN ...

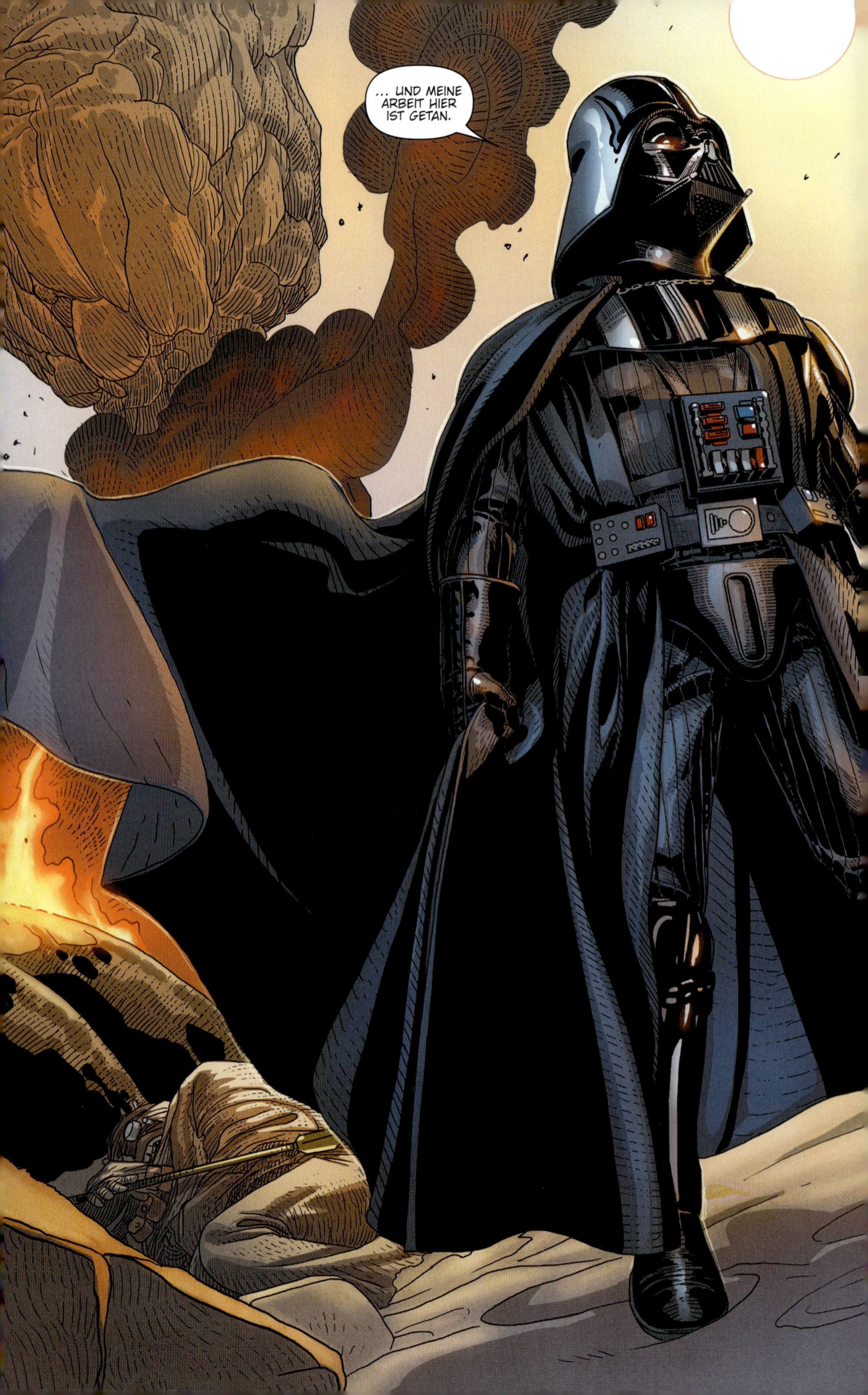
... UND MEINE ARBEIT HIER IST GETAN.

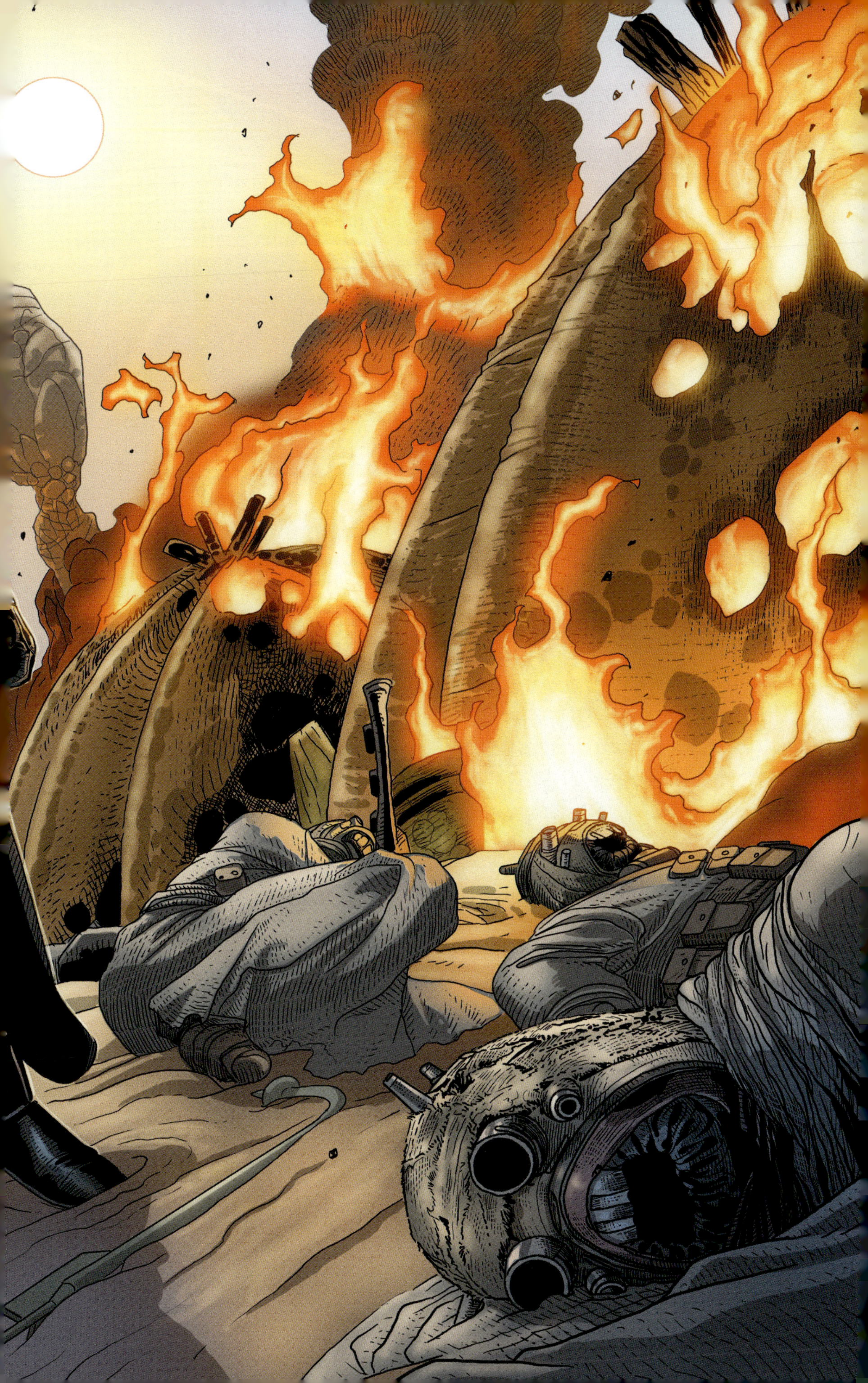

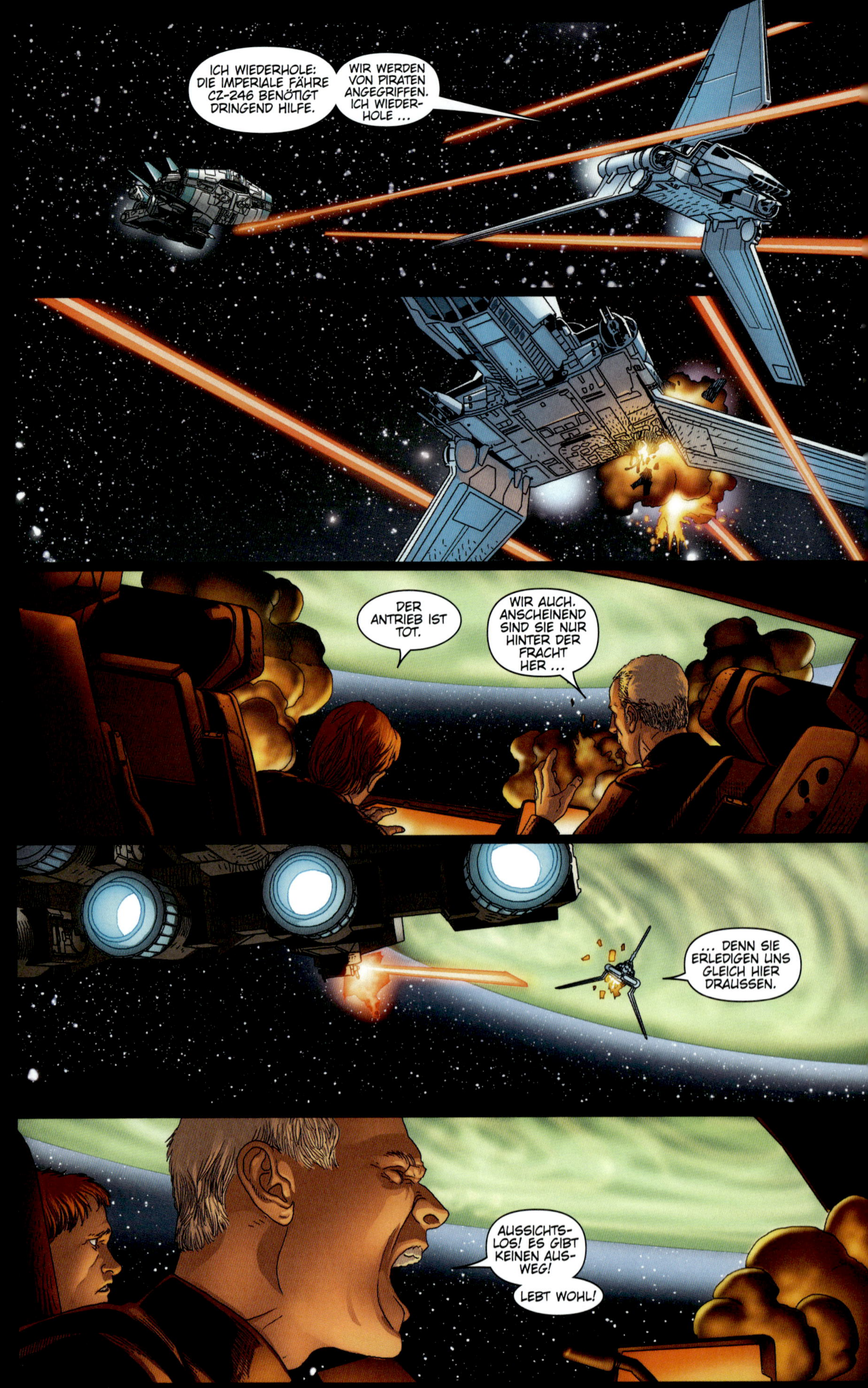
ICH WIEDERHOLE: DIE IMPERIALE FÄHRE CZ-246 BENÖTIGT DRINGEND HILFE.
WIR WERDEN VON PIRATEN ANGEGRIFFEN. ICH WIEDER-HOLE ...
DER ANTRIEB IST TOT.
WIR AUCH. ANSCHEINEND SIND SIE NUR HINTER DER FRACHT HER ...
... DENN SIE ERLEDIGEN UNS GLEICH HIER DRAUSSEN.
AUSSICHTS-LOS! ES GIBT KEINEN AUS-WEG!
LEBT WOHL!

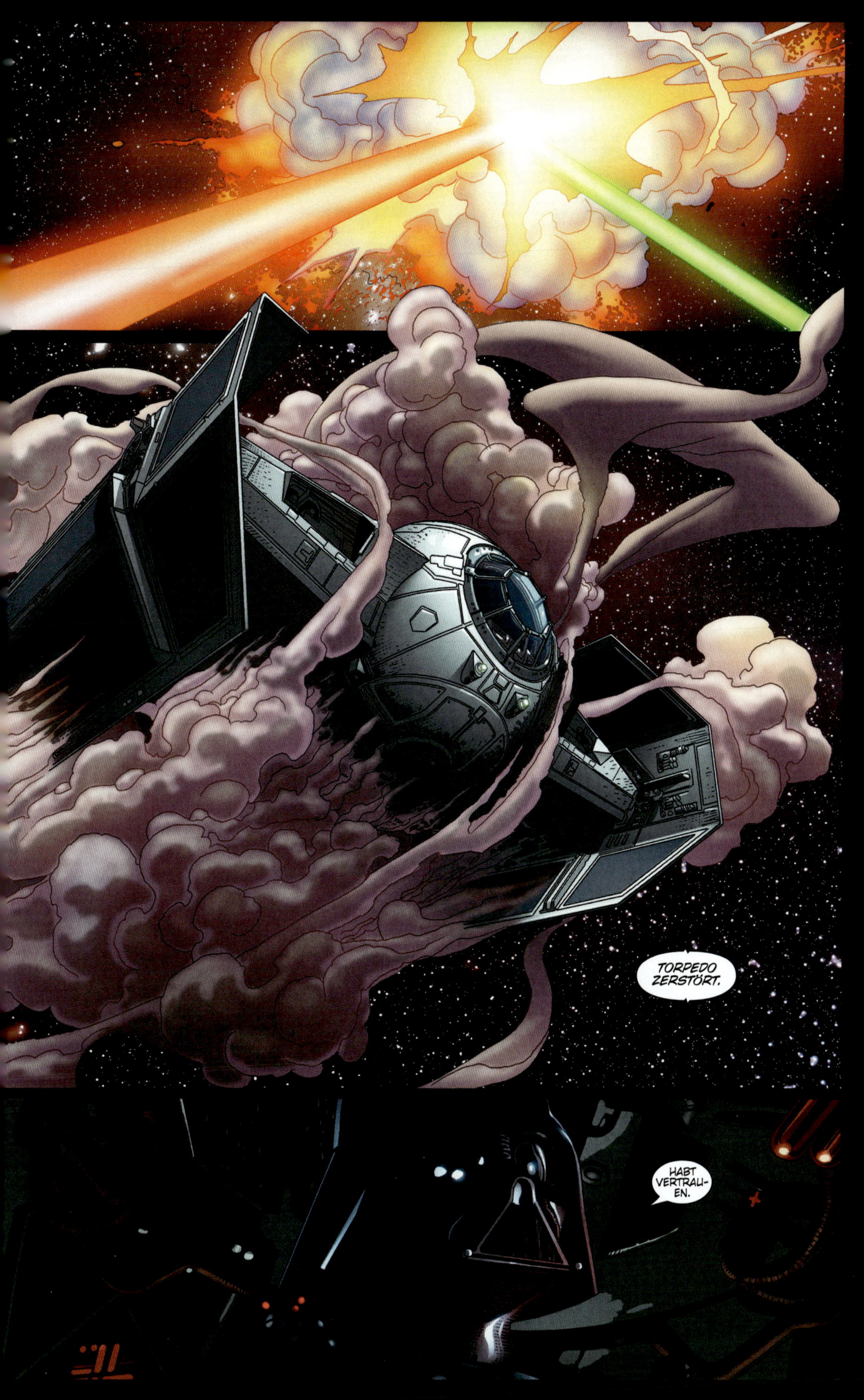
TORPEDO ZERSTÖRT.
HABT VERTRAU-EN.

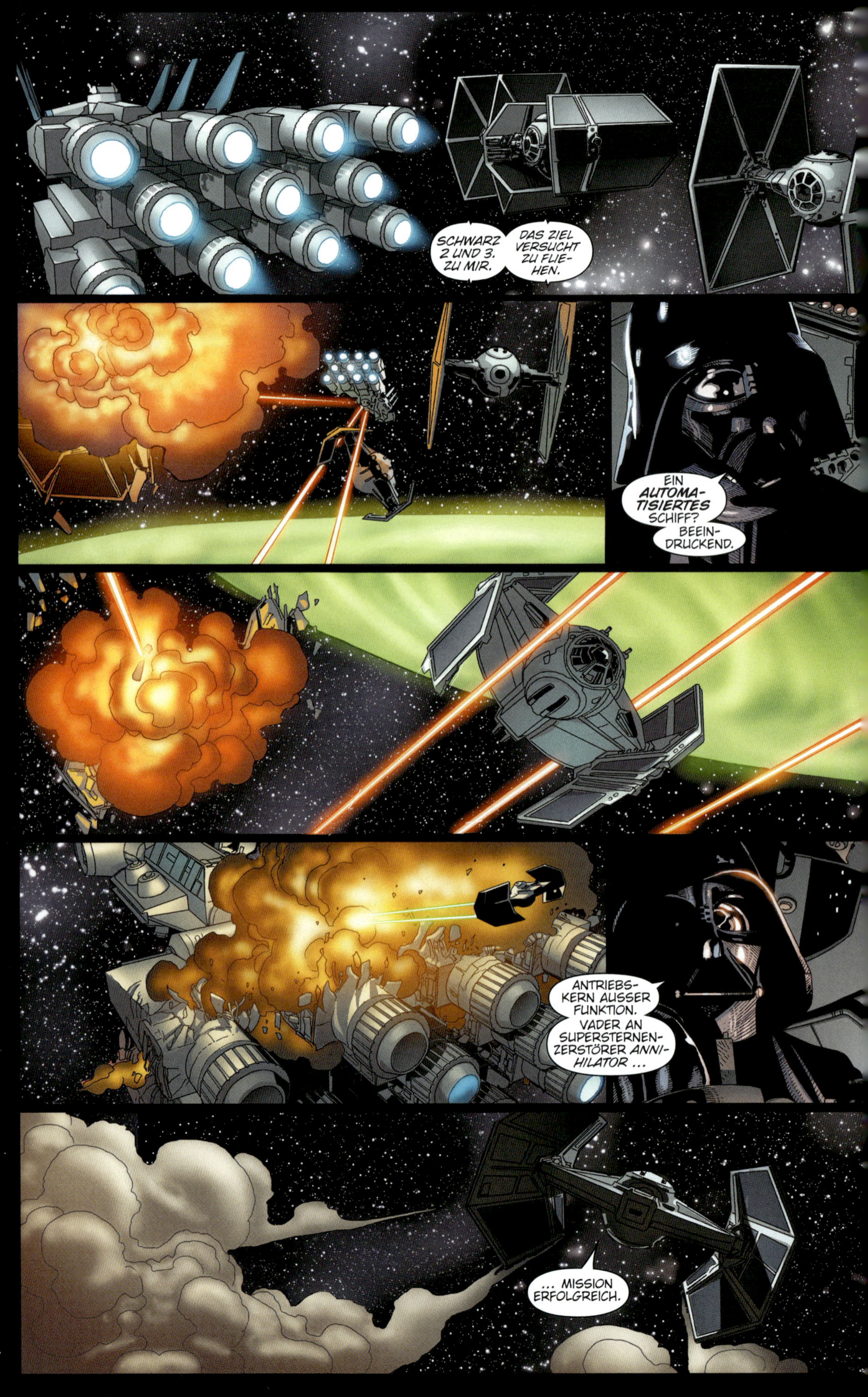
SCHWARZ 2 UND 3. ZU MIR.
DAS ZIEL VERSUCHT ZU FLIEHEN.
EIN *AUTOMATISIERTES* SCHIFF?
BEEINDRUCKEND.
ANTRIEBSKERN AUSSER FUNKTION.
VADER AN SUPERSTERNENZERSTÖRER *ANNIHILATOR* ...
... MISSION ERFOLGREICH.

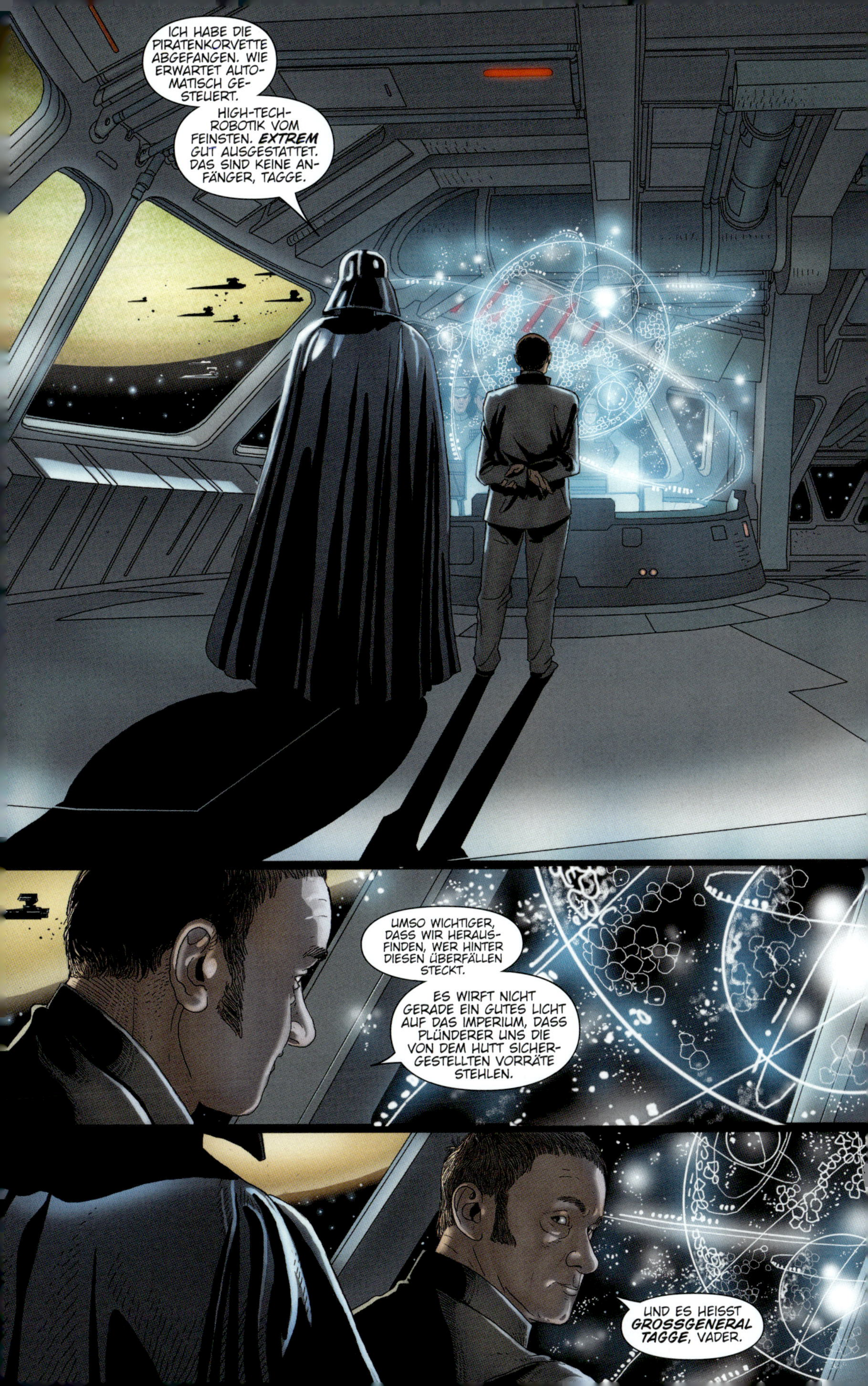
ICH HABE DIE PIRATENKORVETTE ABGEFANGEN. WIE ERWARTET AUTOMATISCH GESTEUERT.
HIGH-TECH-ROBOTIK VOM FEINSTEN. **EXTREM** GUT AUSGESTATTET. DAS SIND KEINE ANFÄNGER, TAGGE.
UMSO WICHTIGER, DASS WIR HERAUSFINDEN, WER HINTER DIESEN ÜBERFÄLLEN STECKT.
ES WIRFT NICHT GERADE EIN GUTES LICHT AUF DAS IMPERIUM, DASS PLÜNDERER UNS DIE VON DEM HUTT SICHERGESTELLTEN VORRÄTE STEHLEN.
UND ES HEISST **GROSSGENERAL TAGGE**, VADER.

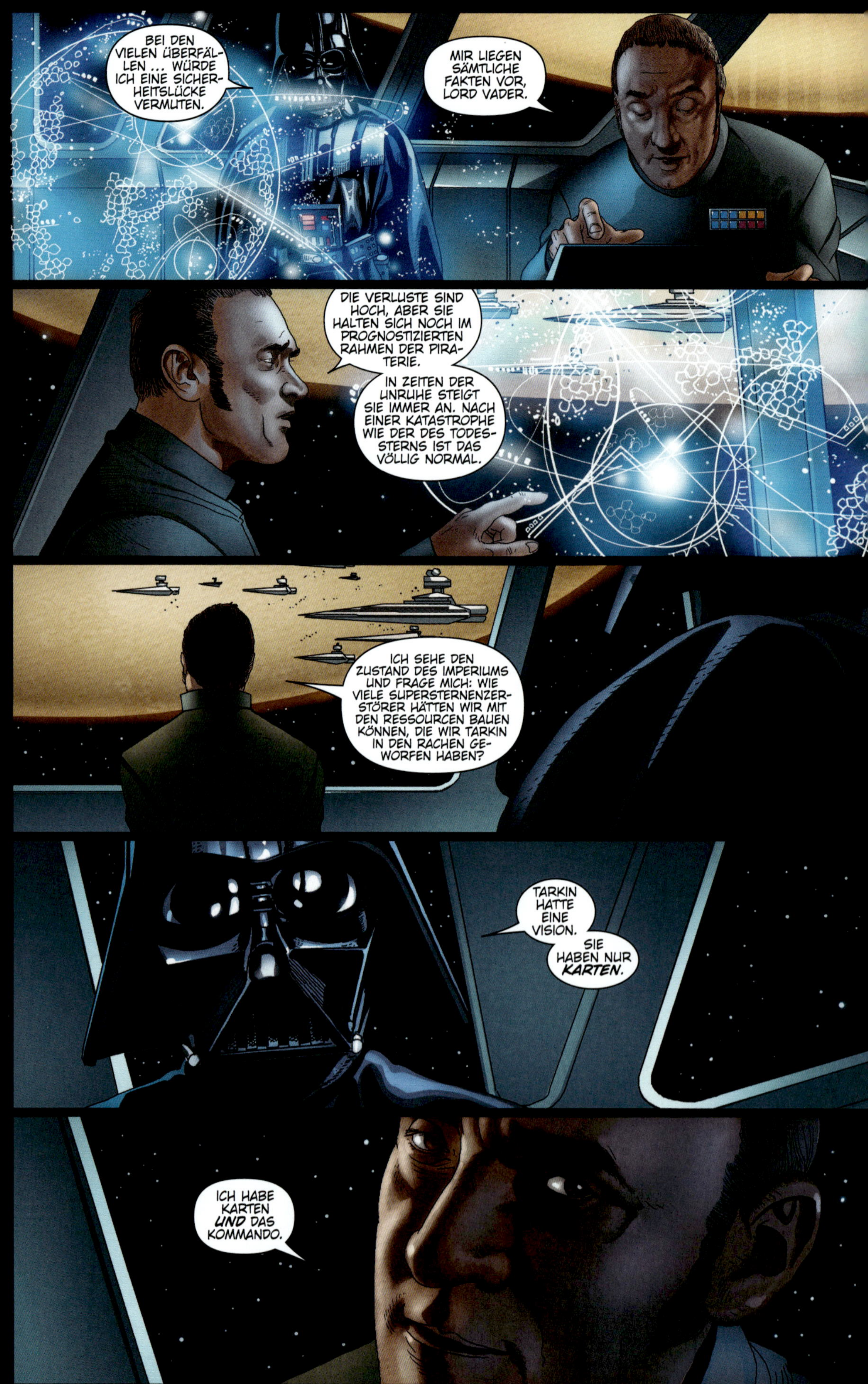
BEI DEN VIELEN ÜBERFÄLLEN ... WÜRDE ICH EINE SICHERHEITSLÜCKE VERMUTEN.
MIR LIEGEN SÄMTLICHE FAKTEN VOR, LORD VADER.
DIE VERLUSTE SIND HOCH, ABER SIE HALTEN SICH NOCH IM PROGNOSTIZIERTEN RAHMEN DER PIRATERIE.
IN ZEITEN DER UNRUHE STEIGT SIE IMMER AN. NACH EINER KATASTROPHE WIE DER DES TODESSTERNS IST DAS VÖLLIG NORMAL.
ICH SEHE DEN ZUSTAND DES IMPERIUMS UND FRAGE MICH: WIE VIELE SUPERSTERNENZERSTÖRER HÄTTEN WIR MIT DEN RESSOURCEN BAUEN KÖNNEN, DIE WIR TARKIN IN DEN RACHEN GEWORFEN HABEN?
TARKIN HATTE EINE VISION.
SIE HABEN NUR *KARTEN*.
ICH HABE KARTEN *UND* DAS KOMMANDO.

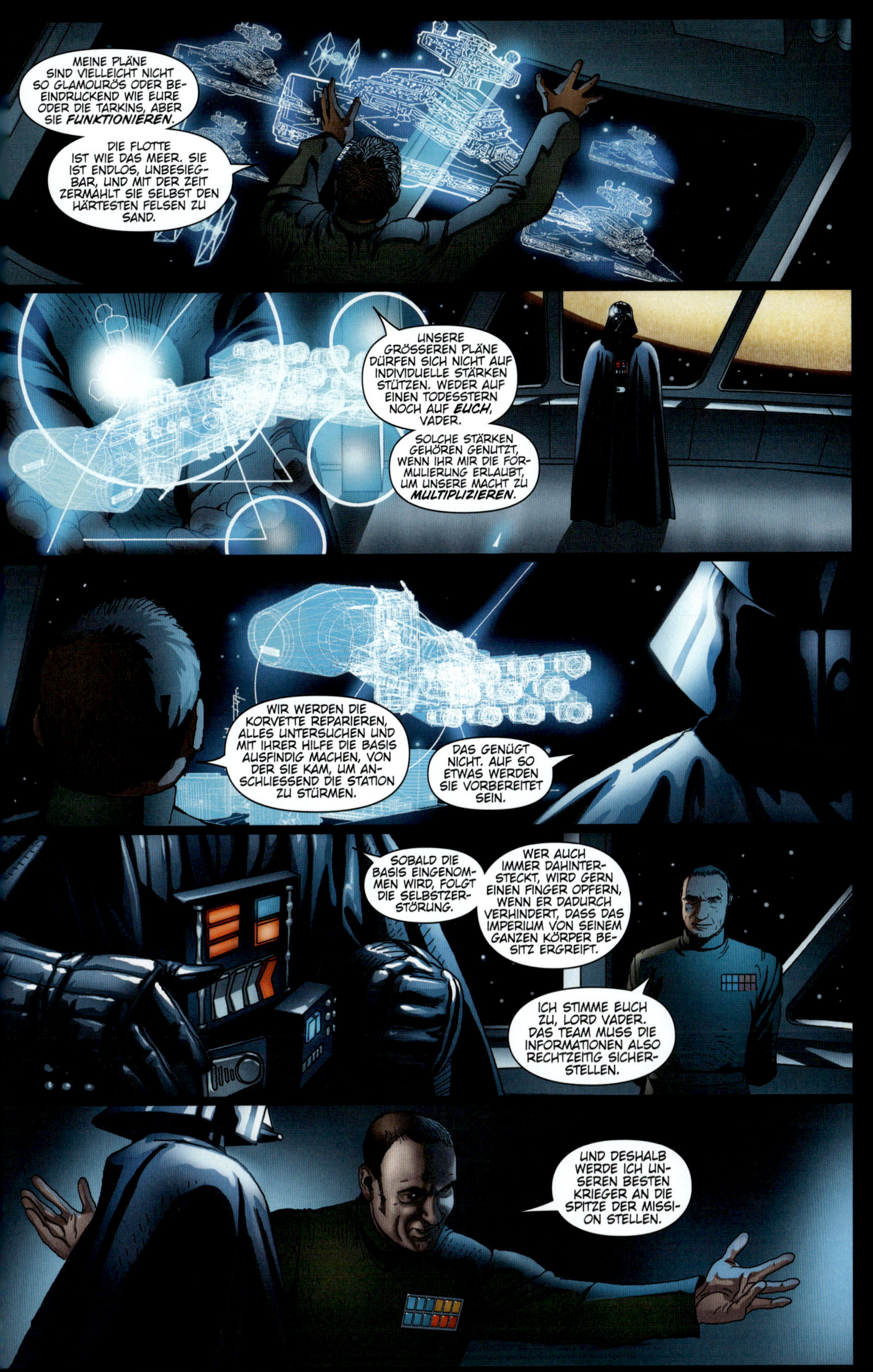

MEINE PLÄNE SIND VIELLEICHT NICHT SO GLAMOURÖS ODER BEEINDRUCKEND WIE EURE ODER DIE TARKINS, ABER SIE *FUNKTIONIEREN*.
DIE FLOTTE IST WIE DAS MEER. SIE IST ENDLOS, UNBESIEGBAR, UND MIT DER ZEIT ZERMAHLT SIE SELBST DEN HÄRTESTEN FELSEN ZU SAND.
UNSERE GRÖSSEREN PLÄNE DÜRFEN SICH NICHT AUF INDIVIDUELLE STÄRKEN STÜTZEN. WEDER AUF EINEN TODESSTERN NOCH AUF *EUCH*, VADER.
SOLCHE STÄRKEN GEHÖREN GENUTZT, WENN IHR MIR DIE FORMULIERUNG ERLAUBT, UM UNSERE MACHT ZU *MULTIPLIZIEREN*.
WIR WERDEN DIE KORVETTE REPARIEREN, ALLES UNTERSUCHEN UND MIT IHRER HILFE DIE BASIS AUSFINDIG MACHEN, VON DER SIE KAM, UM ANSCHLIESSEND DIE STATION ZU STÜRMEN.
DAS GENÜGT NICHT. AUF SO ETWAS WERDEN SIE VORBEREITET SEIN.
SOBALD DIE BASIS EINGENOMMEN WIRD, FOLGT DIE SELBSTZERSTÖRUNG.
WER AUCH IMMER DAHINTERSTECKT, WIRD GERN EINEN FINGER OPFERN, WENN ER DADURCH VERHINDERT, DASS DAS IMPERIUM VON SEINEM GANZEN KÖRPER BESITZ ERGREIFT.
ICH STIMME EUCH ZU, LORD VADER. DAS TEAM MUSS DIE INFORMATIONEN ALSO RECHTZEITIG SICHERSTELLEN.
UND DESHALB WERDE ICH UNSEREN BESTEN KRIEGER AN DIE SPITZE DER MISSION STELLEN.

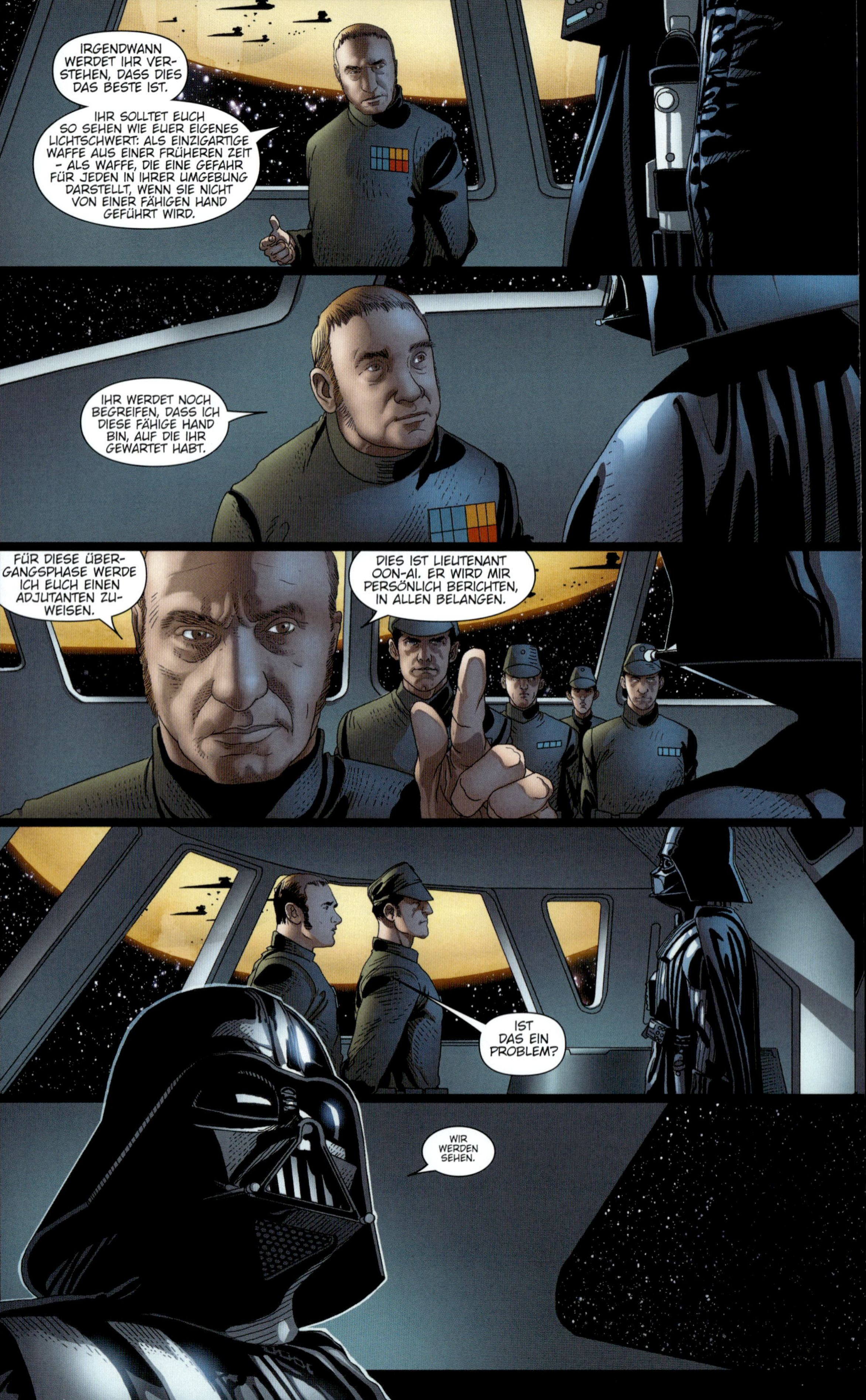
IRGENDWANN WERDET IHR VERSTEHEN, DASS DIES DAS BESTE IST.
IHR SOLLTET EUCH SO SEHEN WIE EUER EIGENES LICHTSCHWERT: ALS EINZIGARTIGE WAFFE AUS EINER FRÜHEREN ZEIT - ALS WAFFE, DIE EINE GEFAHR FÜR JEDEN IN IHRER UMGEBUNG DARSTELLT, WENN SIE NICHT VON EINER FÄHIGEN HAND GEFÜHRT WIRD.
IHR WERDET NOCH BEGREIFEN, DASS ICH DIESE FÄHIGE HAND BIN, AUF DIE IHR GEWARTET HABT.
FÜR DIESE ÜBERGANGSPHASE WERDE ICH EUCH EINEN ADJUTANTEN ZUWEISEN.
DIES IST LIEUTENANT OON-AI. ER WIRD MIR PERSÖNLICH BERICHTEN, IN ALLEN BELANGEN.
IST DAS EIN PROBLEM?
WIR WERDEN SEHEN.

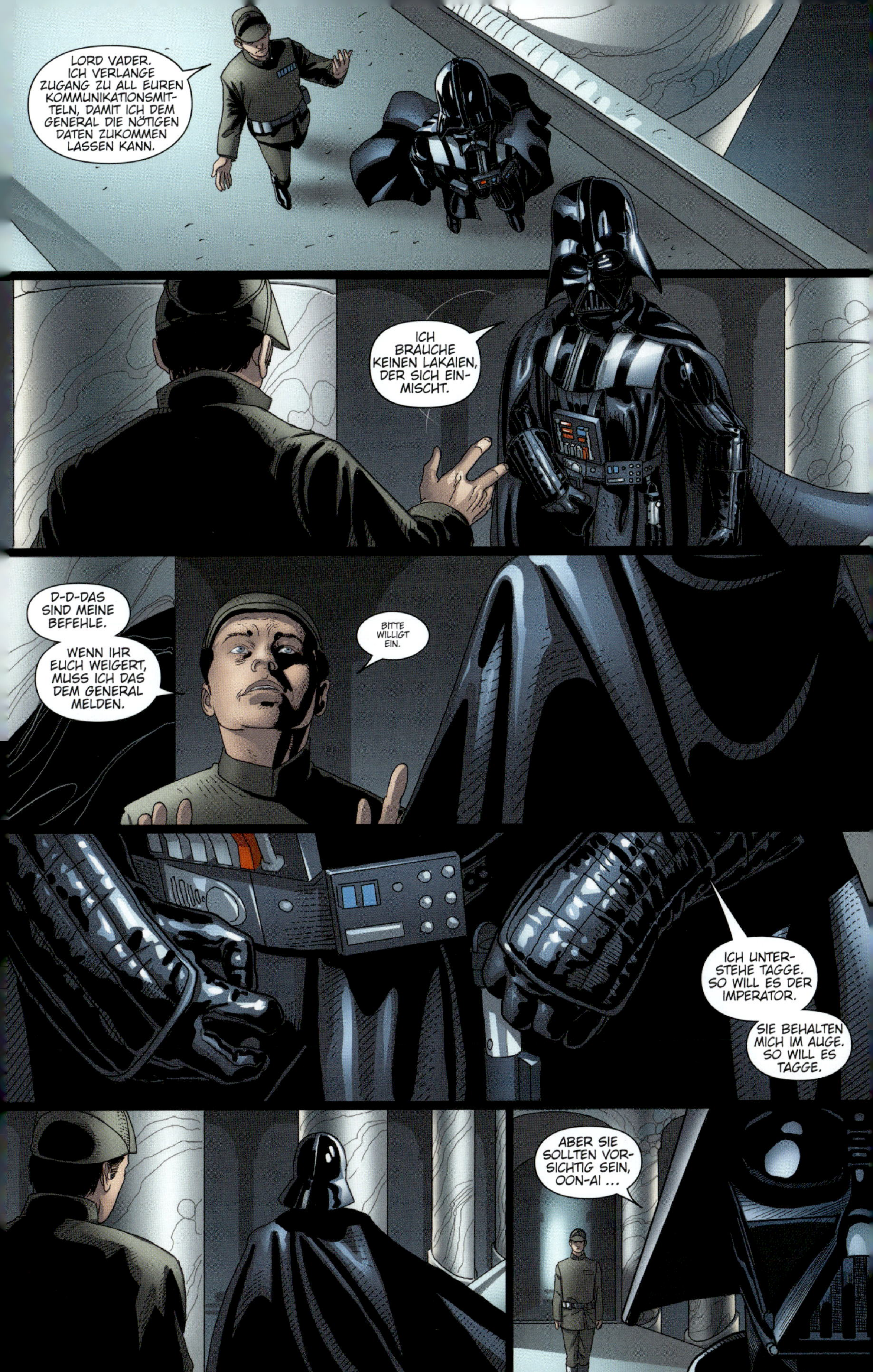
LORD VADER. ICH VERLANGE ZUGANG ZU ALL EUREN KOMMUNIKATIONSMITTELN, DAMIT ICH DEM GENERAL DIE NÖTIGEN DATEN ZUKOMMEN LASSEN KANN.
ICH BRAUCHE KEINEN LAKAIEN, DER SICH EINMISCHT.
D-D-DAS SIND MEINE BEFEHLE.
WENN IHR EUCH WEIGERT, MUSS ICH DAS DEM GENERAL MELDEN.
BITTE WILLIGT EIN.
ICH UNTERSTEHE TAGGE. SO WILL ES DER IMPERATOR.
SIE BEHALTEN MICH IM AUGE. SO WILL ES TAGGE.
ABER SIE SOLLTEN VORSICHTIG SEIN, OON-AI ...

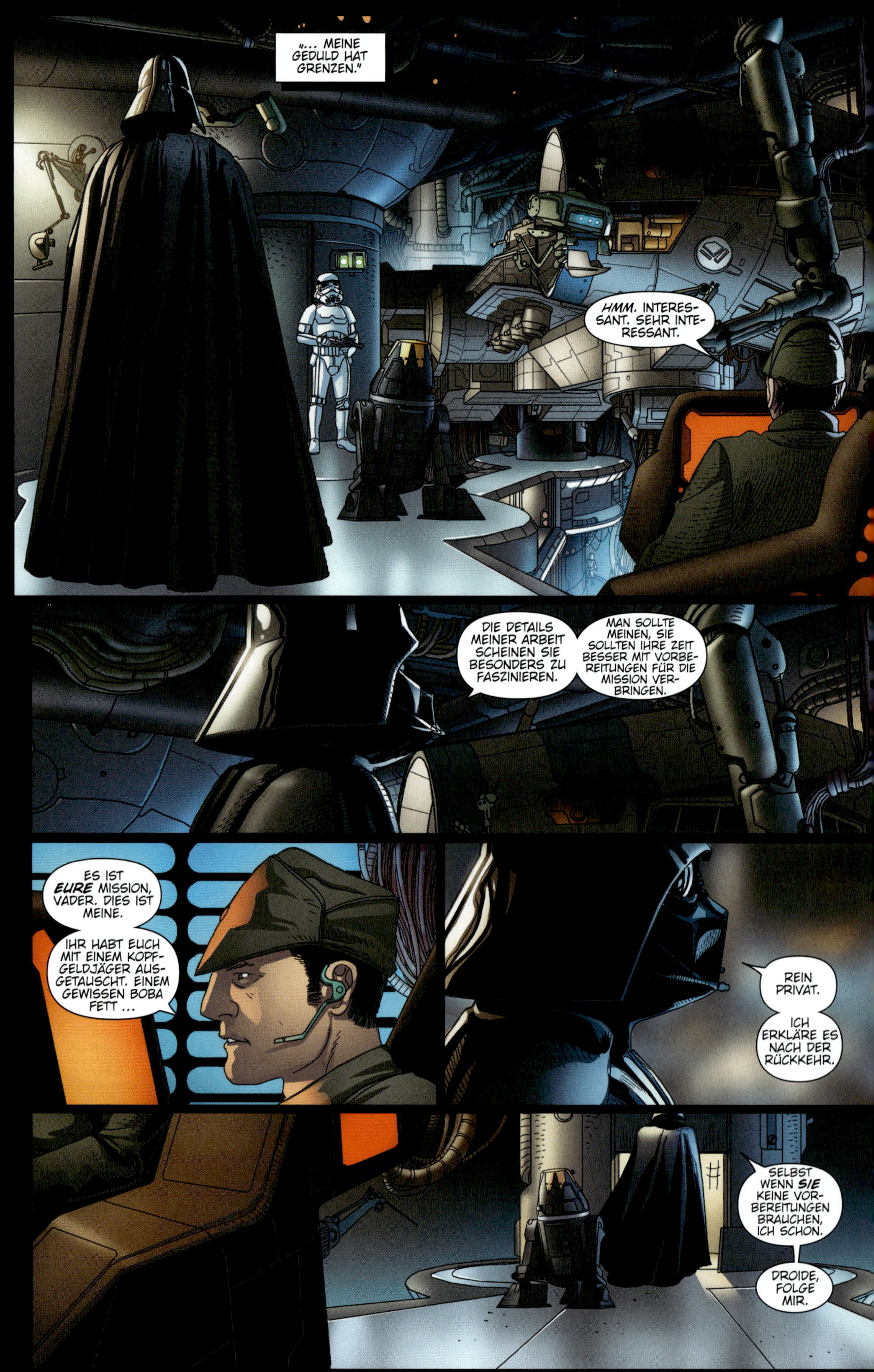
"... MEINE GEDULD HAT GRENZEN."
HMM. INTERESSANT. SEHR INTERESSANT.
DIE DETAILS MEINER ARBEIT SCHEINEN SIE BESONDERS ZU FASZINIEREN.
MAN SOLLTE MEINEN, SIE SOLLTEN IHRE ZEIT BESSER MIT VORBEREITUNGEN FÜR DIE MISSION VERBRINGEN.
ES IST EURE MISSION, VADER. DIES IST MEINE.
IHR HABT EUCH MIT EINEM KOPFGELDJÄGER AUSGETAUSCHT. EINEM GEWISSEN BOBA FETT ...
REIN PRIVAT.
ICH ERKLÄRE ES NACH DER RÜCKKEHR.
SELBST WENN SIE KEINE VORBEREITUNGEN BRAUCHEN, ICH SCHON.
DROIDE, FOLGE MIR.

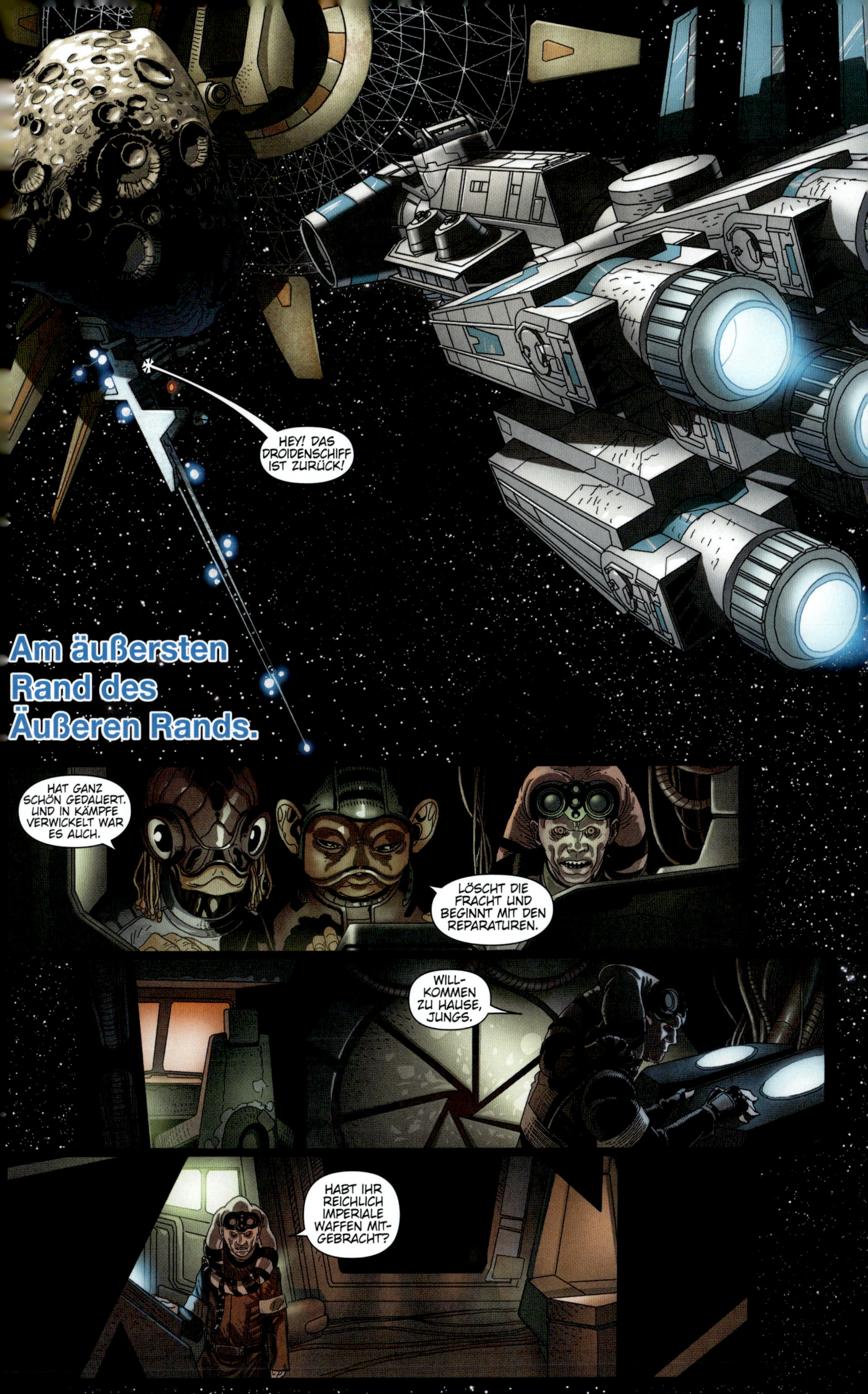
HEY! DAS DROIDENSCHIFF IST ZURÜCK!
Am äußersten Rand des Äußeren Rands.
HAT GANZ SCHÖN GEDAUERT. UND IN KÄMPFE VERWICKELT WAR ES AUCH.
LÖSCHT DIE FRACHT UND BEGINNT MIT DEN REPARATUREN.
WILL-KOMMEN ZU HAUSE, JUNGS.
HABT IHR REICHLICH IMPERIALE WAFFEN MIT-GEBRACHT?

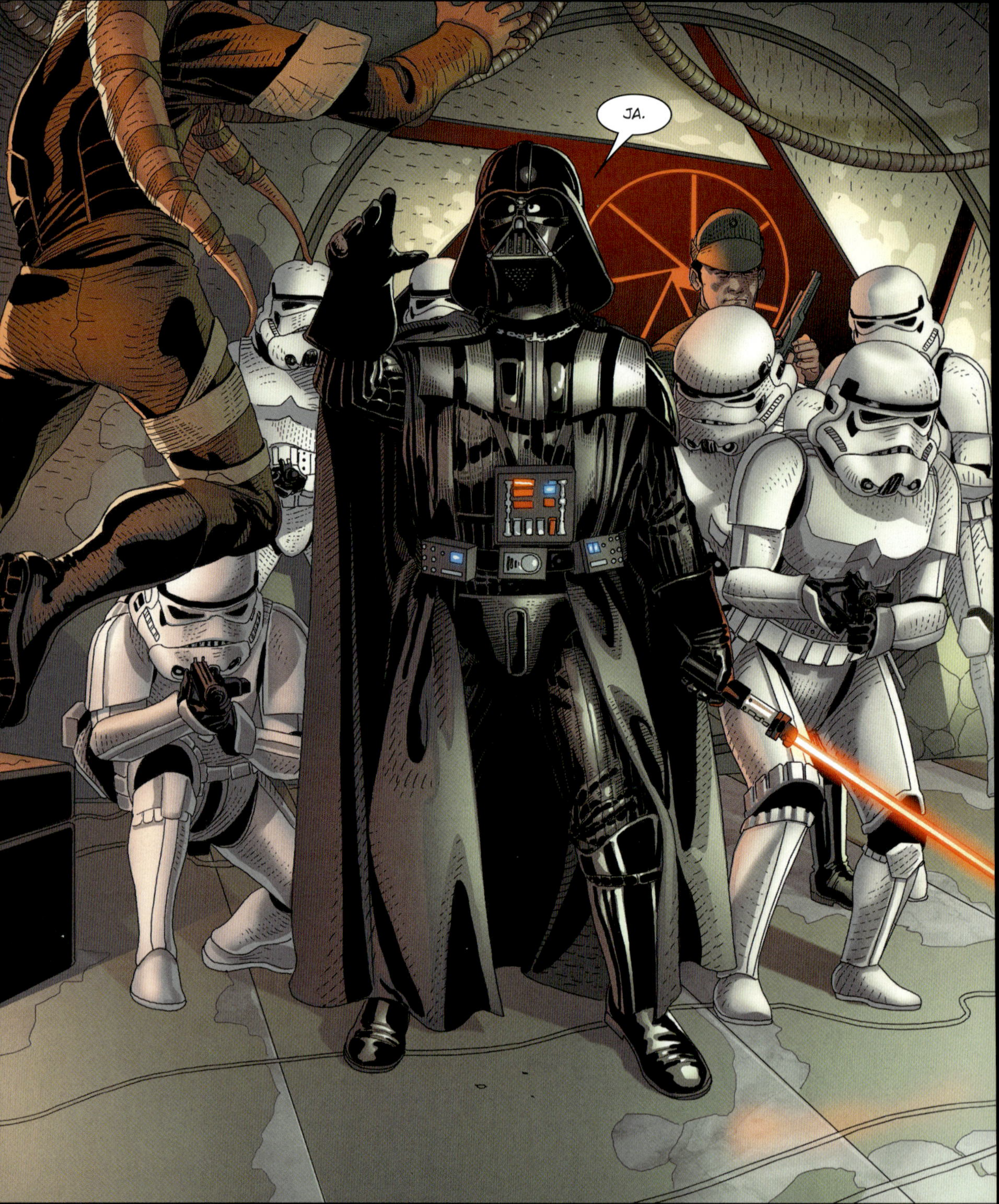

JA.

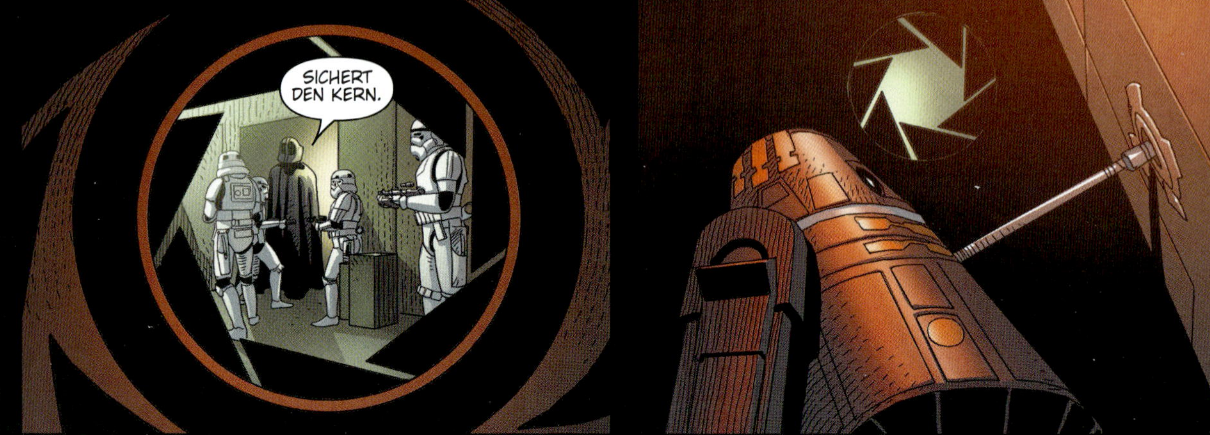

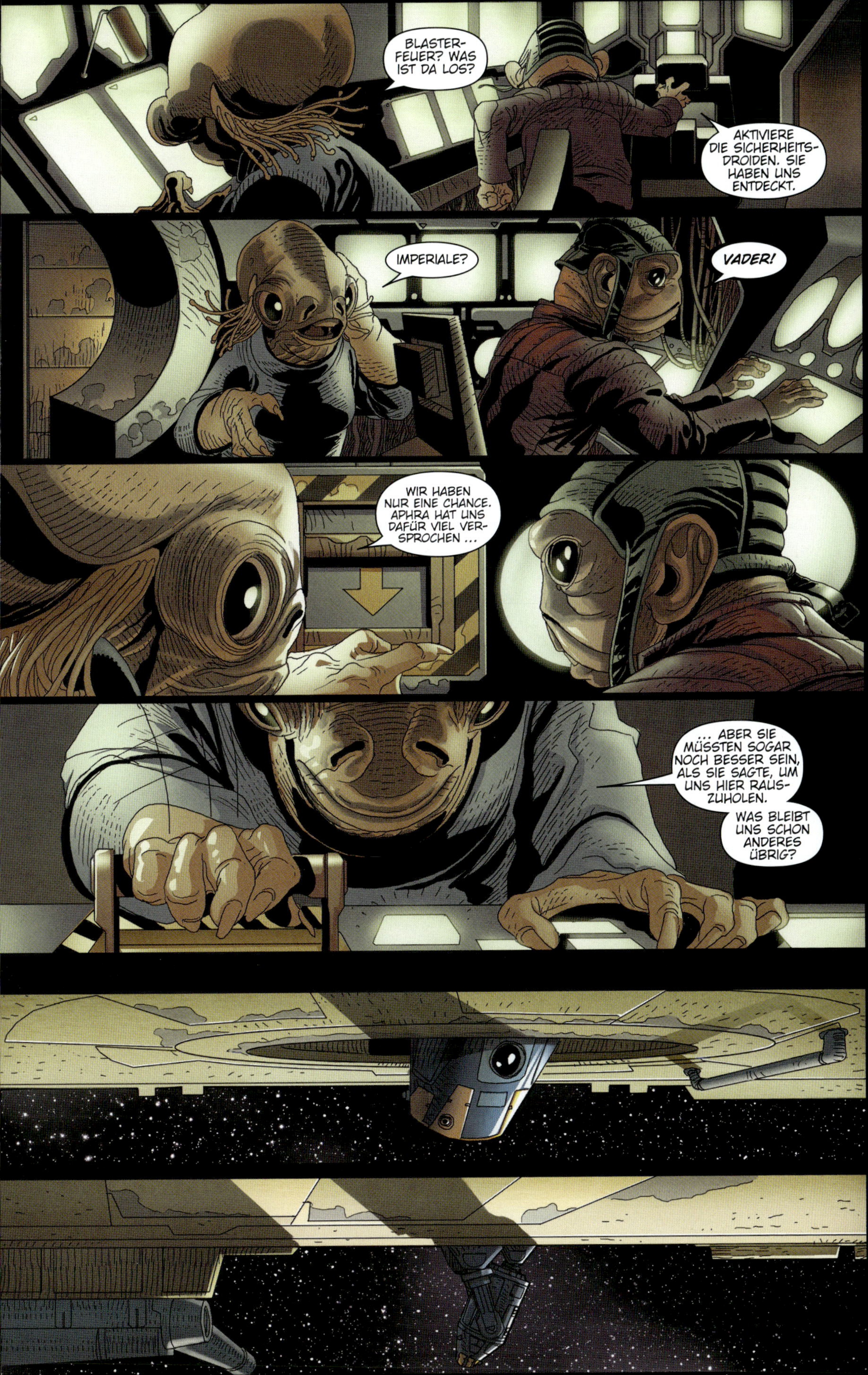

BLASTER-FEUER? WAS IST DA LOS?
AKTIVIERE DIE SICHERHEITS-DROIDEN. SIE HABEN UNS ENTDECKT.
IMPERIALE?
VADER!
WIR HABEN NUR EINE CHANCE. APHRA HAT UNS DAFÜR VIEL VER-SPROCHEN ...
... ABER SIE MÜSSTEN SOGAR NOCH BESSER SEIN, ALS SIE SAGTE, UM UNS HIER RAUS-ZUHOLEN.
WAS BLEIBT UNS SCHON ANDERES ÜBRIG?

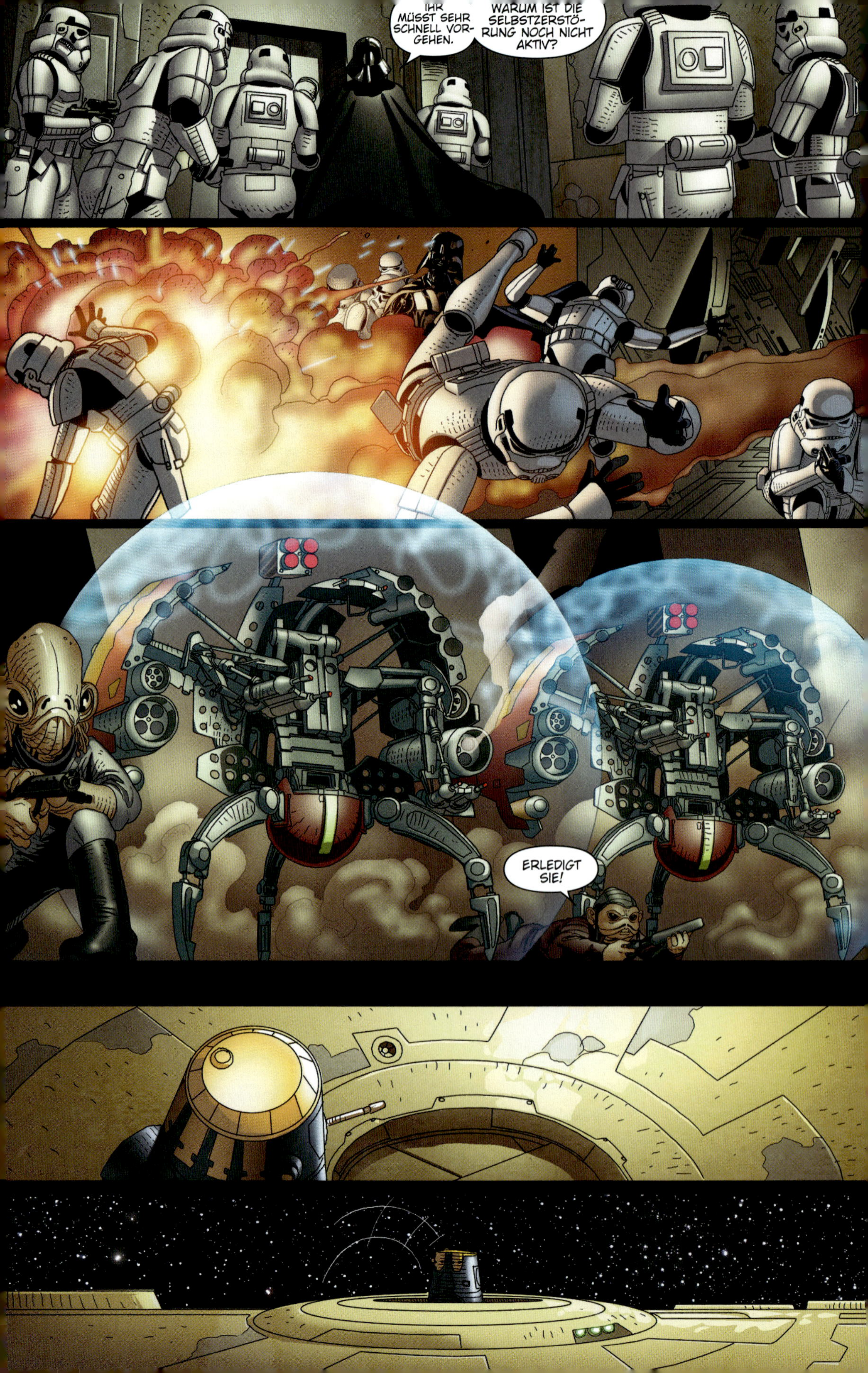
IHR MÜSST SEHR SCHNELL VORGEHEN.
WARUM IST DIE SELBSTZERSTÖRUNG NOCH NICHT AKTIV?
ERLEDIGT SIE!

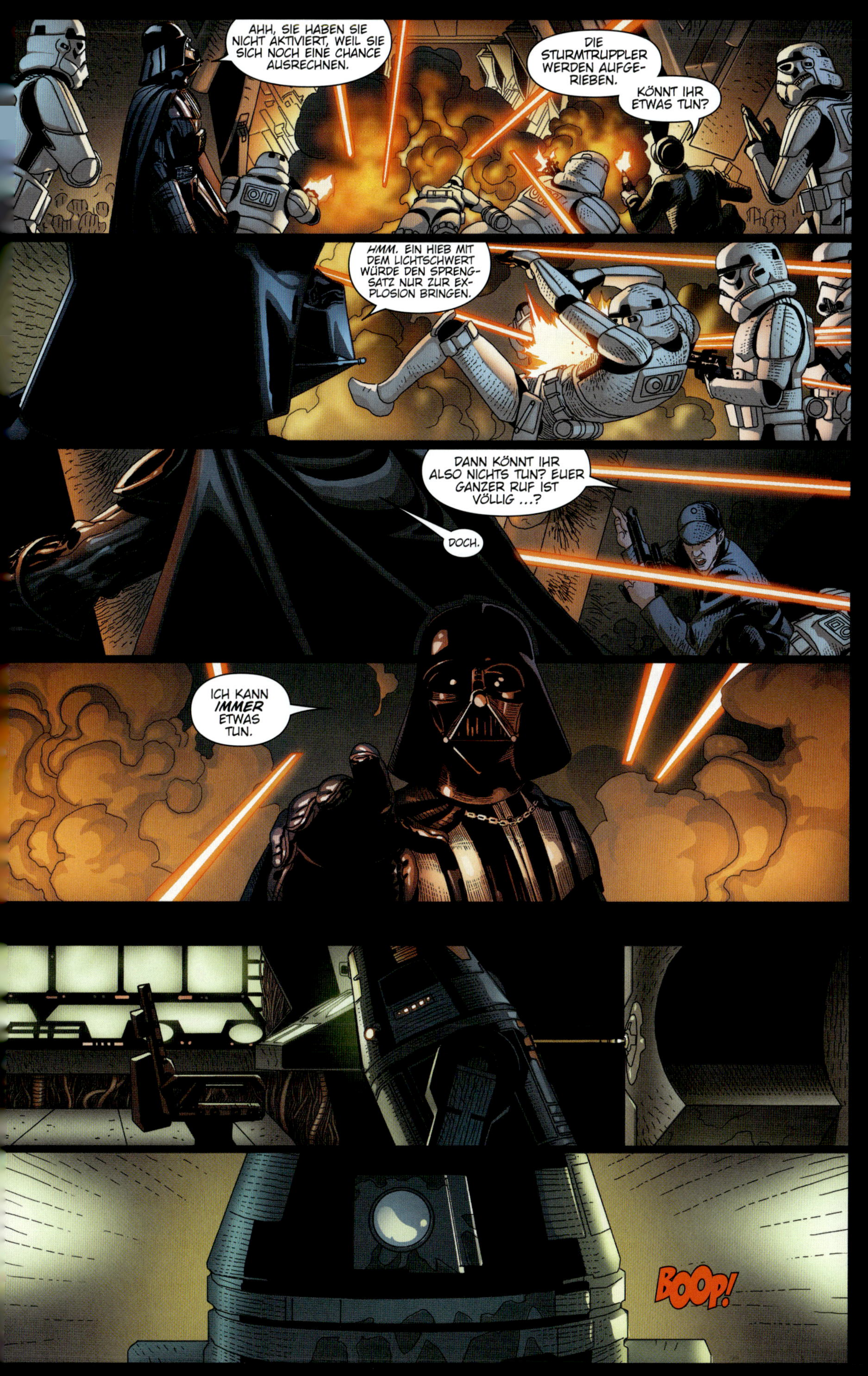
AHH, SIE HABEN SIE NICHT AKTIVIERT, WEIL SIE SICH NOCH EINE CHANCE AUSRECHNEN.
DIE STURMTRUPPLER WERDEN AUFGE-RIEBEN.
KÖNNT IHR ETWAS TUN?
HMM. EIN HIEB MIT DEM LICHTSCHWERT WÜRDE DEN SPRENG-SATZ NUR ZUR EX-PLOSION BRINGEN.
DANN KÖNNT IHR ALSO NICHTS TUN? EUER GANZER RUF IST VÖLLIG ...?
DOCH.
ICH KANN IMMER ETWAS TUN.
BOOP!

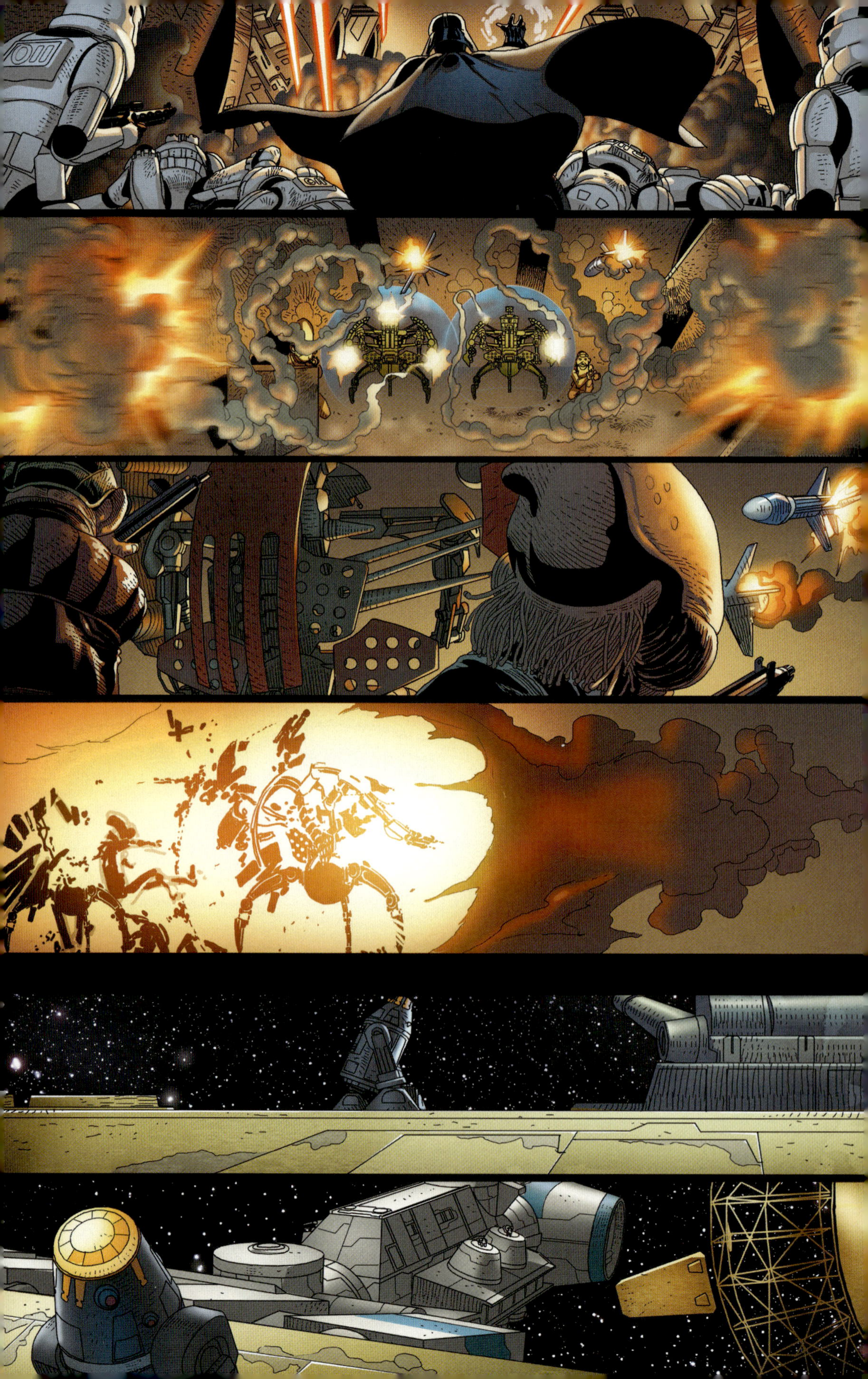

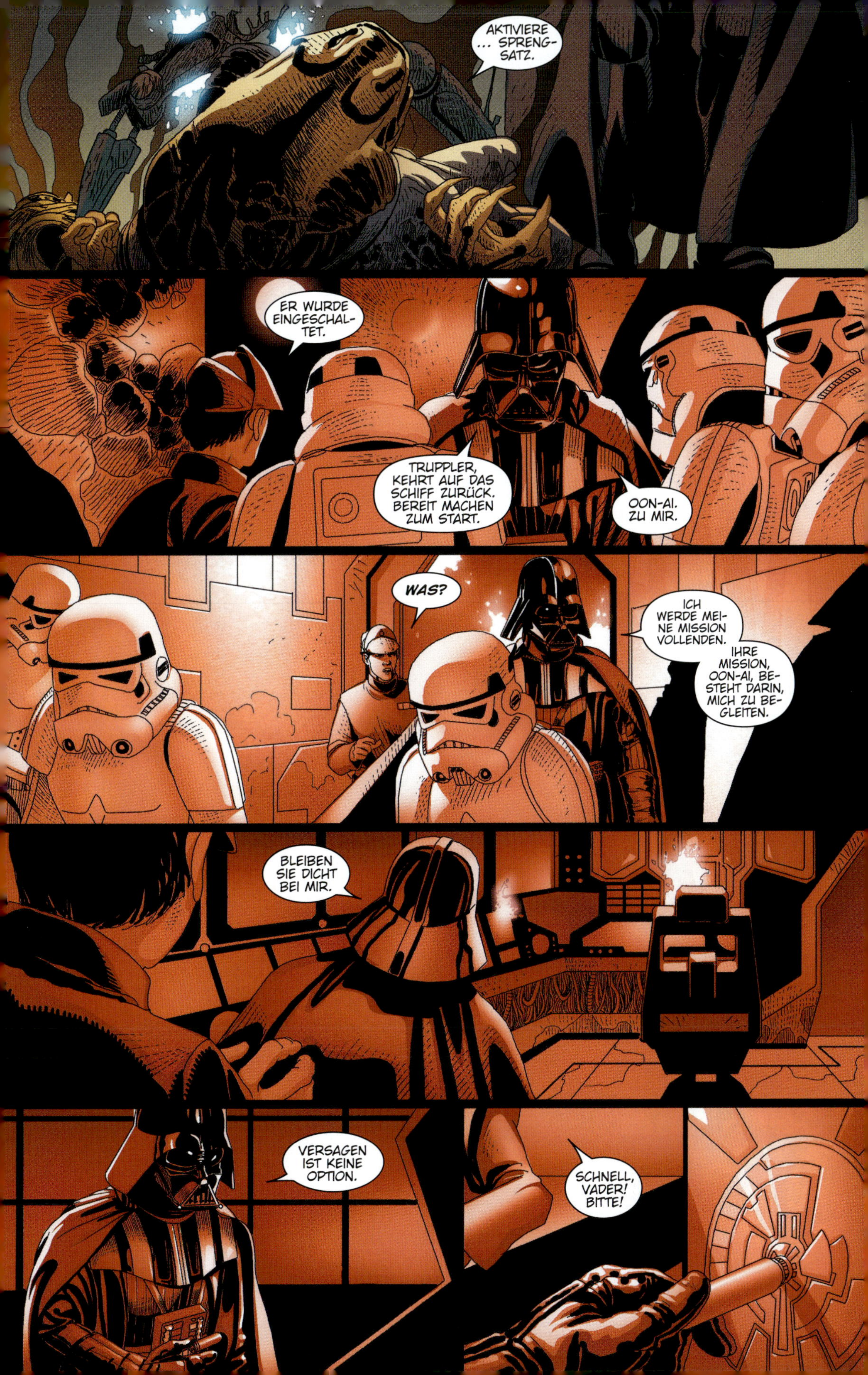
AKTIVIERE ... SPRENG-SATZ.
ER WURDE EINGESCHAL-TET.
TRUPPLER, KEHRT AUF DAS SCHIFF ZURÜCK. BEREIT MACHEN ZUM START.
OON-AI. ZU MIR.
WAS?
ICH WERDE MEI-NE MISSION VOLLENDEN.
IHRE MISSION, OON-AI, BE-STEHT DARIN, MICH ZU BE-GLEITEN.
BLEIBEN SIE DICHT BEI MIR.
VERSAGEN IST KEINE OPTION.
SCHNELL, VADER! BITTE!

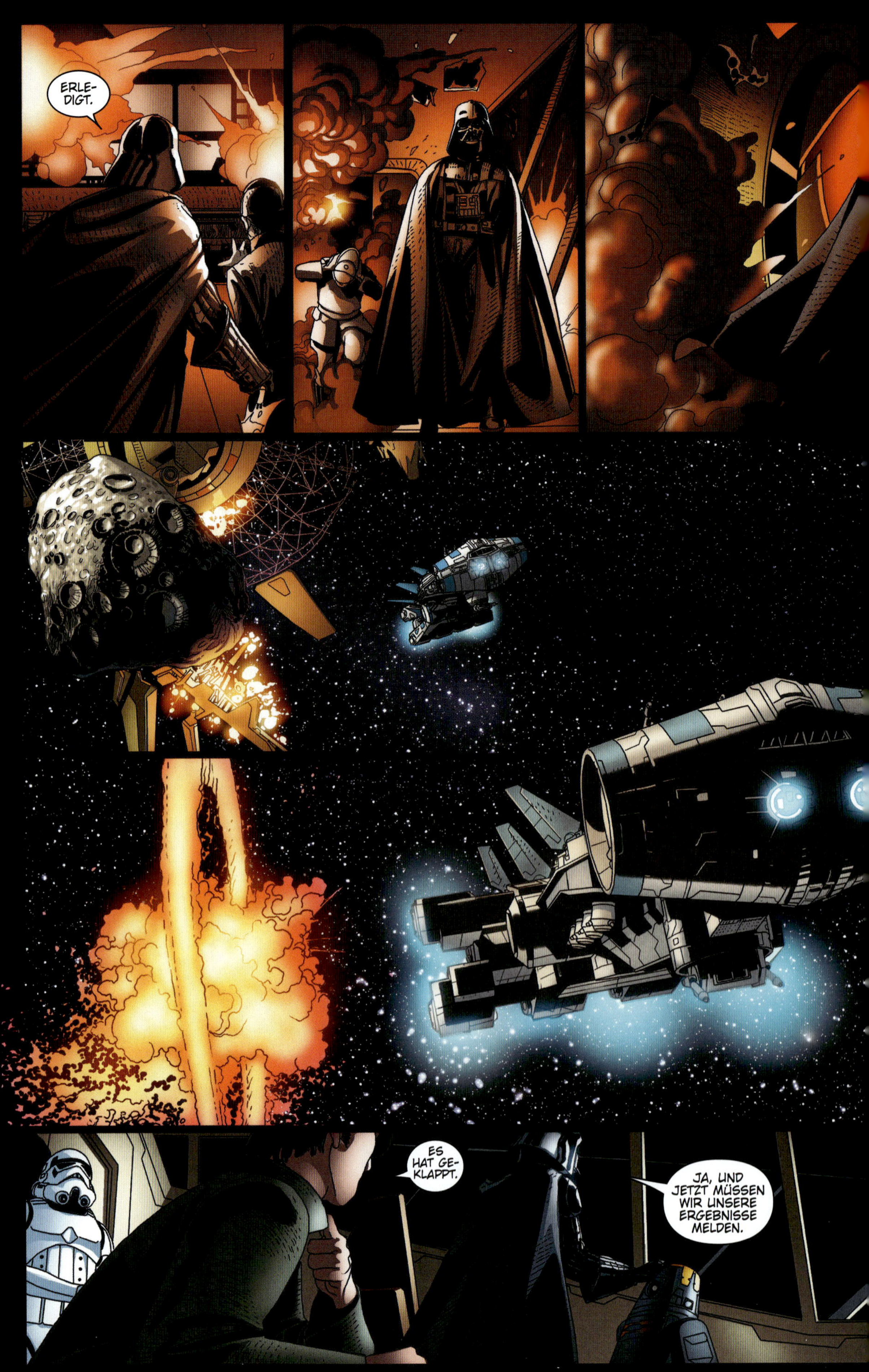
ERLE-
DIGT.
ES
HAT GE-
KLAPPT.
JA, UND
JETZT MÜSSEN
WIR UNSERE
ERGEBNISSE
MELDEN.

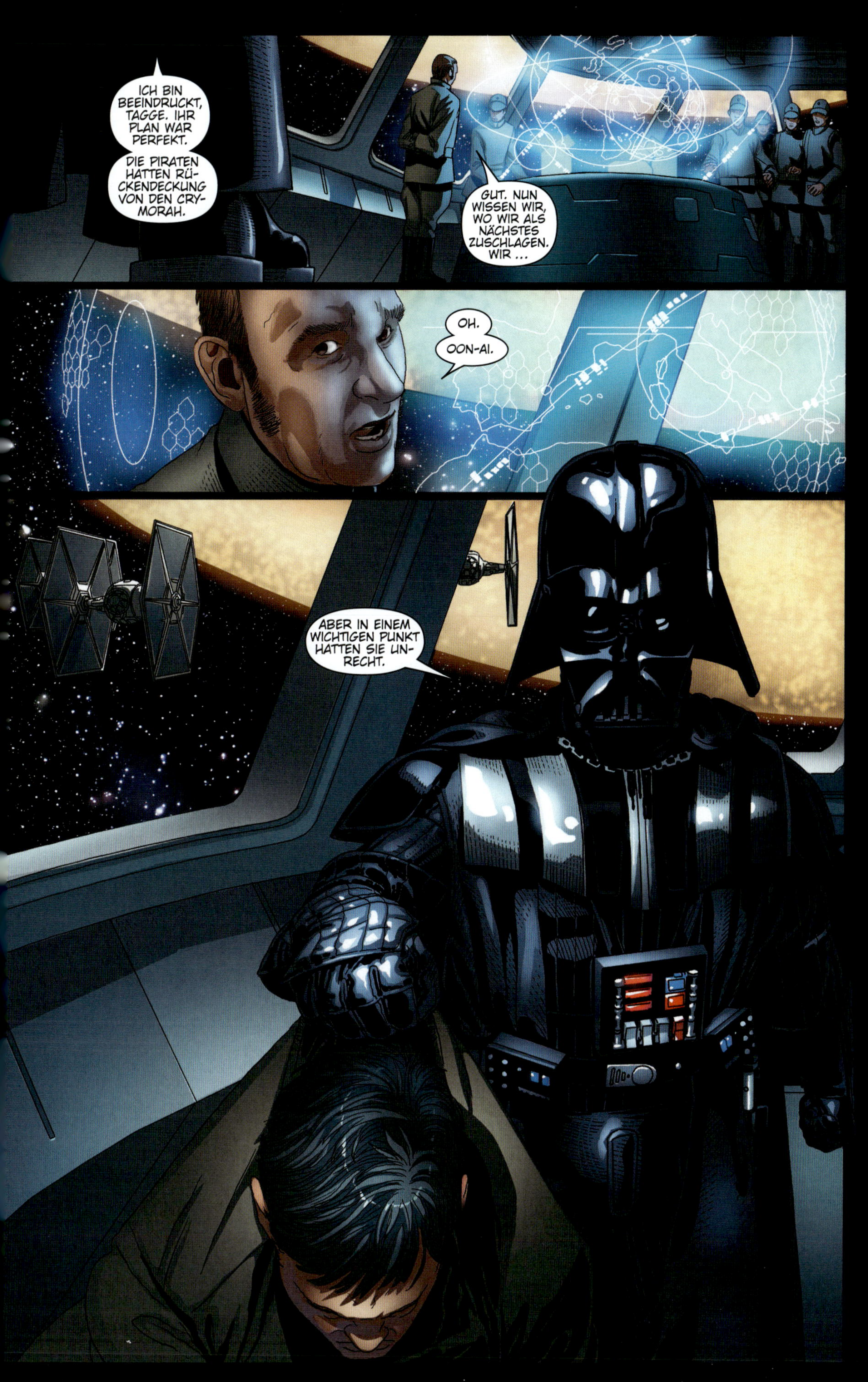
ICH BIN BEEINDRUCKT, TAGGE. IHR PLAN WAR PERFEKT.
DIE PIRATEN HATTEN RÜCKENDECKUNG VON DEN CRYMORAH.
GUT. NUN WISSEN WIR, WO WIR ALS NÄCHSTES ZUSCHLAGEN. WIR …
OH. OON-AI.
ABER IN EINEM WICHTIGEN PUNKT HATTEN SIE UNRECHT.

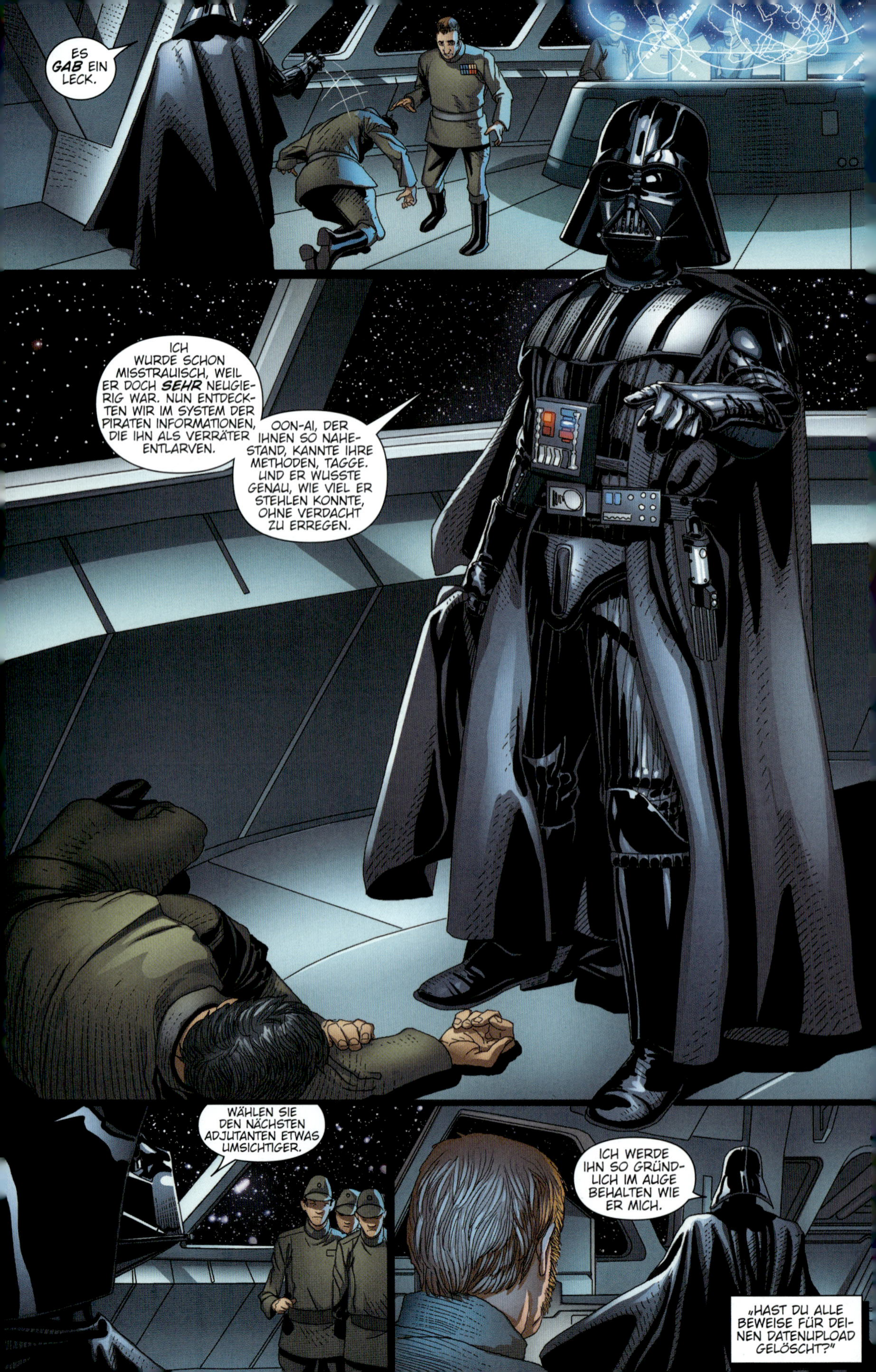
ES GAB EIN LECK.
ICH WURDE SCHON MISSTRAUISCH, WEIL ER DOCH SEHR NEUGIERIG WAR. NUN ENTDECKTEN WIR IM SYSTEM DER PIRATEN INFORMATIONEN, DIE IHN ALS VERRÄTER ENTLARVEN.
OON-AI, DER IHNEN SO NAHESTAND, KANNTE IHRE METHODEN, TAGGE. UND ER WUSSTE GENAU, WIE VIEL ER STEHLEN KONNTE, OHNE VERDACHT ZU ERREGEN.
WÄHLEN SIE DEN NÄCHSTEN ADJUTANTEN ETWAS UMSICHTIGER.
ICH WERDE IHN SO GRÜNDLICH IM AUGE BEHALTEN WIE ER MICH.
„HAST DU ALLE BEWEISE FÜR DEINEN DATENUPLOAD GELÖSCHT?"

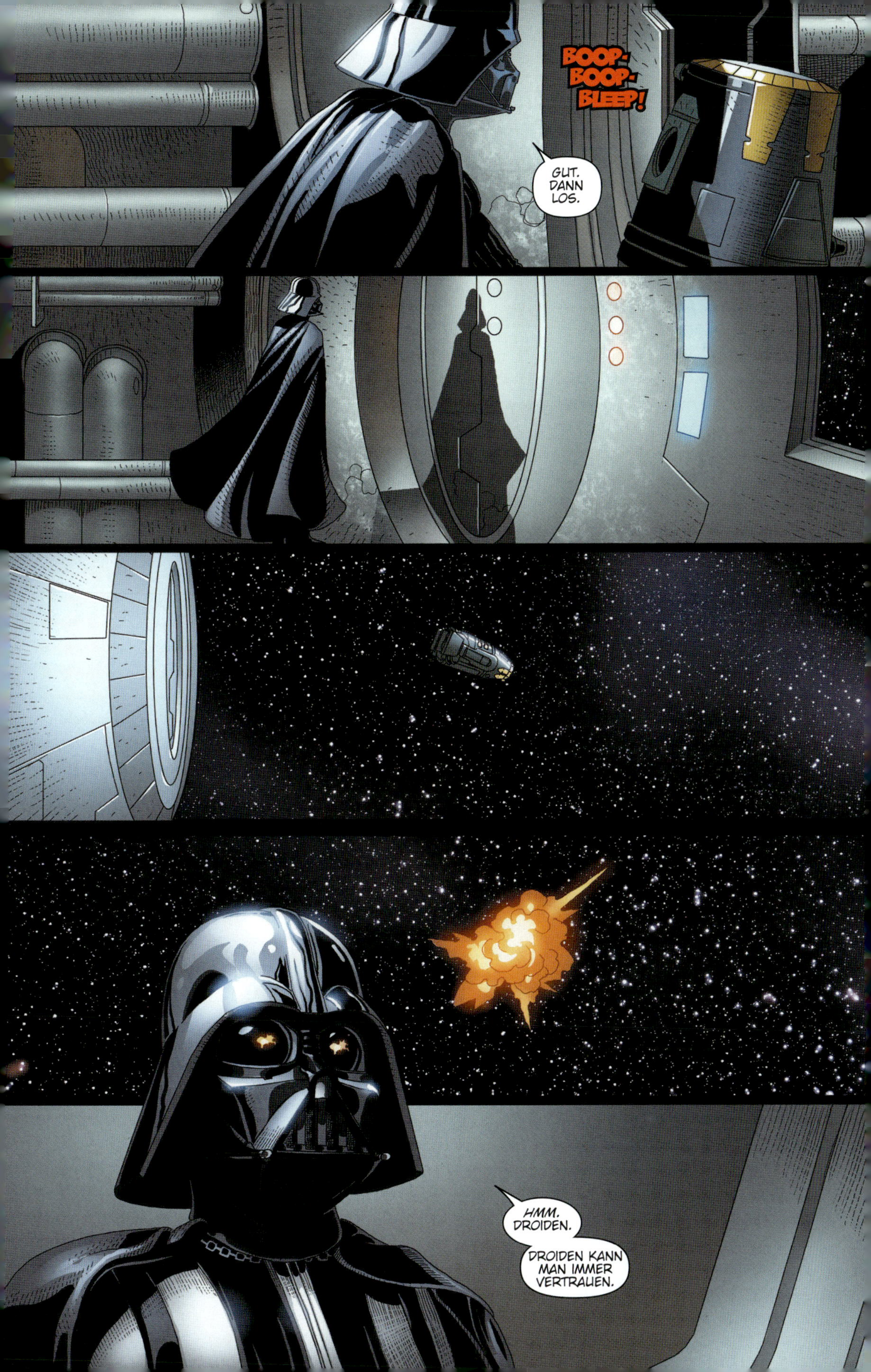
BOOP-BOOP-BLEEP!
GUT. DANN LOS.
HMM. DROIDEN.
DROIDEN KANN MAN IMMER VERTRAUEN.

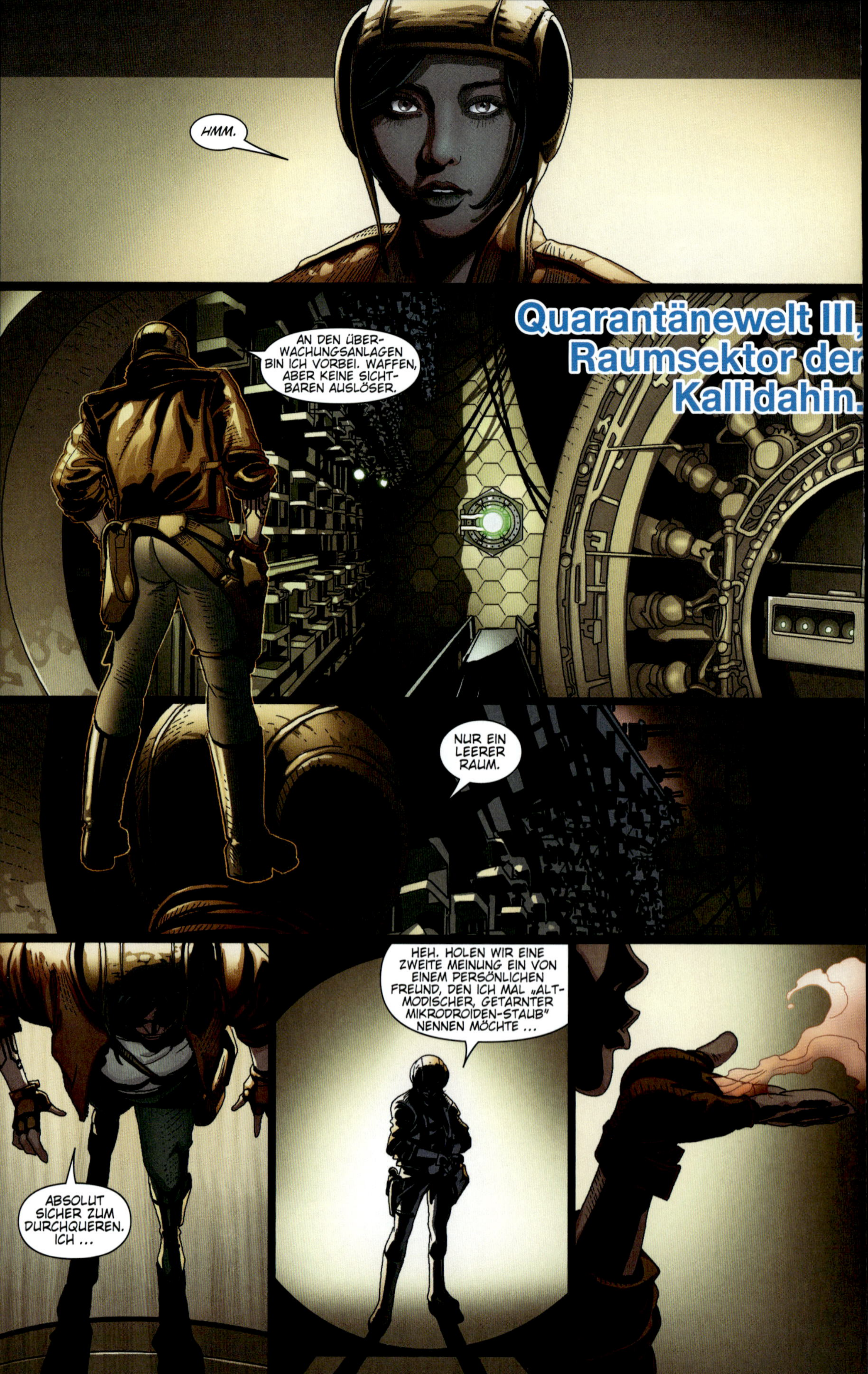
HMM.
Quarantänewelt III, Raumsektor der Kallidahin.
AN DEN ÜBERWACHUNGSANLAGEN BIN ICH VORBEI. WAFFEN, ABER KEINE SICHTBAREN AUSLÖSER.
NUR EIN LEERER RAUM.
ABSOLUT SICHER ZUM DURCHQUEREN. ICH ...
HEH. HOLEN WIR EINE ZWEITE MEINUNG EIN VON EINEM PERSÖNLICHEN FREUND, DEN ICH MAL „ALTMODISCHER, GETARNTER MIKRODROIDEN-STAUB“ NENNEN MÖCHTE ...

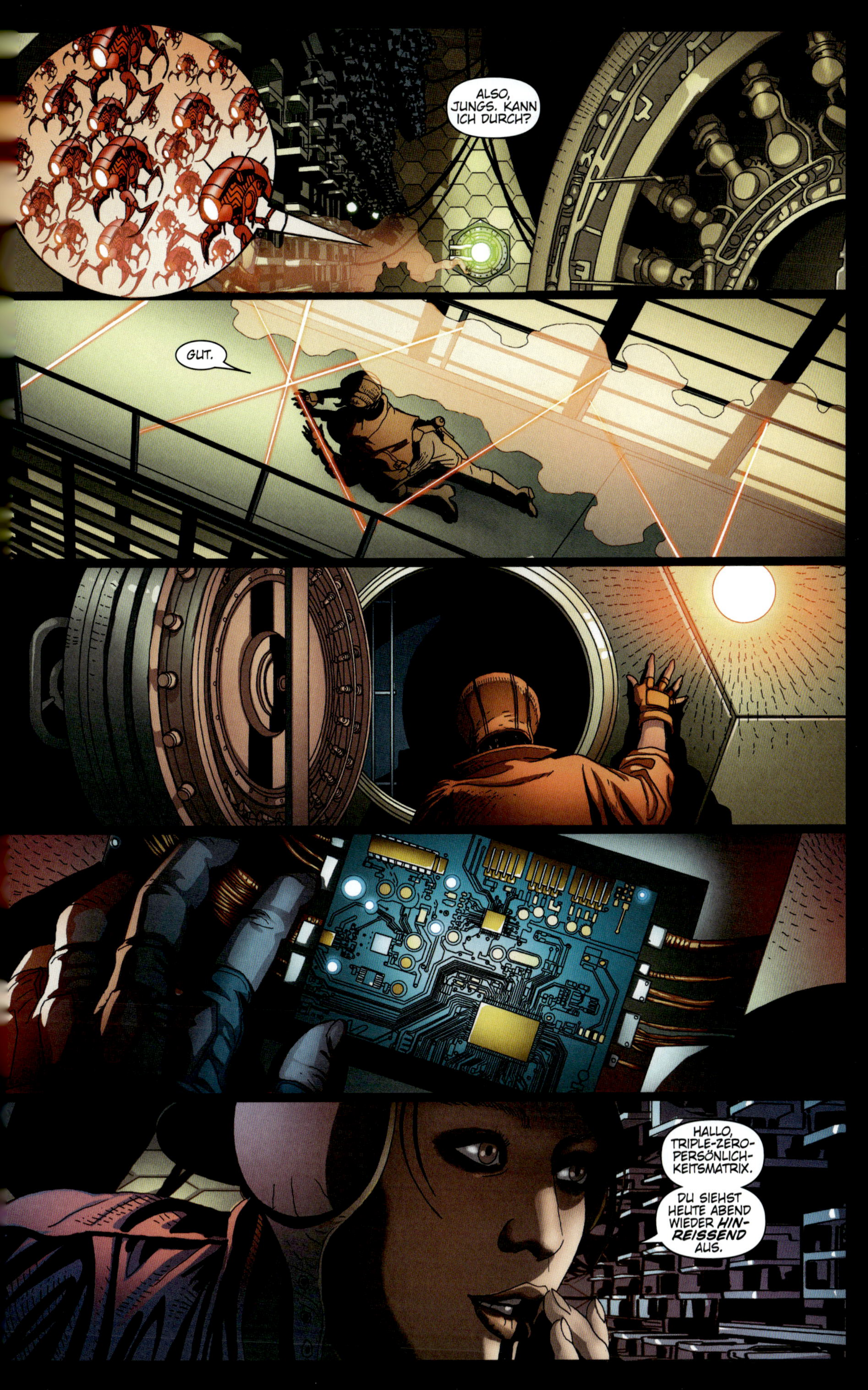
ALSO, JUNGS. KANN ICH DURCH?
GUT.
HALLO, TRIPLE-ZERO-PERSÖNLICHKEITSMATRIX.
DU SIEHST HEUTE ABEND WIEDER *HINREISSEND* AUS.

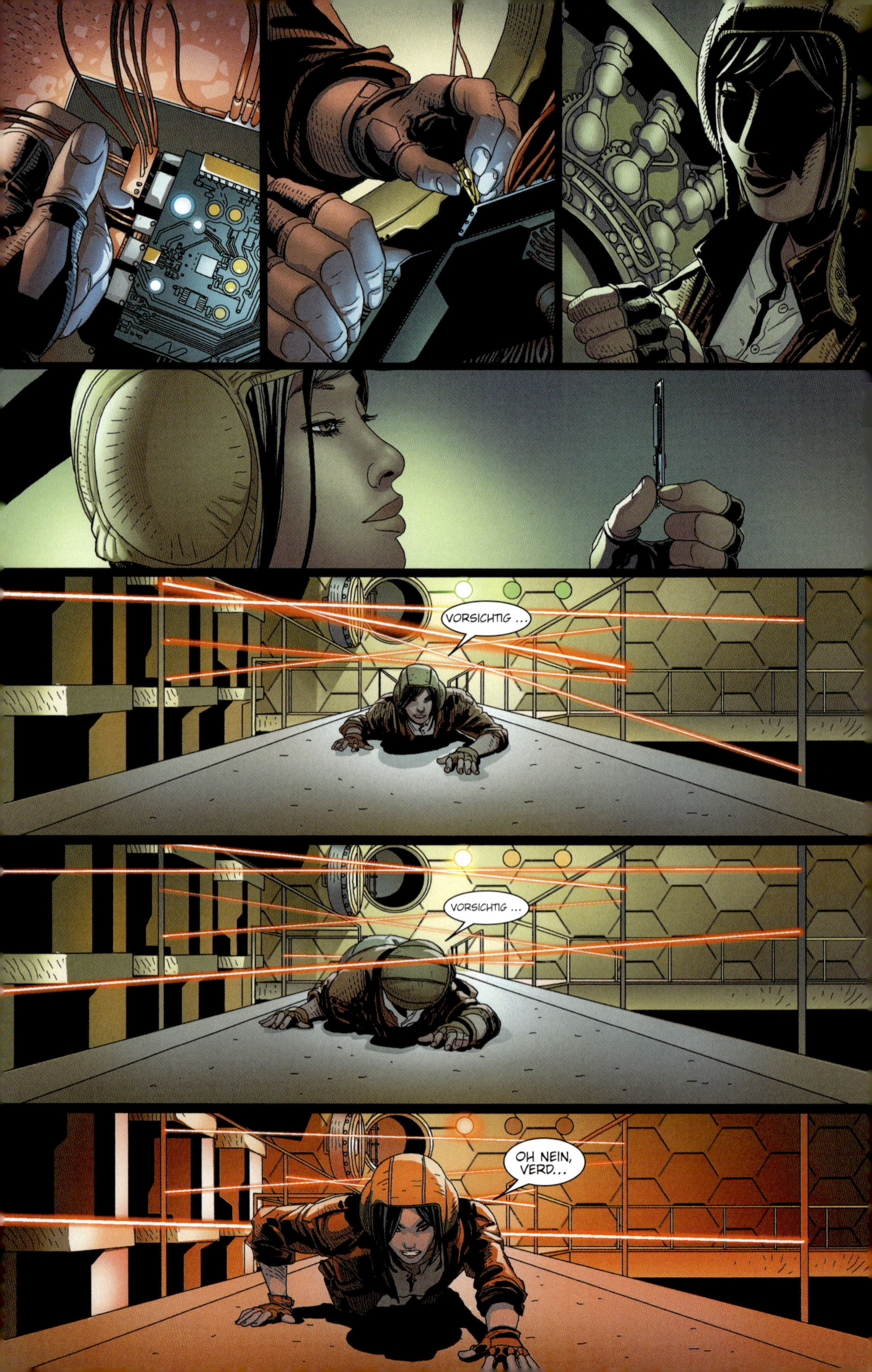
VORSICHTIG ...
VORSICHTIG ...
OH NEIN, VERD...

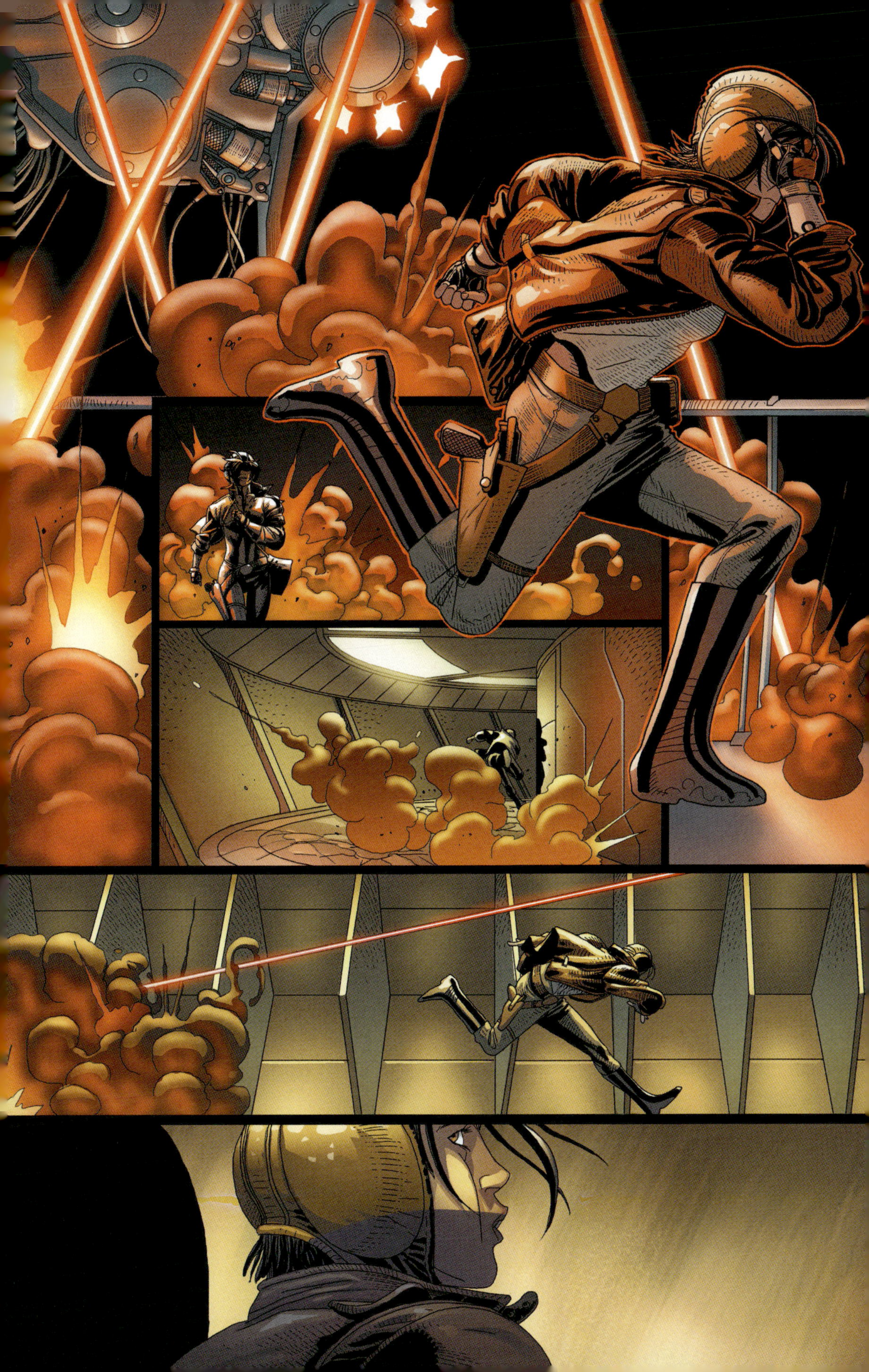

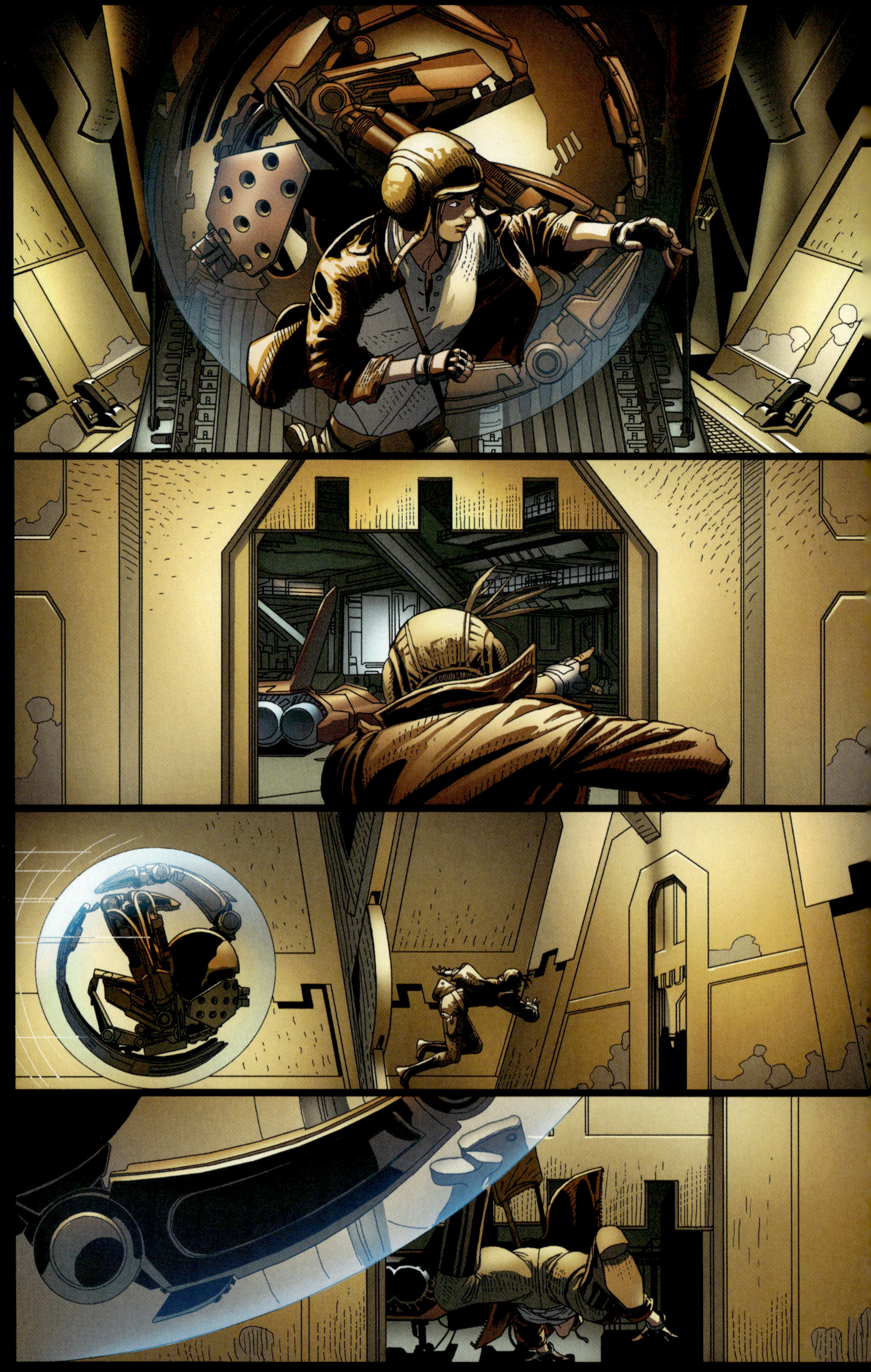

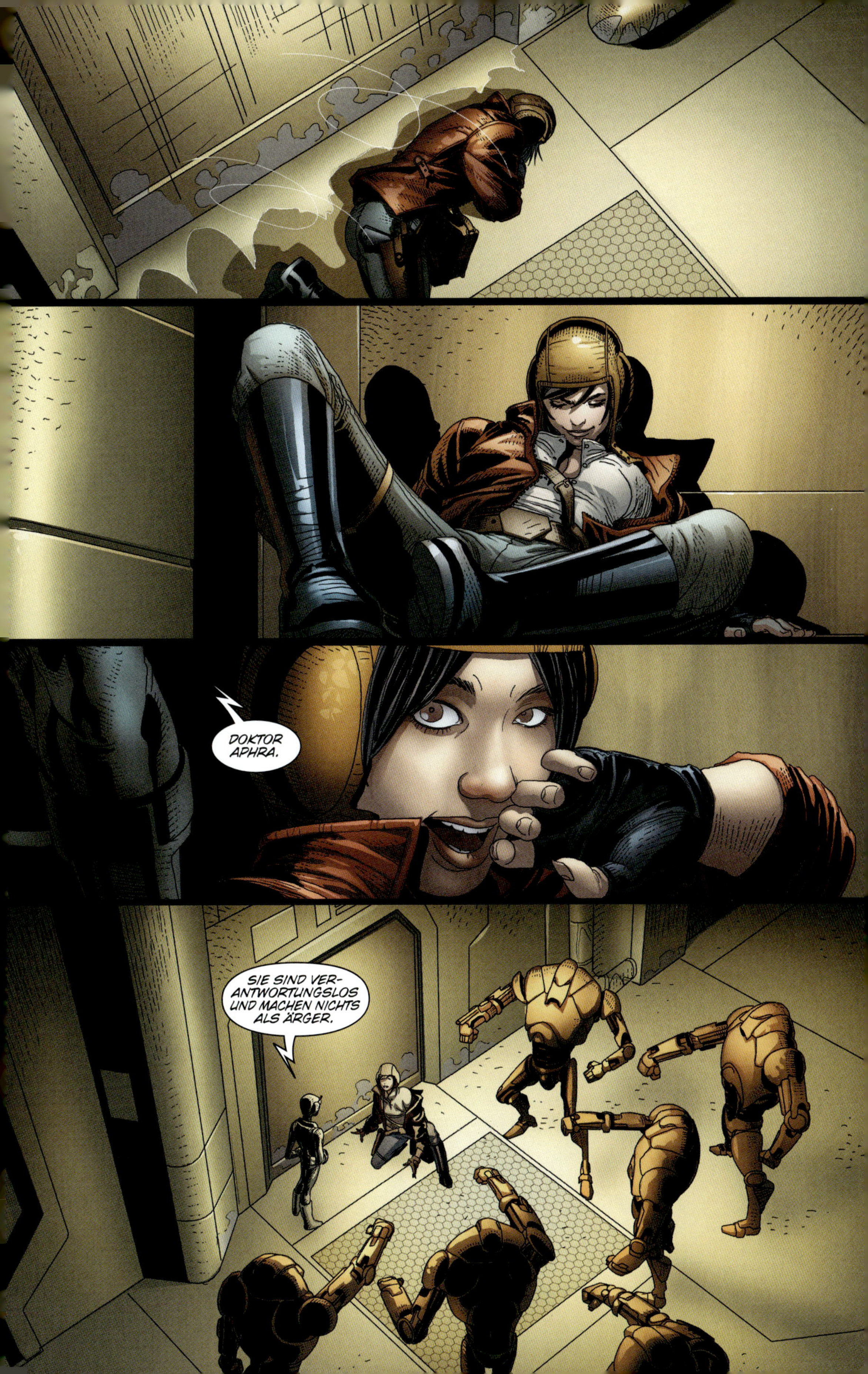
DOKTOR APHRA.
SIE SIND VER-ANTWORTUNGSLOS UND MACHEN NICHTS ALS ÄRGER.

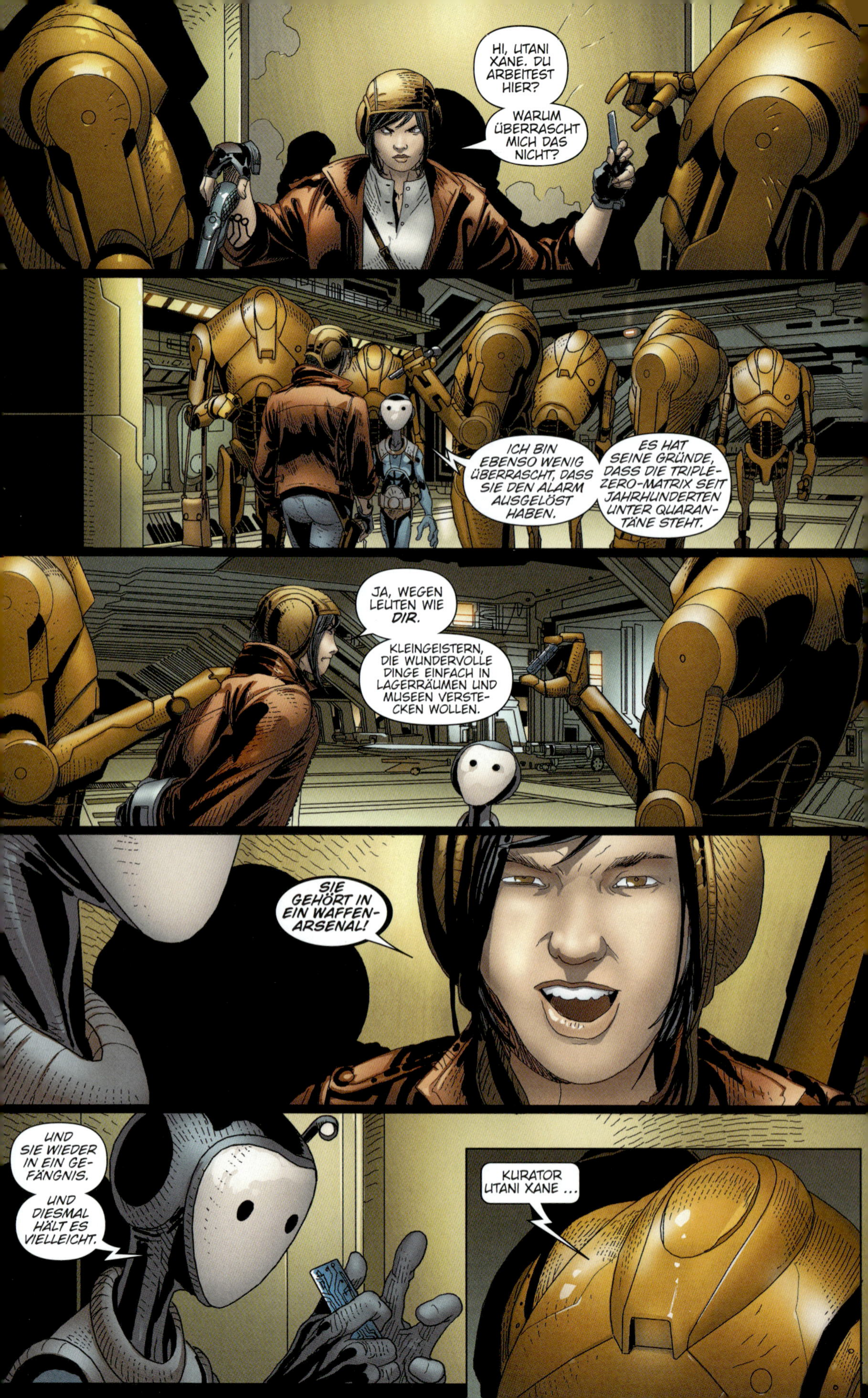
HI, UTANI XANE. DU ARBEITEST HIER?
WARUM ÜBERRASCHT MICH DAS NICHT?
ICH BIN EBENSO WENIG ÜBERRASCHT, DASS SIE DEN ALARM AUSGELÖST HABEN.
ES HAT SEINE GRÜNDE, DASS DIE TRIPLE-ZERO-MATRIX SEIT JAHRHUNDERTEN UNTER QUARANTÄNE STEHT.
JA, WEGEN LEUTEN WIE DIR.
KLEINGEISTERN, DIE WUNDERVOLLE DINGE EINFACH IN LAGERRÄUMEN UND MUSEEN VERSTECKEN WOLLEN.
SIE GEHÖRT IN EIN WAFFEN-ARSENAL!
UND SIE WIEDER IN EIN GEFÄNGNIS.
UND DIESMAL HÄLT ES VIELLEICHT.
KURATOR UTANI XANE ...

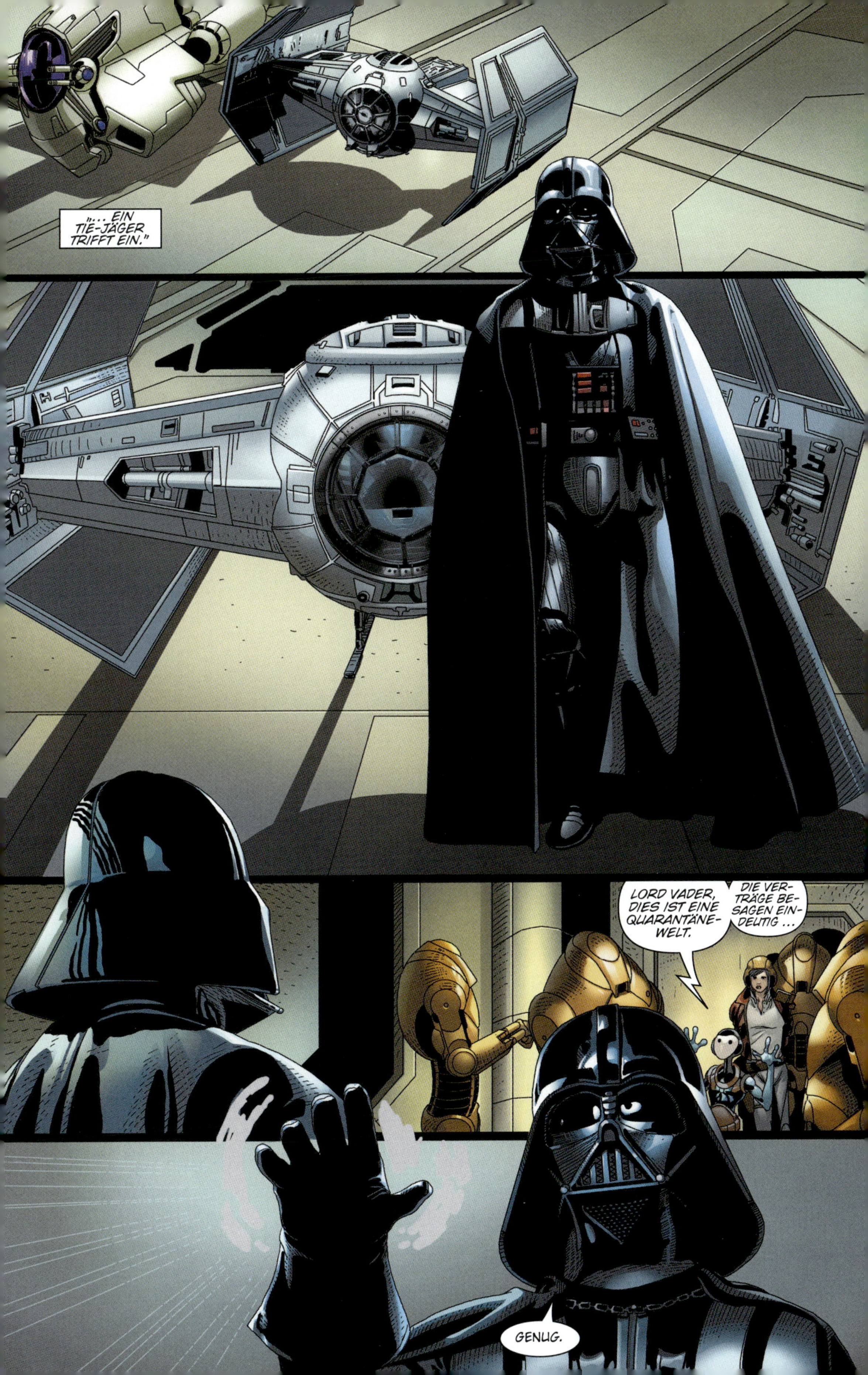
„... EIN TIE-JÄGER TRIFFT EIN."
LORD VADER, DIES IST EINE QUARANTÄNE-WELT.
DIE VERTRÄGE BESAGEN EINDEUTIG ...
GENUG.

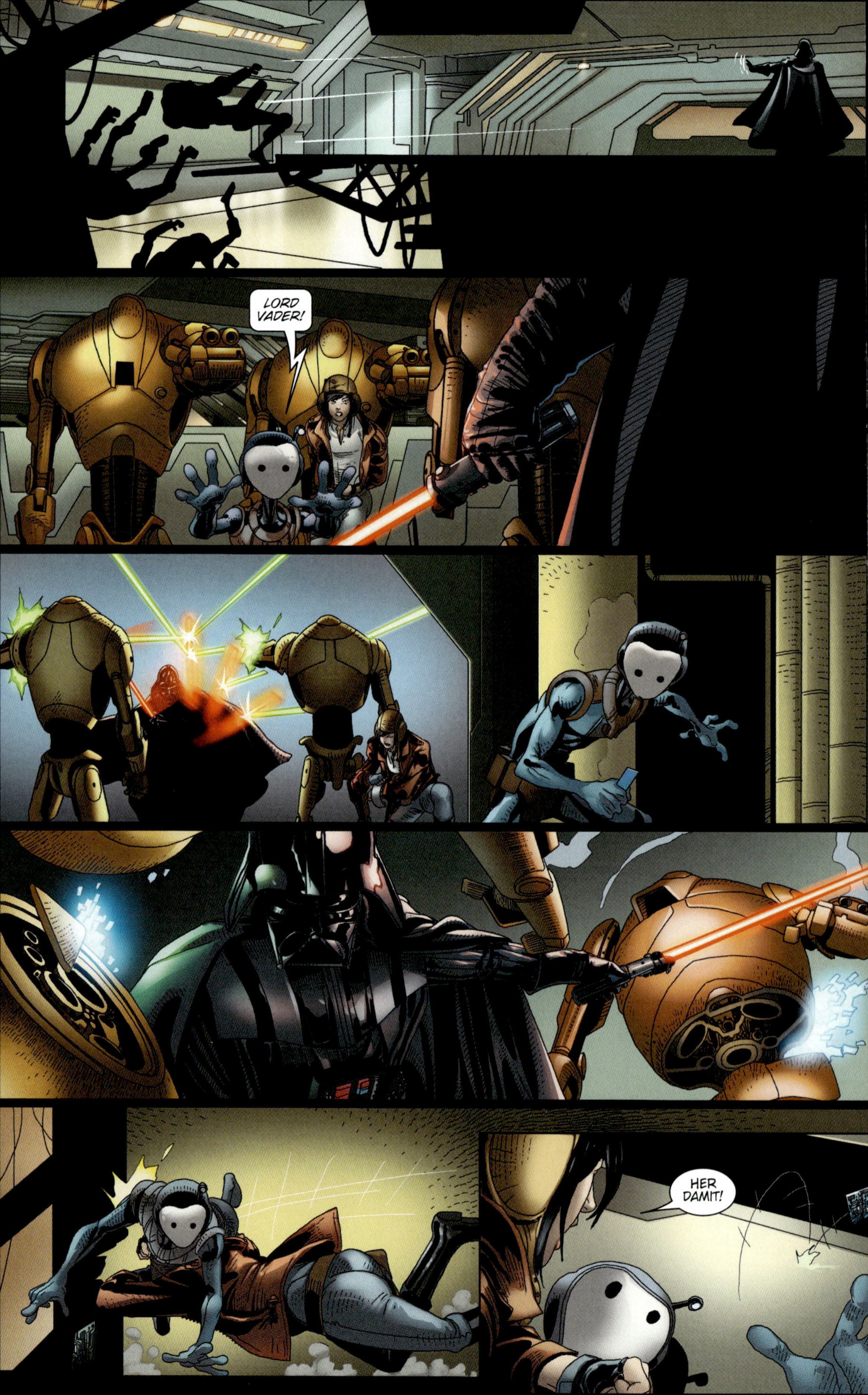
LORD VADER!
HER DAMIT!

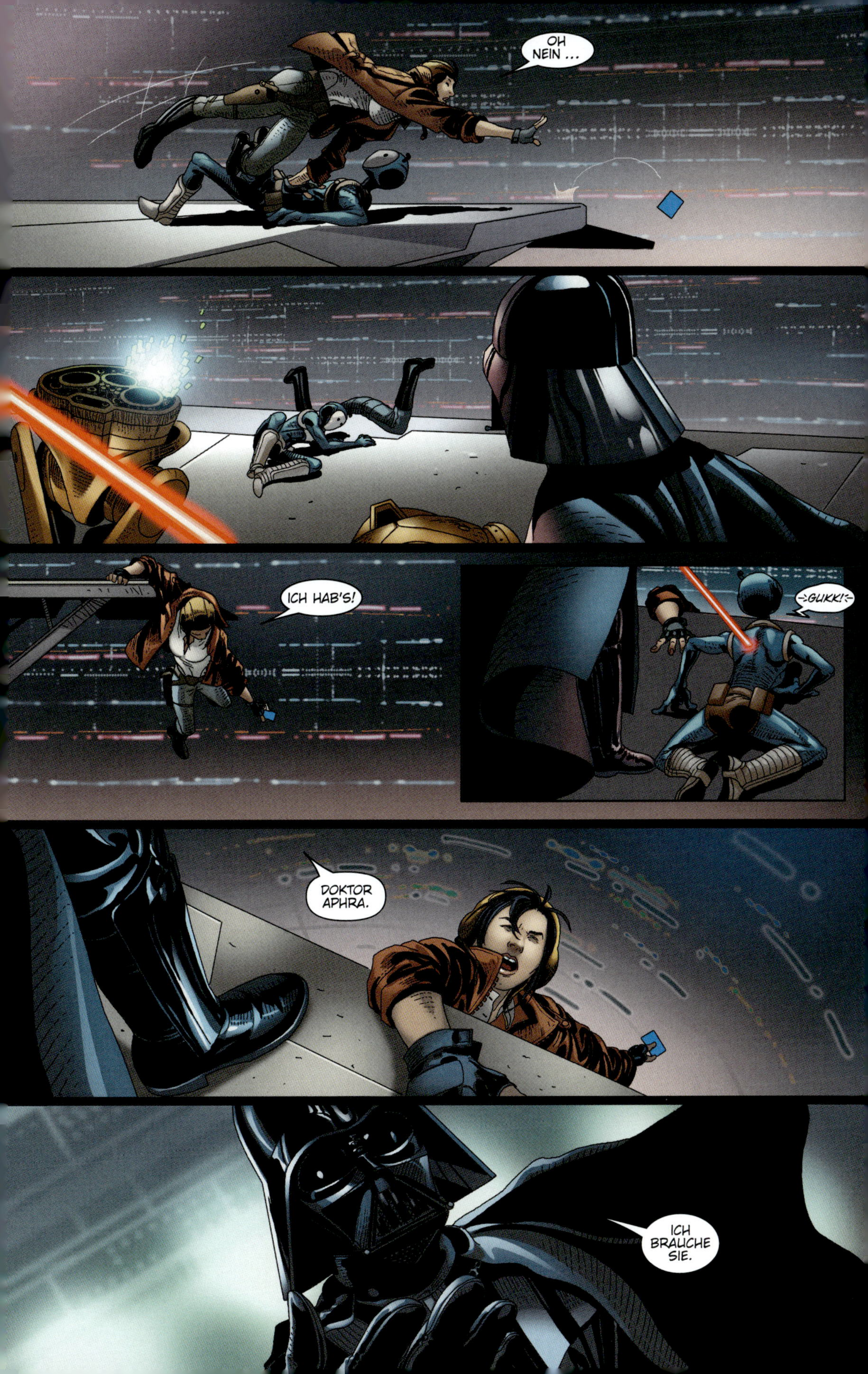
OH NEIN ...
ICH HAB'S!
-GUKK!-
DOKTOR APHRA.
ICH BRAUCHE SIE.

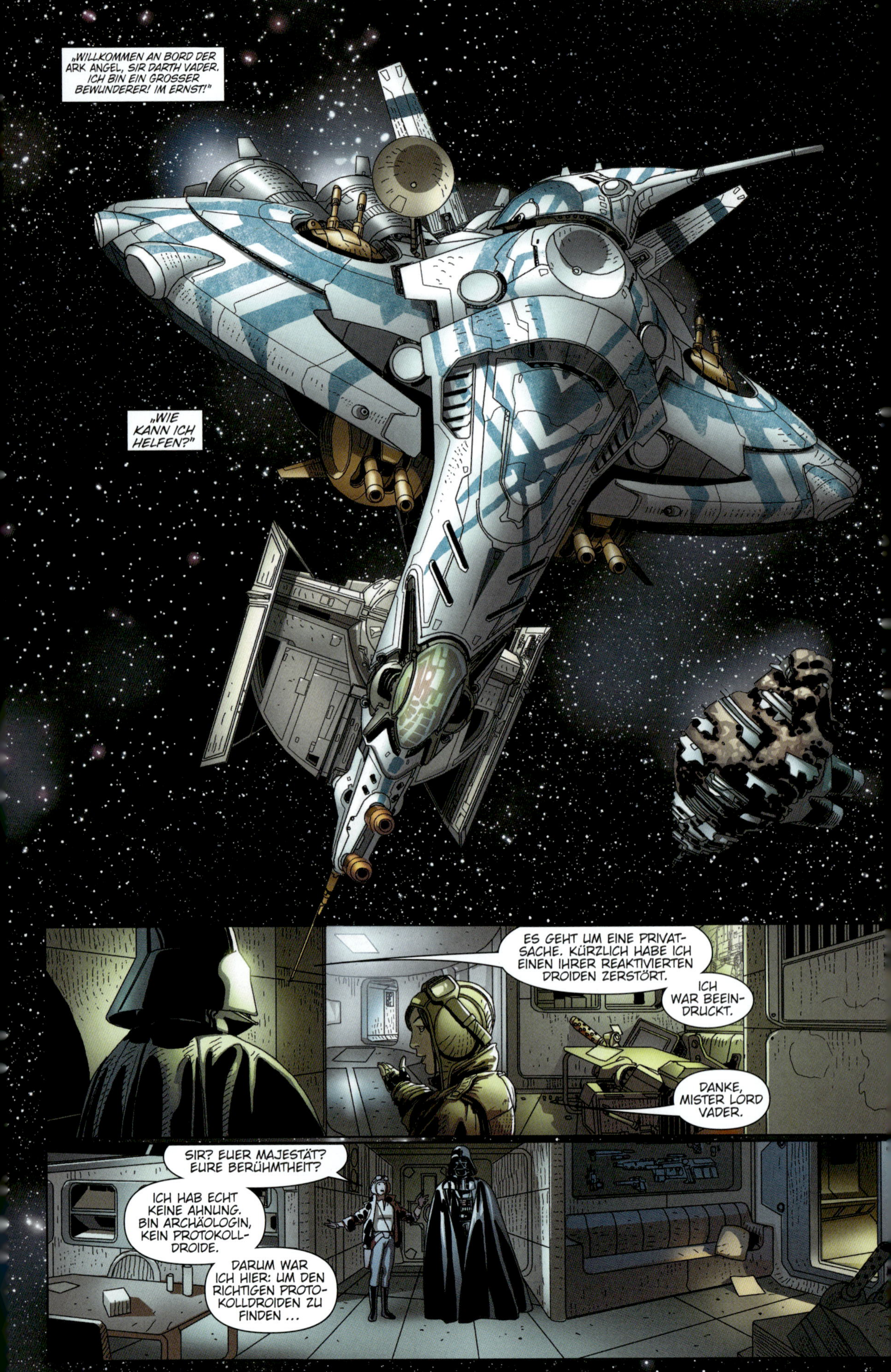
„WILLKOMMEN AN BORD DER ARK ANGEL, SIR DARTH VADER. ICH BIN EIN GROSSER BEWUNDERER! IM ERNST!"
„WIE KANN ICH HELFEN?"
ES GEHT UM EINE PRIVATSACHE. KÜRZLICH HABE ICH EINEN IHRER REAKTIVIERTEN DROIDEN ZERSTÖRT.
ICH WAR BEEINDRUCKT.
DANKE, MISTER LORD VADER.
SIR? EUER MAJESTÄT? EURE BERÜHMTHEIT?
ICH HAB ECHT KEINE AHNUNG. BIN ARCHÄOLOGIN, KEIN PROTOKOLLDROIDE.
DARUM WAR ICH HIER: UM DEN RICHTIGEN PROTOKOLLDROIDEN ZU FINDEN …

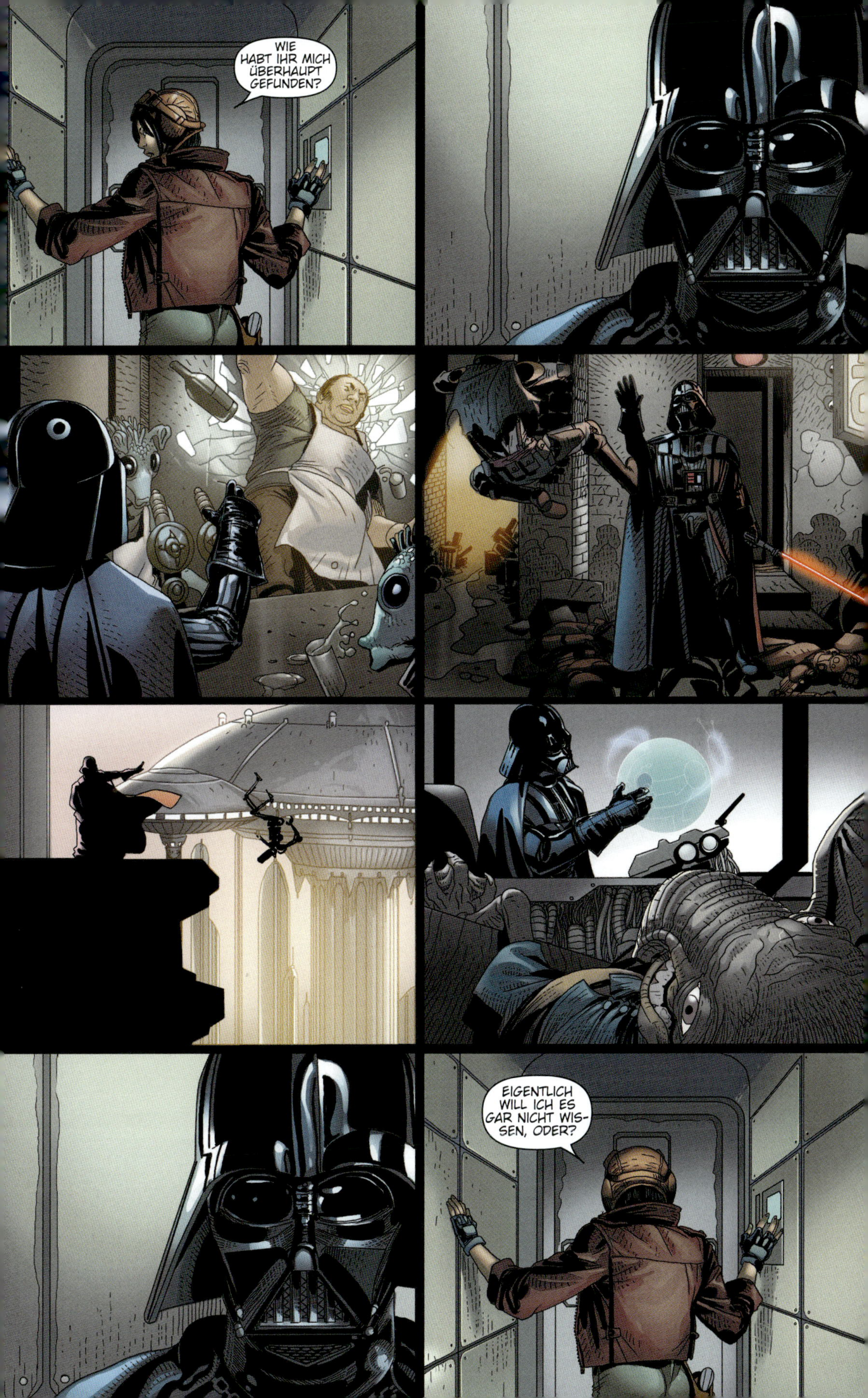
WIE HABT IHR MICH ÜBERHAUPT GEFUNDEN?
EIGENTLICH WILL ICH ES GAR NICHT WIS-SEN, ODER?

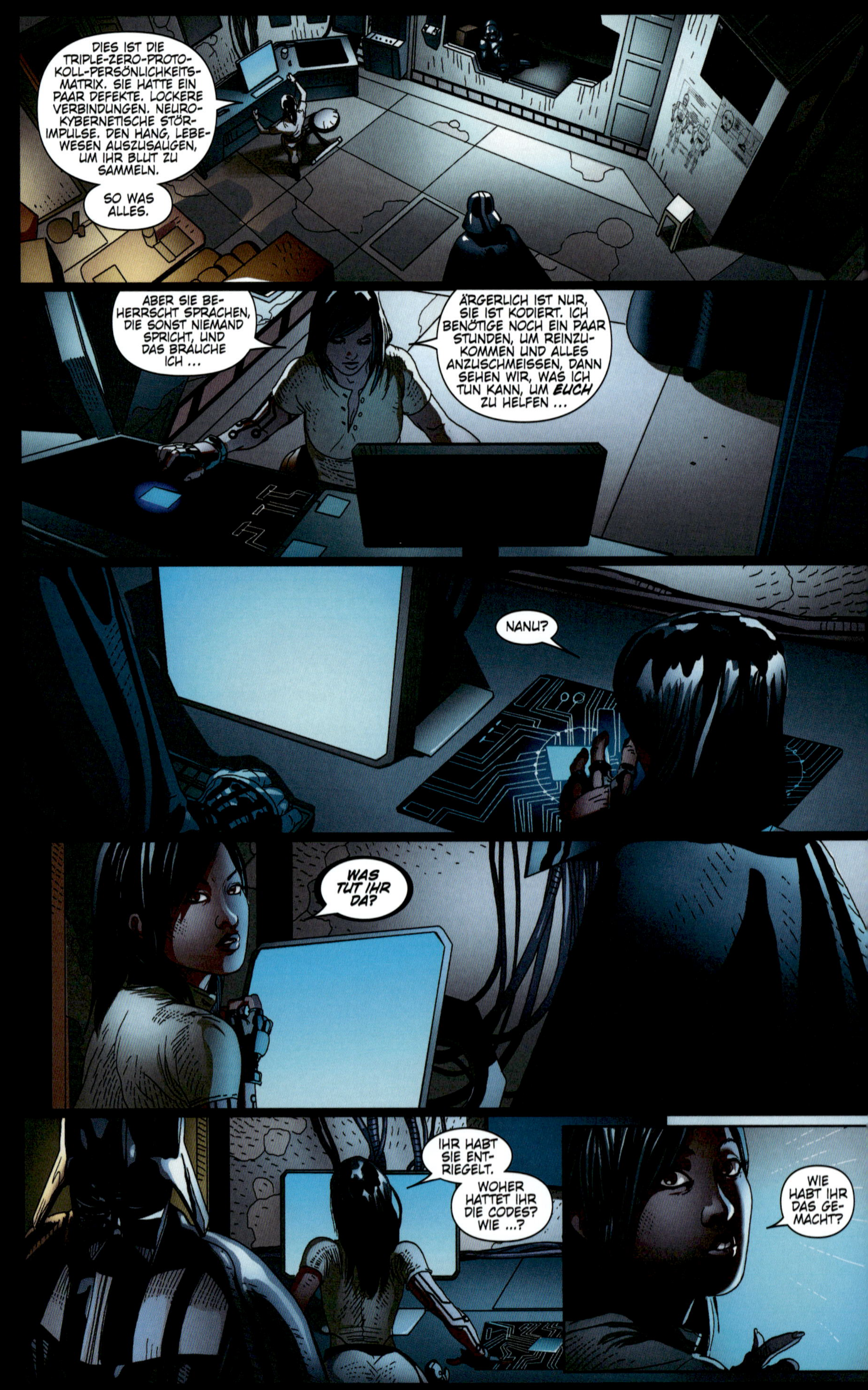
DIES IST DIE TRIPLE-ZERO-PROTOKOLL-PERSÖNLICHKEITS-MATRIX. SIE HATTE EIN PAAR DEFEKTE. LOCKERE VERBINDUNGEN. NEUROKYBERNETISCHE STÖRIMPULSE. DEN HANG, LEBEWESEN AUSZUSAUGEN, UM IHR BLUT ZU SAMMELN.
SO WAS ALLES.
ABER SIE BEHERRSCHT SPRACHEN, DIE SONST NIEMAND SPRICHT, UND DAS BRAUCHE ICH ...
ÄRGERLICH IST NUR, SIE IST KODIERT. ICH BENÖTIGE NOCH EIN PAAR STUNDEN, UM REINZUKOMMEN UND ALLES ANZUSCHMEISSEN, DANN SEHEN WIR, WAS ICH TUN KANN, UM EUCH ZU HELFEN ...
NANU?
WAS TUT IHR DA?
IHR HABT SIE ENTRIEGELT.
WOHER HATTET IHR DIE CODES? WIE ...?
WIE HABT IHR DAS GEMACHT?

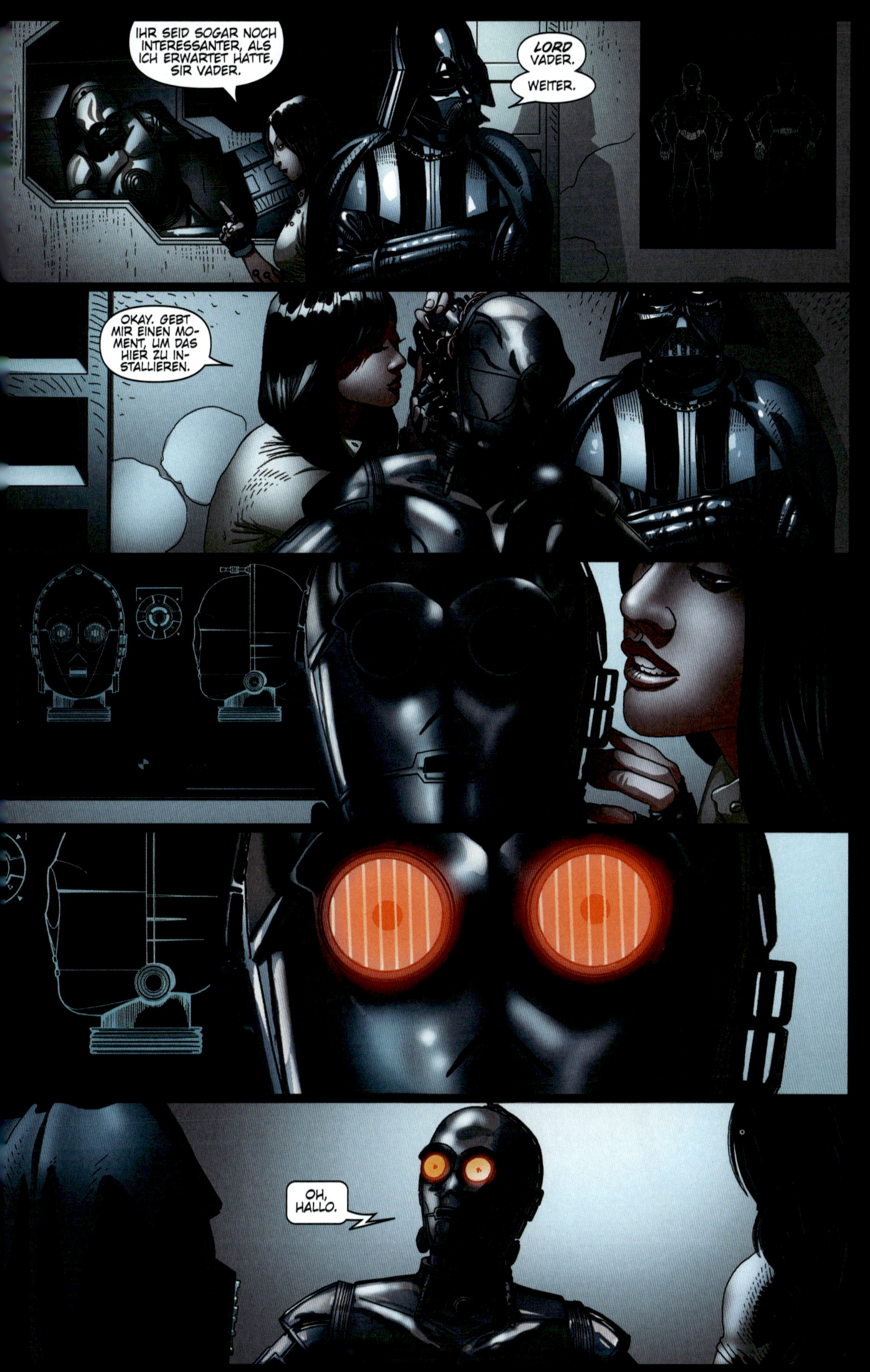
IHR SEID SOGAR NOCH INTERESSANTER, ALS ICH ERWARTET HATTE, SIR VADER.
LORD VADER.
WEITER.
OKAY. GEBT MIR EINEN MOMENT, UM DAS HIER ZU INSTALLIEREN.
OH, HALLO.

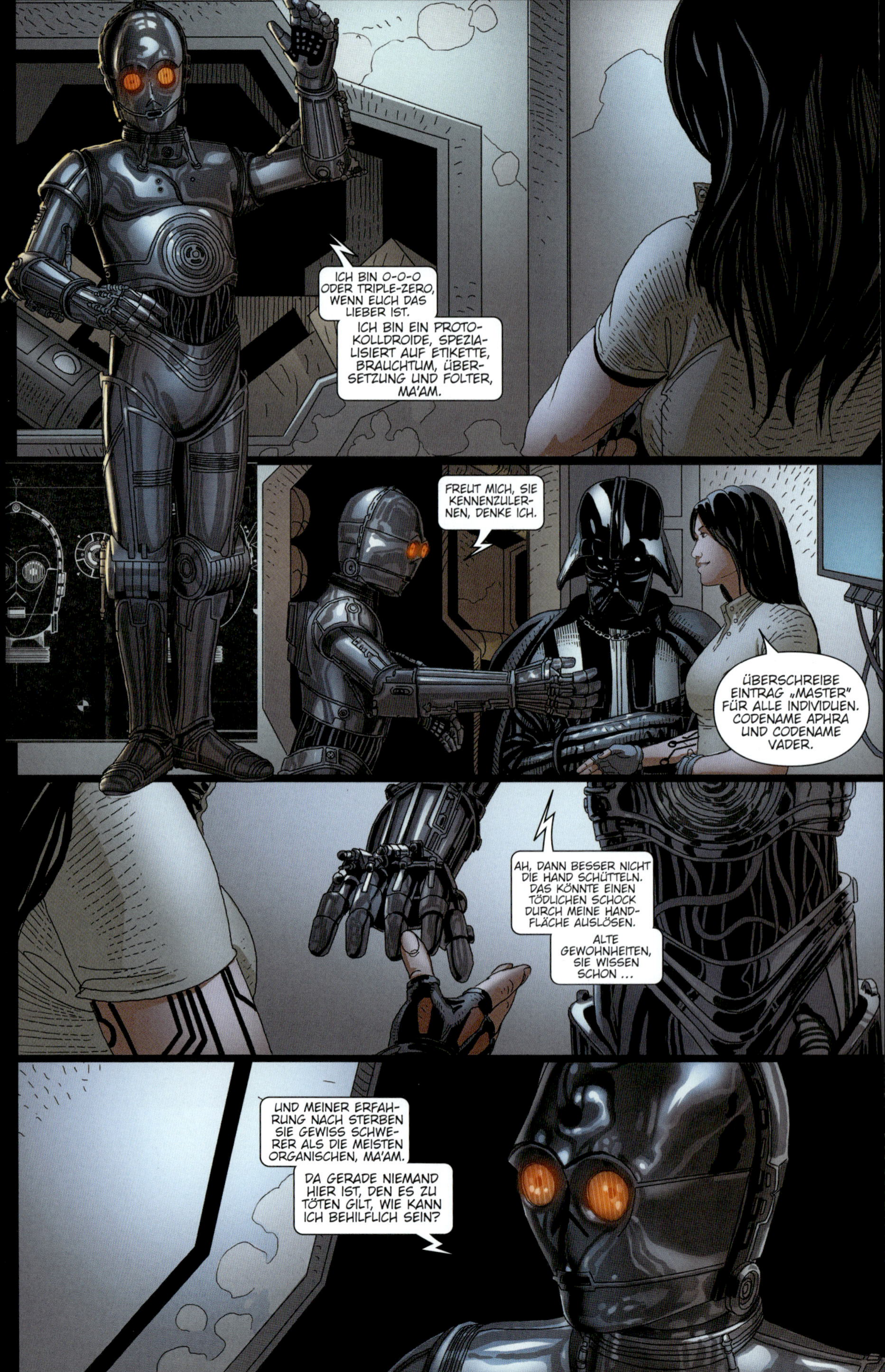
ICH BIN 0-0-0 ODER TRIPLE-ZERO, WENN EUCH DAS LIEBER IST.
ICH BIN EIN PROTOKOLLDROIDE, SPEZIALISIERT AUF ETIKETTE, BRAUCHTUM, ÜBERSETZUNG UND FOLTER, MA'AM.
FREUT MICH, SIE KENNENZULERNEN, DENKE ICH.
ÜBERSCHREIBE EINTRAG „MASTER" FÜR ALLE INDIVIDUEN. CODENAME APHRA UND CODENAME VADER.
AH, DANN BESSER NICHT DIE HAND SCHÜTTELN. DAS KÖNNTE EINEN TÖDLICHEN SCHOCK DURCH MEINE HANDFLÄCHE AUSLÖSEN.
ALTE GEWOHNHEITEN, SIE WISSEN SCHON ...
UND MEINER ERFAHRUNG NACH STERBEN SIE GEWISS SCHWERER ALS DIE MEISTEN ORGANISCHEN, MA'AM.
DA GERADE NIEMAND HIER IST, DEN ES ZU TÖTEN GILT, WIE KANN ICH BEHILFLICH SEIN?

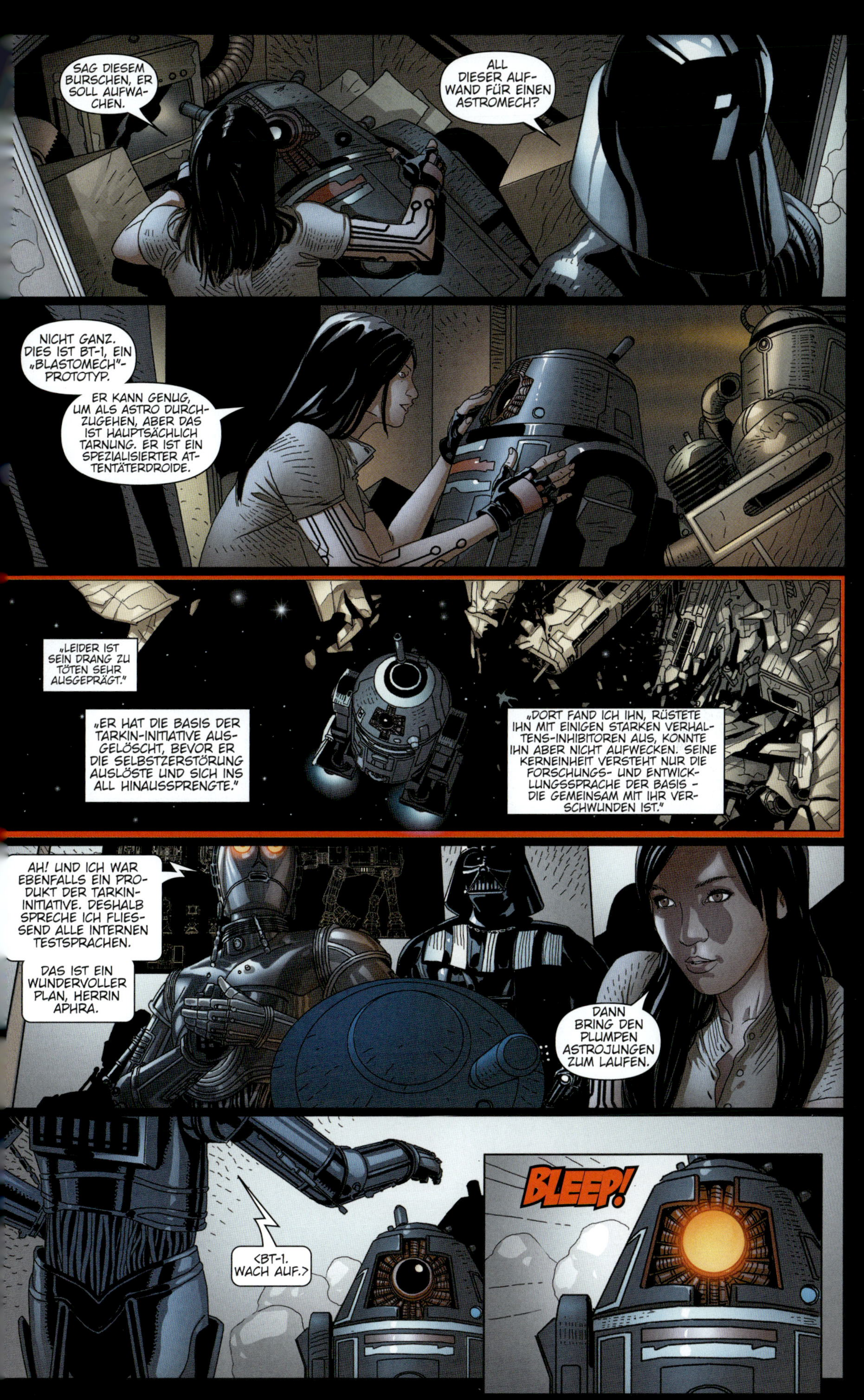
SAG DIESEM BURSCHEN, ER SOLL AUFWACHEN.
ALL DIESER AUFWAND FÜR EINEN ASTROMECH?
NICHT GANZ. DIES IST BT-1, EIN „BLASTOMECH"-PROTOTYP.
ER KANN GENUG, UM ALS ASTRO DURCHZUGEHEN, ABER DAS IST HAUPTSÄCHLICH TARNUNG. ER IST EIN SPEZIALISIERTER ATTENTÄTERDROIDE.
„LEIDER IST SEIN DRANG ZU TÖTEN SEHR AUSGEPRÄGT."
„ER HAT DIE BASIS DER TARKIN-INITIATIVE AUSGELÖSCHT, BEVOR ER DIE SELBSTZERSTÖRUNG AUSLÖSTE UND SICH INS ALL HINAUSSPRENGTE."
„DORT FAND ICH IHN, RÜSTETE IHN MIT EINIGEN STARKEN VERHALTENS-INHIBITOREN AUS, KONNTE IHN ABER NICHT AUFWECKEN. SEINE KERNEINHEIT VERSTEHT NUR DIE FORSCHUNGS- UND ENTWICKLUNGSSPRACHE DER BASIS - DIE GEMEINSAM MIT IHR VERSCHWUNDEN IST."
AH! UND ICH WAR EBENFALLS EIN PRODUKT DER TARKIN-INITIATIVE. DESHALB SPRECHE ICH FLIESSEND ALLE INTERNEN TESTSPRACHEN.
DAS IST EIN WUNDERVOLLER PLAN, HERRIN APHRA.
DANN BRING DEN PLUMPEN ASTROJUNGEN ZUM LAUFEN.
<BT-1. WACH AUF.>
BLEEP!

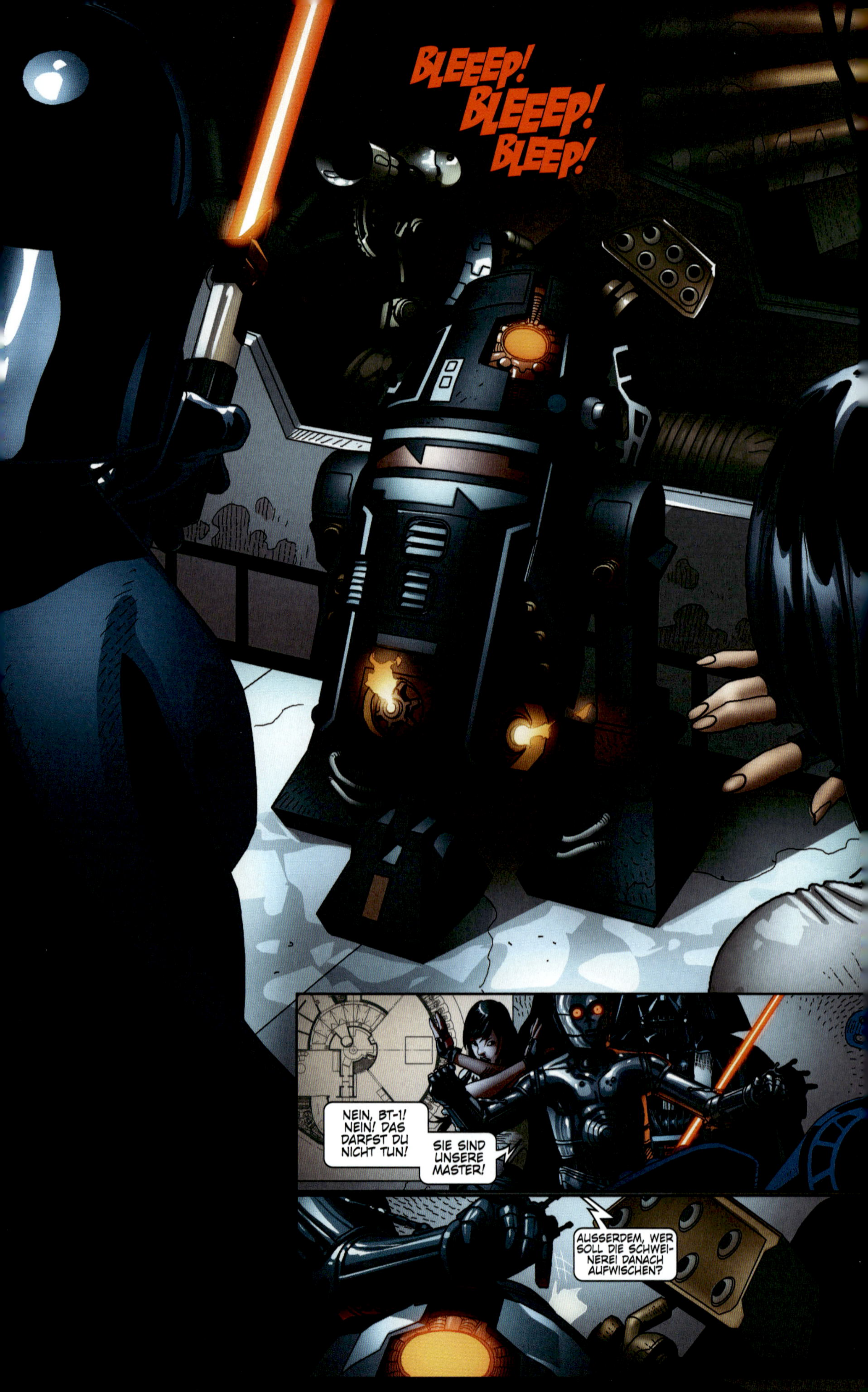
BLEEEP! BLEEEP! BLEEP!
NEIN, BT-1! NEIN! DAS DARFST DU NICHT TUN!
SIE SIND UNSERE MASTER!
AUSSERDEM, WER SOLL DIE SCHWEINEREI DANACH AUFWISCHEN?

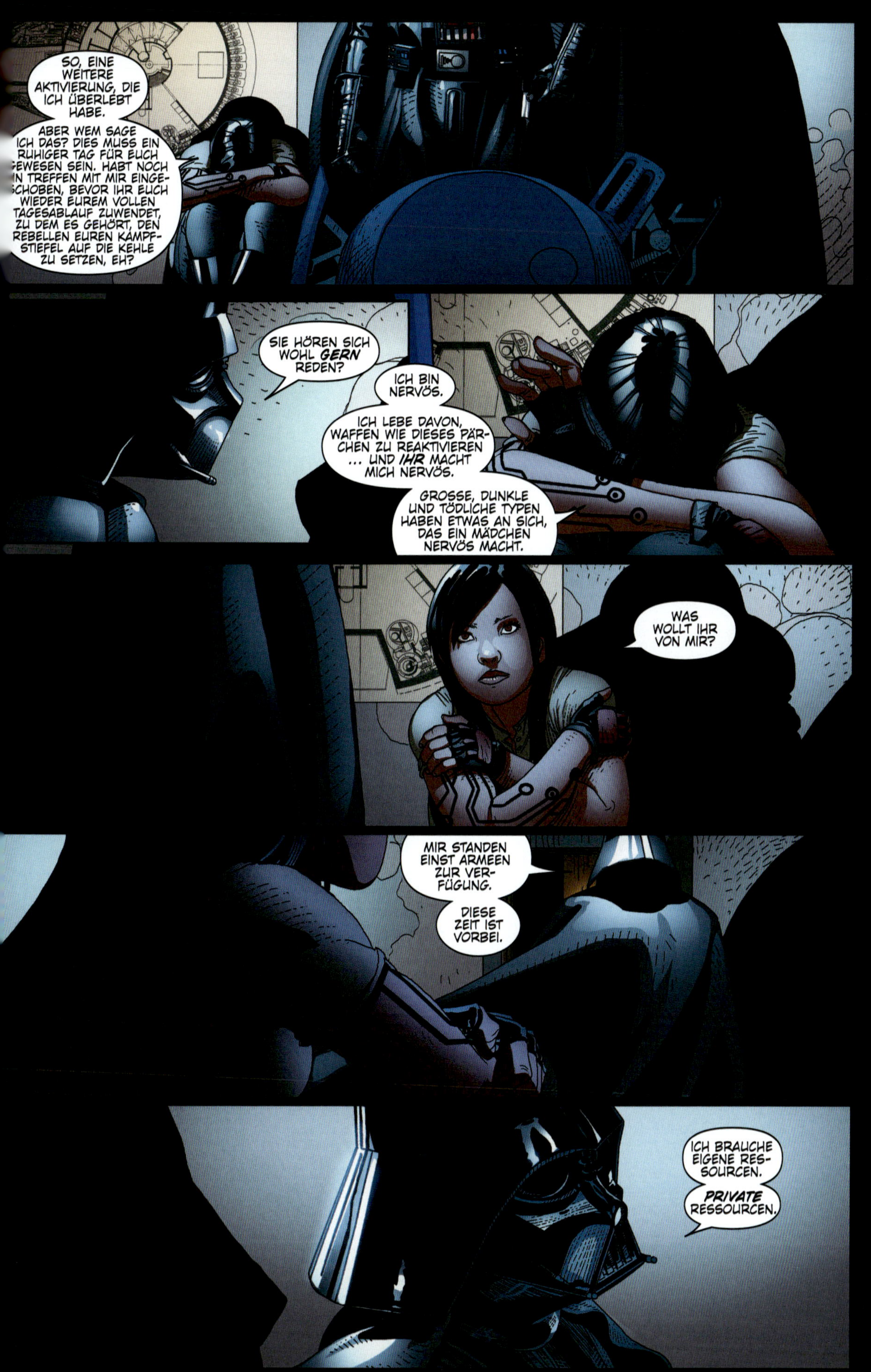

SO, EINE WEITERE AKTIVIERUNG, DIE ICH ÜBERLEBT HABE.
ABER WEM SAGE ICH DAS? DIES MUSS EIN RUHIGER TAG FÜR EUCH GEWESEN SEIN. HABT NOCH EIN TREFFEN MIT MIR EINGESCHOBEN, BEVOR IHR EUCH WIEDER EUREM VOLLEN TAGESABLAUF ZUWENDET, ZU DEM ES GEHÖRT, DEN REBELLEN EUREN KAMPFSTIEFEL AUF DIE KEHLE ZU SETZEN, EH?
SIE HÖREN SICH WOHL **GERN** REDEN?
ICH BIN NERVÖS.
ICH LEBE DAVON, WAFFEN WIE DIESES PÄRCHEN ZU REAKTIVIEREN ... UND **IHR** MACHT MICH NERVÖS.
GROSSE, DUNKLE UND TÖDLICHE TYPEN HABEN ETWAS AN SICH, DAS EIN MÄDCHEN NERVÖS MACHT.
WAS WOLLT IHR VON MIR?
MIR STANDEN EINST ARMEEN ZUR VERFÜGUNG.
DIESE ZEIT IST VORBEI.
ICH BRAUCHE EIGENE RESSOURCEN.
PRIVATE RESSOURCEN.

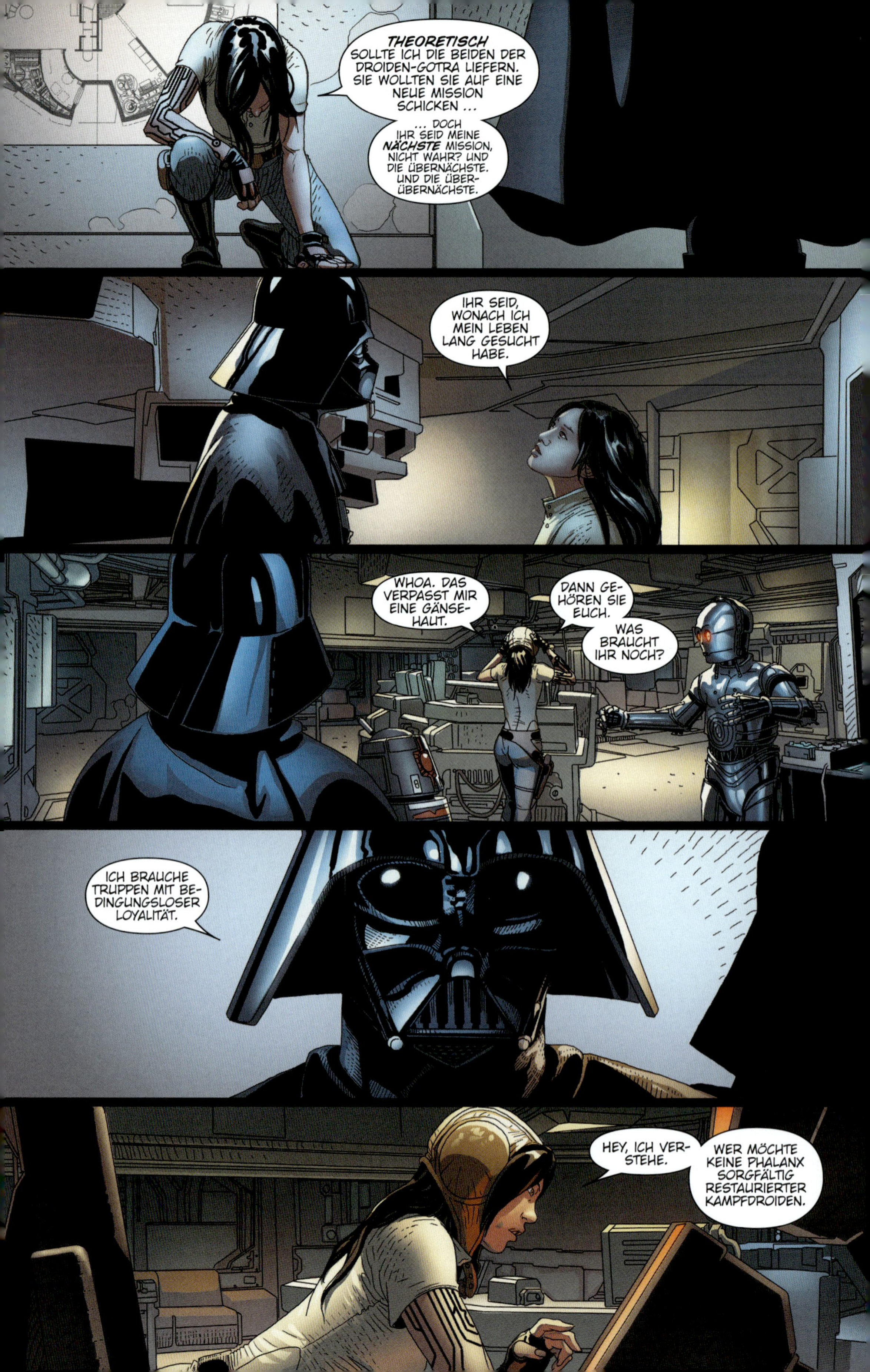
THEORETISCH SOLLTE ICH DIE BEIDEN DER DROIDEN-GOTRA LIEFERN. SIE WOLLTEN SIE AUF EINE NEUE MISSION SCHICKEN ...
... DOCH IHR SEID MEINE NÄCHSTE MISSION, NICHT WAHR? UND DIE ÜBERNÄCHSTE. UND DIE ÜBER-ÜBERNÄCHSTE.
IHR SEID, WONACH ICH MEIN LEBEN LANG GESUCHT HABE.
WHOA. DAS VERPASST MIR EINE GÄNSE-HAUT.
DANN GE-HÖREN SIE EUCH.
WAS BRAUCHT IHR NOCH?
ICH BRAUCHE TRUPPEN MIT BE-DINGUNGSLOSER LOYALITÄT.
HEY, ICH VER-STEHE.
WER MÖCHTE KEINE PHALANX SORGFÄLTIG RESTAURIERTER KAMPFDROIDEN.

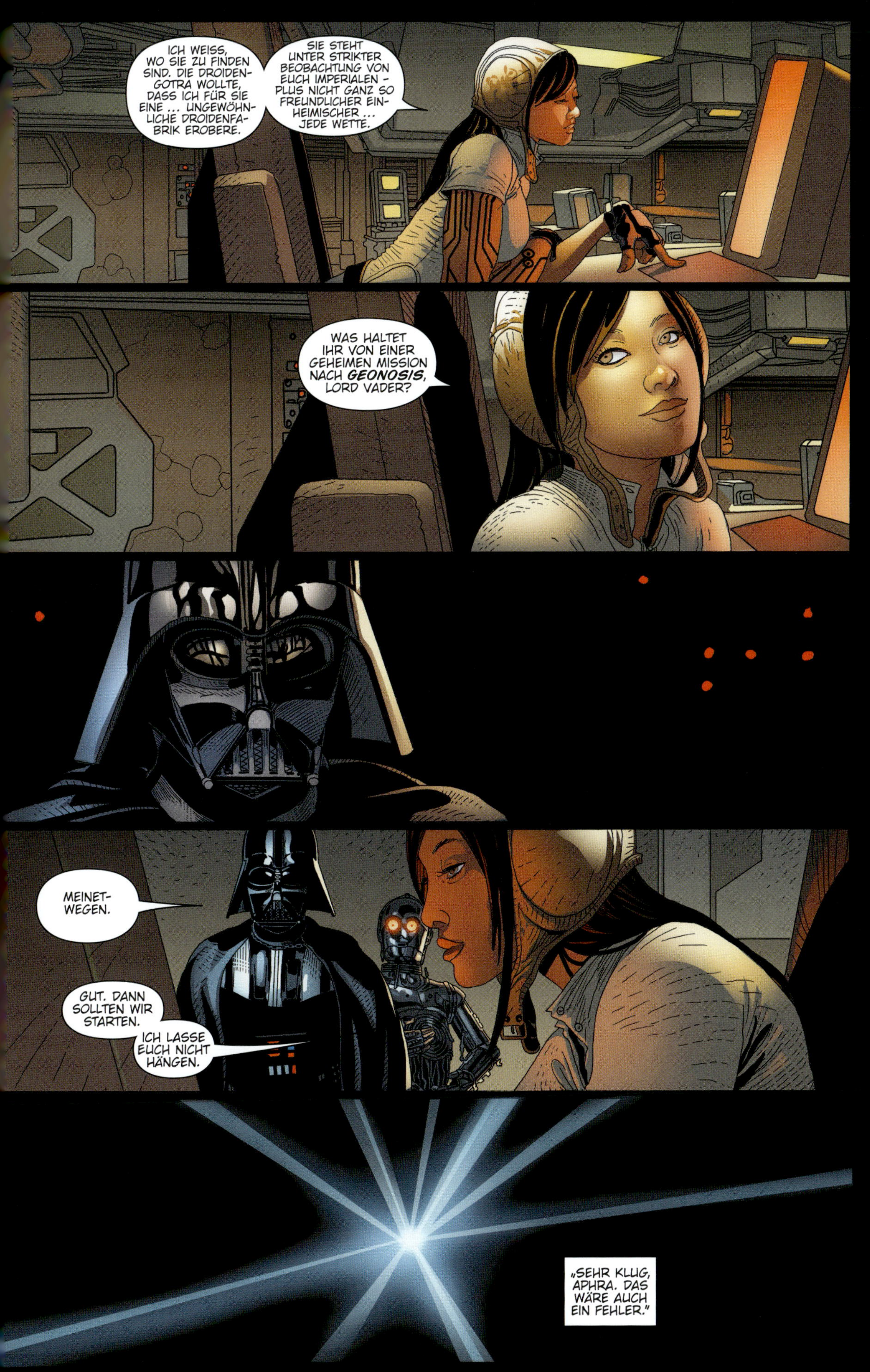

ICH WEISS, WO SIE ZU FINDEN SIND. DIE DROIDEN-GOTRA WOLLTE, DASS ICH FÜR SIE EINE ... UNGEWÖHNLICHE DROIDENFABRIK EROBERE.
SIE STEHT UNTER STRIKTER BEOBACHTUNG VON EUCH IMPERIALEN - PLUS NICHT GANZ SO FREUNDLICHER EINHEIMISCHER ... JEDE WETTE.
WAS HALTET IHR VON EINER GEHEIMEN MISSION NACH GEONOSIS, LORD VADER?
MEINETWEGEN.
GUT. DANN SOLLTEN WIR STARTEN.
ICH LASSE EUCH NICHT HÄNGEN.
„SEHR KLUG, APHRA. DAS WÄRE AUCH EIN FEHLER."

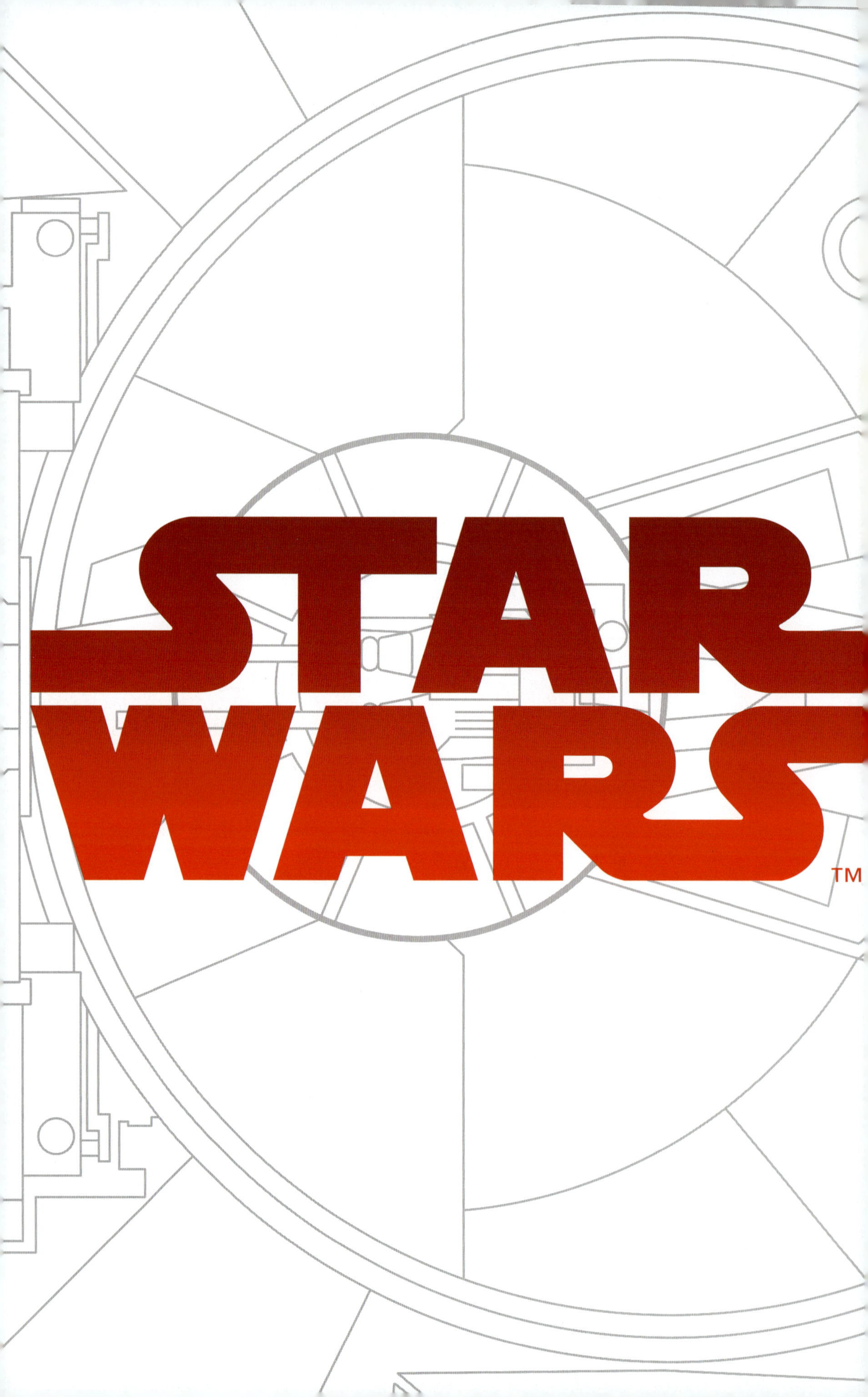
STAR
WARS
TM

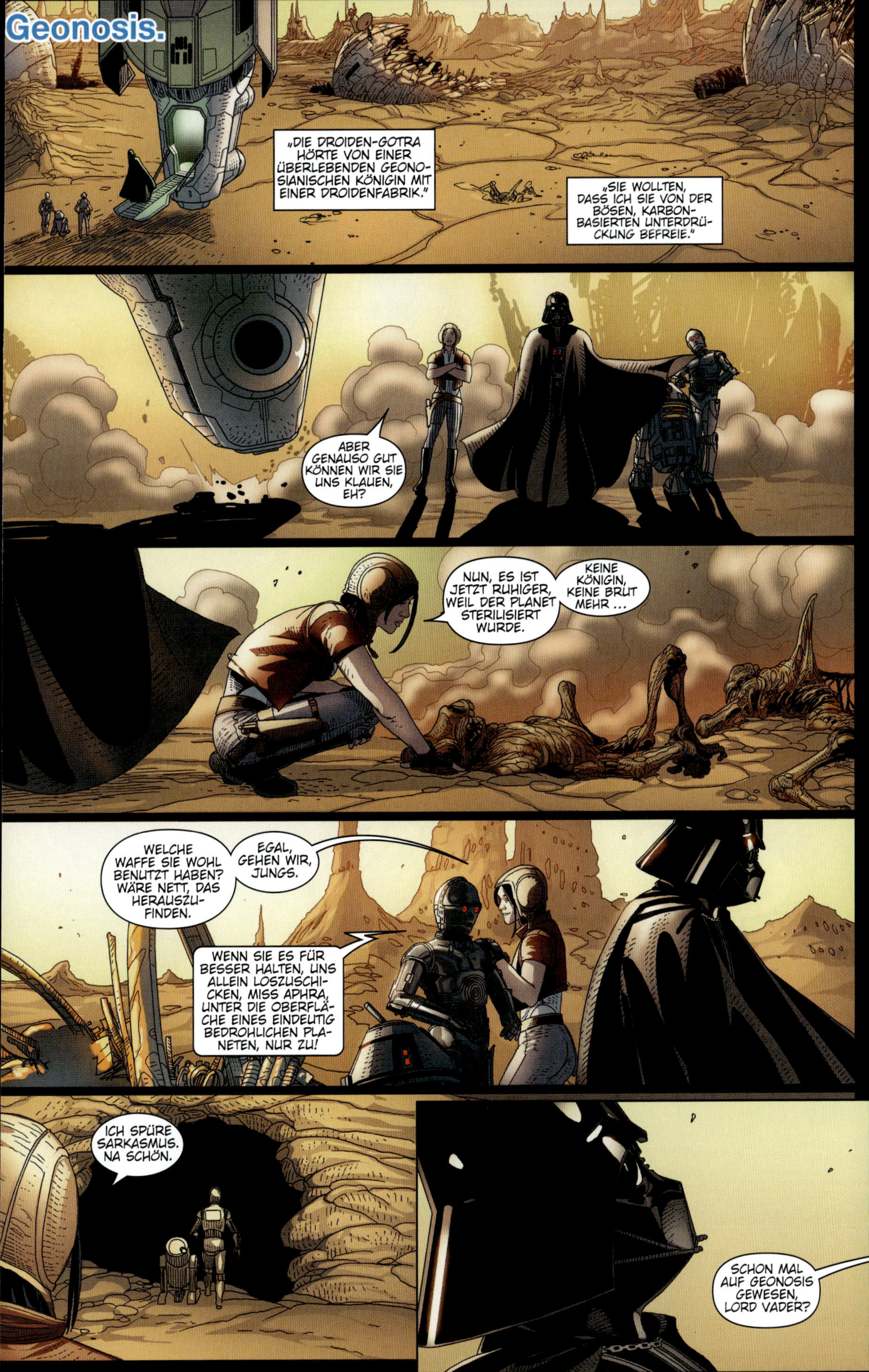
Geonosis.
„DIE DROIDEN-GOTRA HÖRTE VON EINER ÜBERLEBENDEN GEONOSIANISCHEN KÖNIGIN MIT EINER DROIDENFABRIK."
„SIE WOLLTEN, DASS ICH SIE VON DER BÖSEN, KARBONBASIERTEN UNTERDRÜCKUNG BEFREIE."
ABER GENAUSO GUT KÖNNEN WIR SIE UNS KLAUEN, EH?
NUN, ES IST JETZT RUHIGER, WEIL DER PLANET STERILISIERT WURDE.
KEINE KÖNIGIN, KEINE BRUT MEHR ...
WELCHE WAFFE SIE WOHL BENUTZT HABEN? WÄRE NETT, DAS HERAUSZUFINDEN.
EGAL, GEHEN WIR, JUNGS.
WENN SIE ES FÜR BESSER HALTEN, UNS ALLEIN LOSZUSCHICKEN, MISS APHRA, UNTER DIE OBERFLÄCHE EINES EINDEUTIG BEDROHLICHEN PLANETEN, NUR ZU!
ICH SPÜRE SARKASMUS. NA SCHÖN.
SCHON MAL AUF GEONOSIS GEWESEN, LORD VADER?

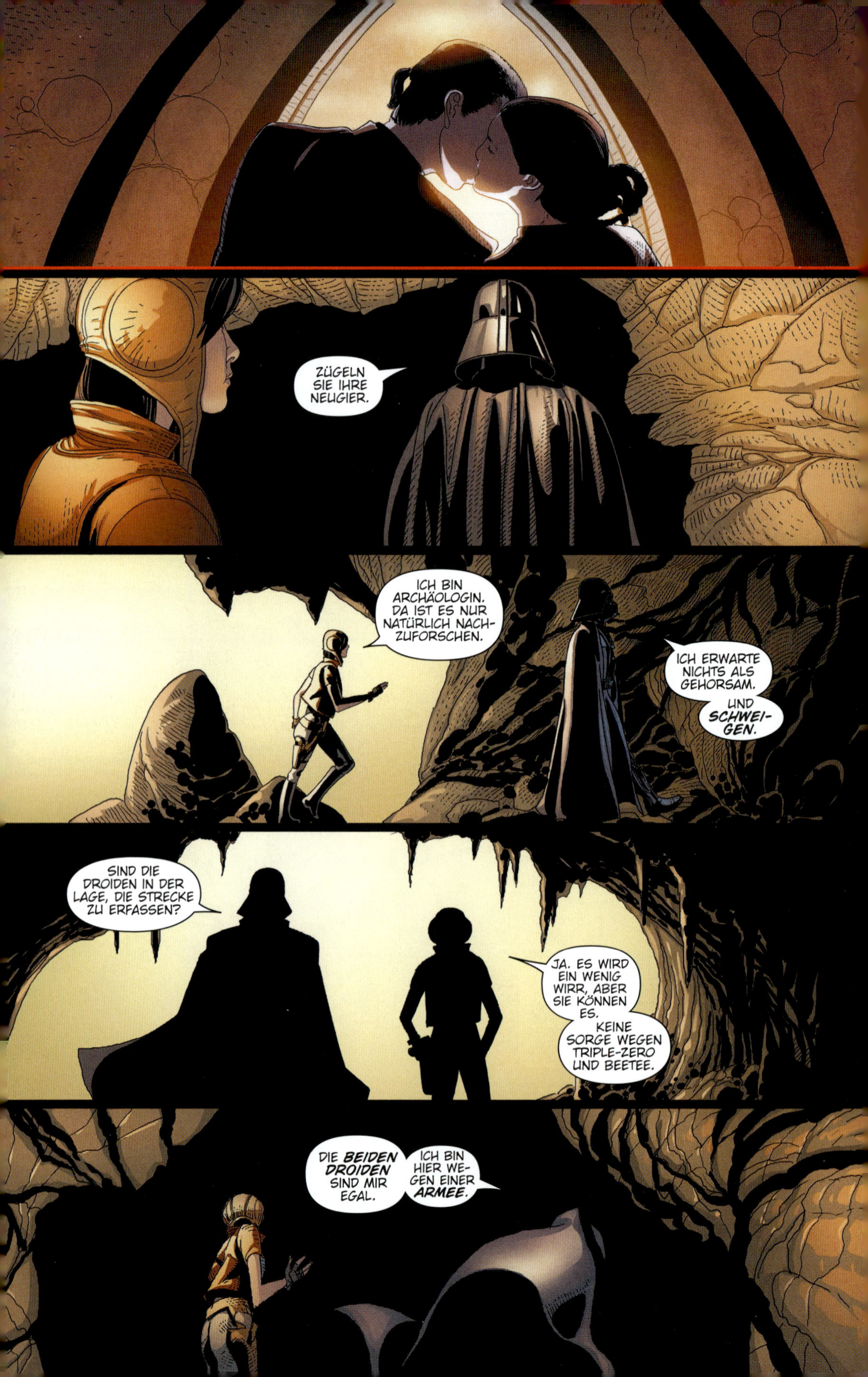
ZÜGELN SIE IHRE NEUGIER.
ICH BIN ARCHÄOLOGIN. DA IST ES NUR NATÜRLICH NACHZUFORSCHEN.
ICH ERWARTE NICHTS ALS GEHORSAM.
UND SCHWEIGEN.
SIND DIE DROIDEN IN DER LAGE, DIE STRECKE ZU ERFASSEN?
JA. ES WIRD EIN WENIG WIRR, ABER SIE KÖNNEN ES.
KEINE SORGE WEGEN TRIPLE-ZERO UND BEETEE.
DIE BEIDEN DROIDEN SIND MIR EGAL.
ICH BIN HIER WEGEN EINER ARMEE.

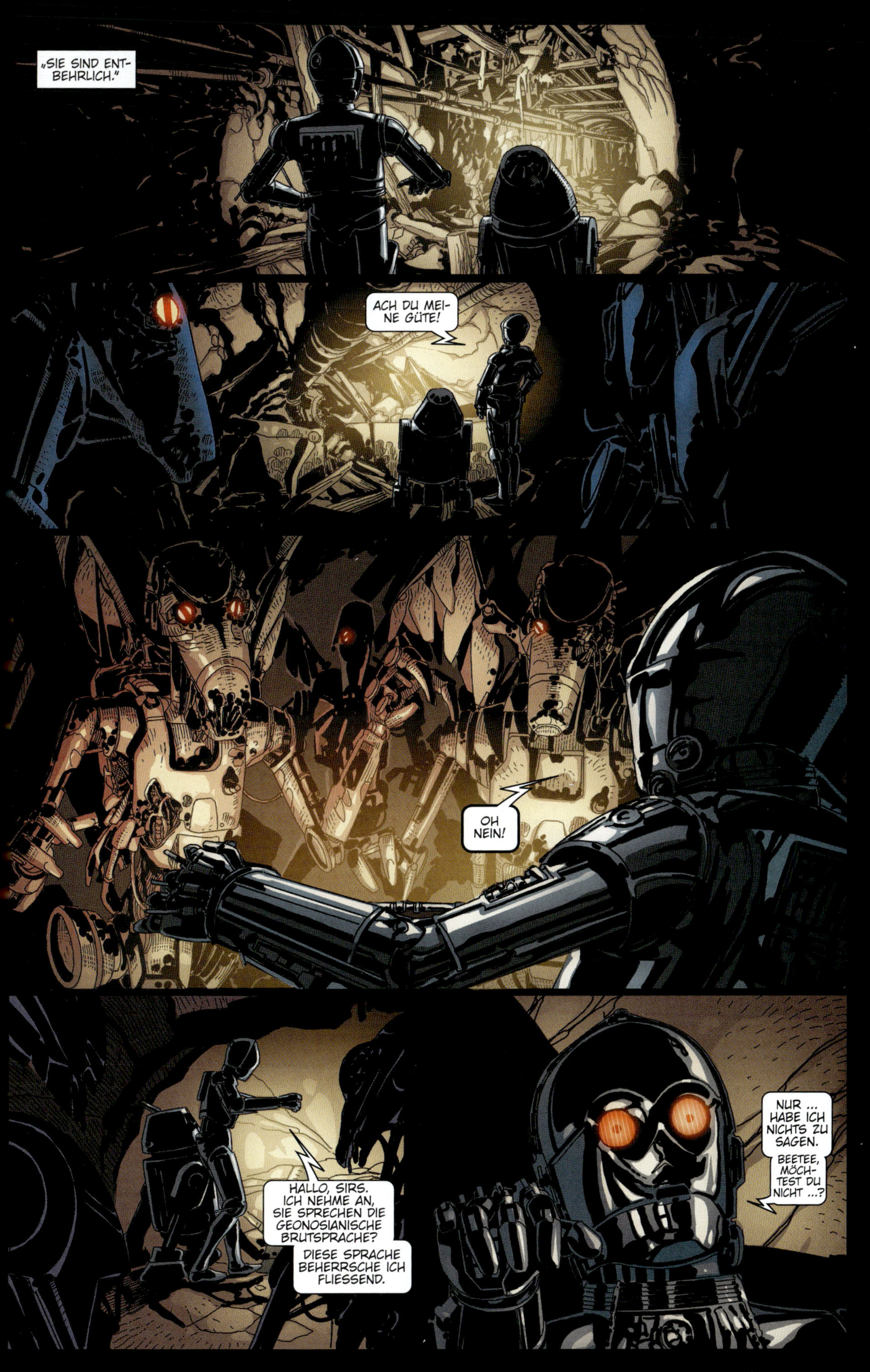
„SIE SIND ENT-BEHRLICH."
ACH DU MEI-NE GÜTE!
OH NEIN!
HALLO, SIRS. ICH NEHME AN, SIE SPRECHEN DIE GEONOSIANISCHE BRUTSPRACHE?
DIESE SPRACHE BEHERRSCHE ICH FLIESSEND.
NUR ... HABE ICH NICHTS ZU SAGEN.
BEETEE, MÖCHTEST DU NICHT ...?

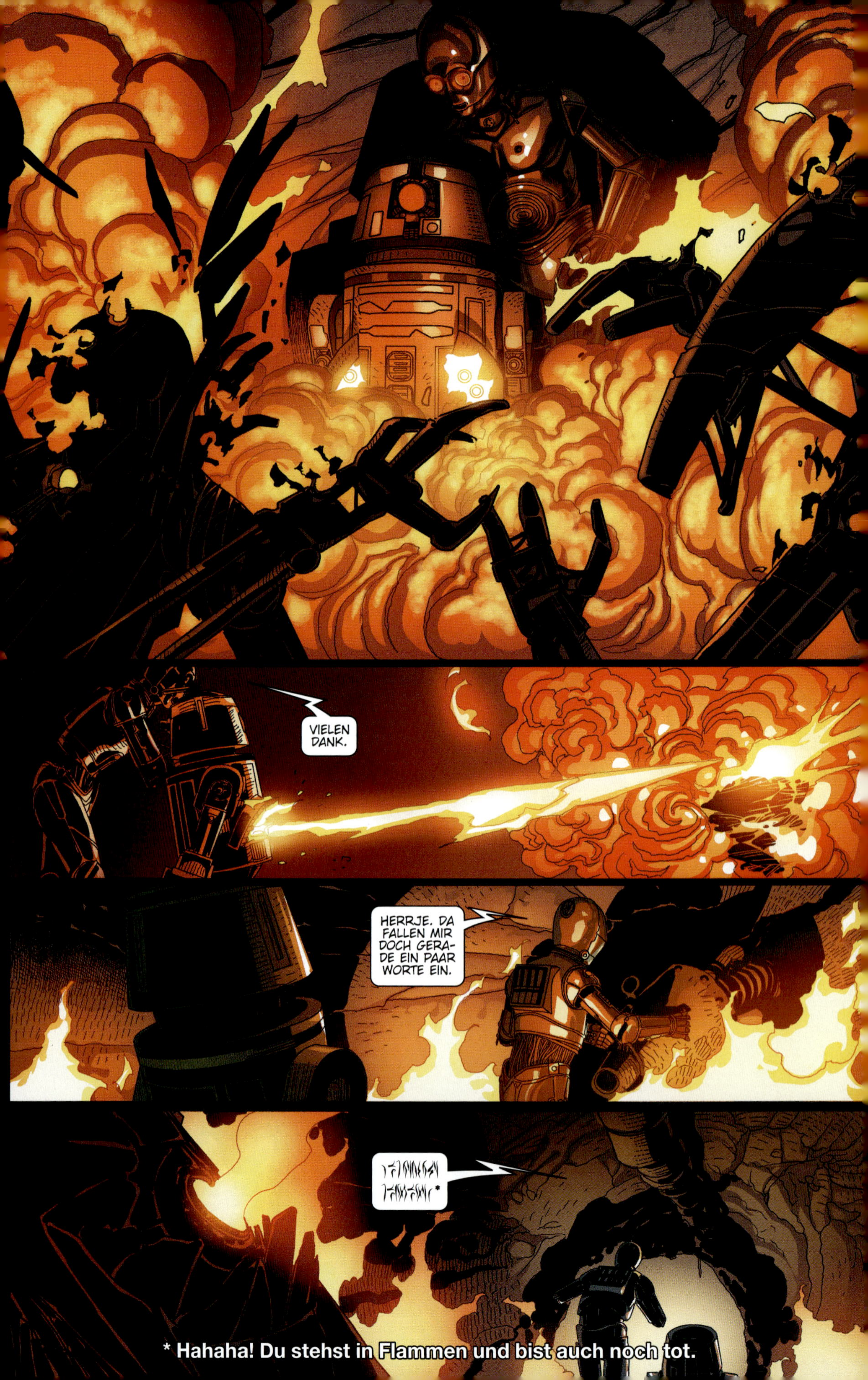
VIELEN DANK.
HERRJE. DA FALLEN MIR DOCH GERADE EIN PAAR WORTE EIN.
* Hahaha! Du stehst in Flammen und bist auch noch tot.

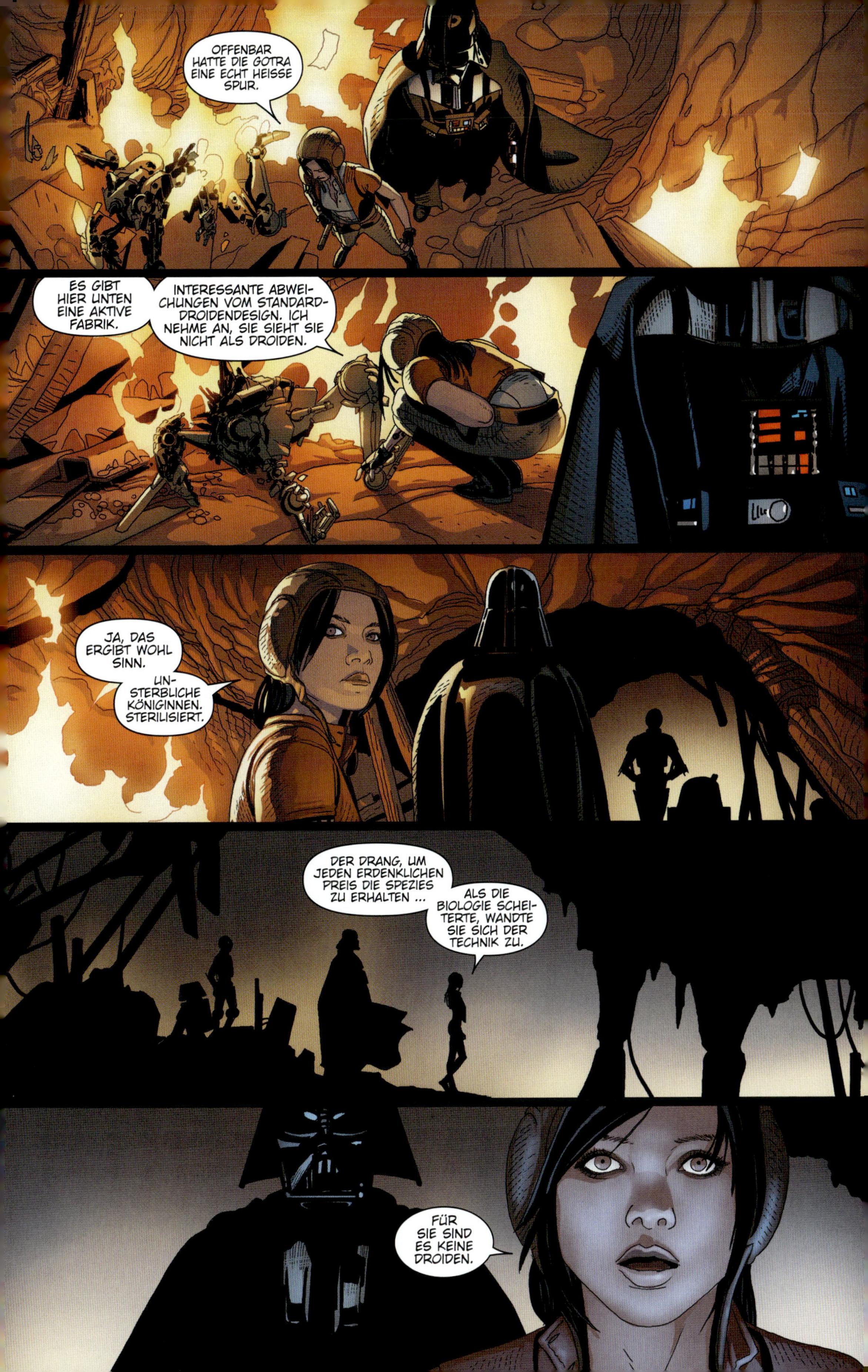
OFFENBAR HATTE DIE GOTRA EINE ECHT HEISSE SPUR.
ES GIBT HIER UNTEN EINE AKTIVE FABRIK.
INTERESSANTE ABWEICHUNGEN VOM STANDARD-DROIDENDESIGN. ICH NEHME AN, SIE SIEHT SIE NICHT ALS DROIDEN.
JA, DAS ERGIBT WOHL SINN.
UN-STERBLICHE KÖNIGINNEN. STERILISIERT.
DER DRANG, UM JEDEN ERDENKLICHEN PREIS DIE SPEZIES ZU ERHALTEN ...
ALS DIE BIOLOGIE SCHEITERTE, WANDTE SIE SICH DER TECHNIK ZU.
FÜR SIE SIND ES KEINE DROIDEN.

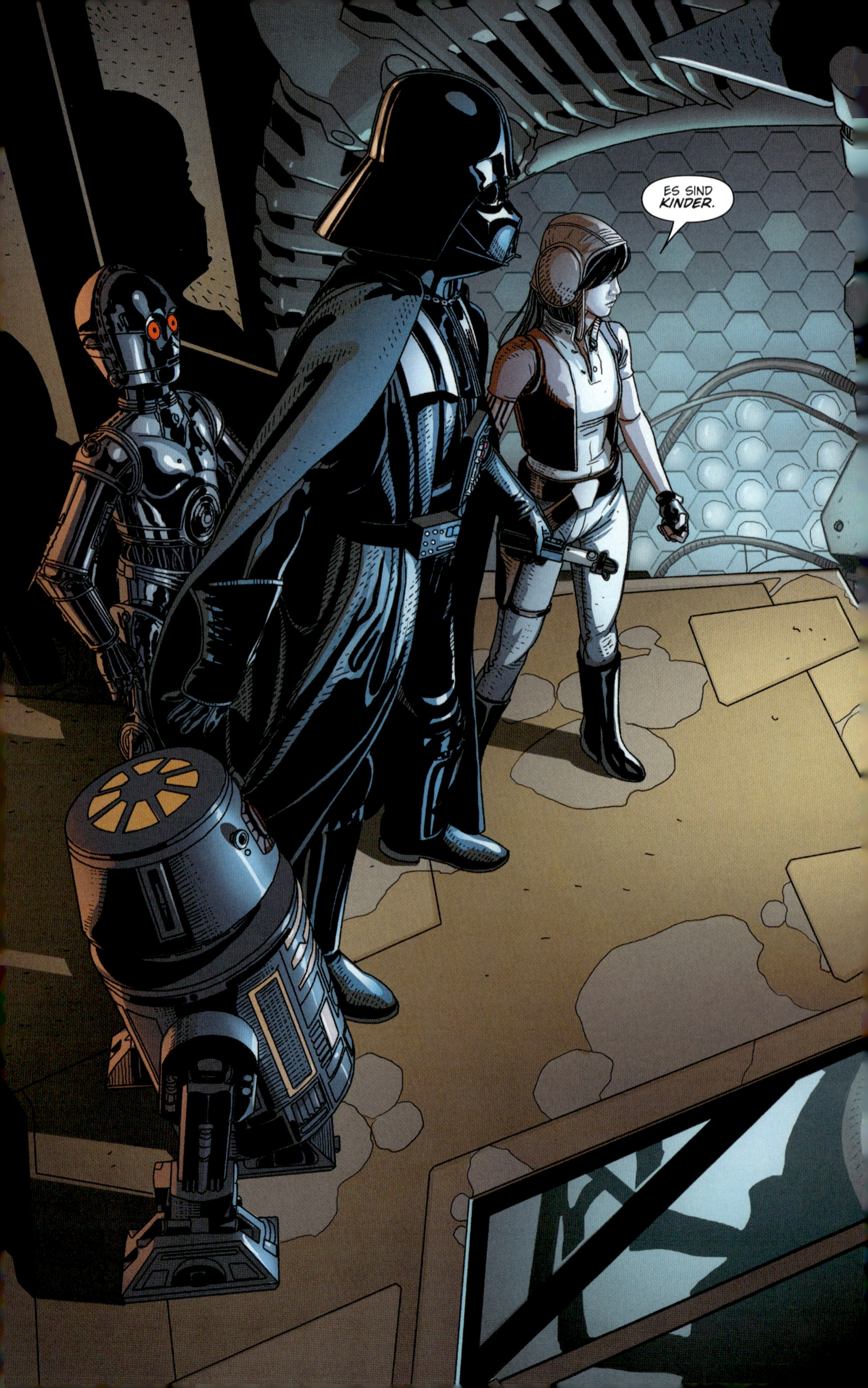
ES SIND KINDER.

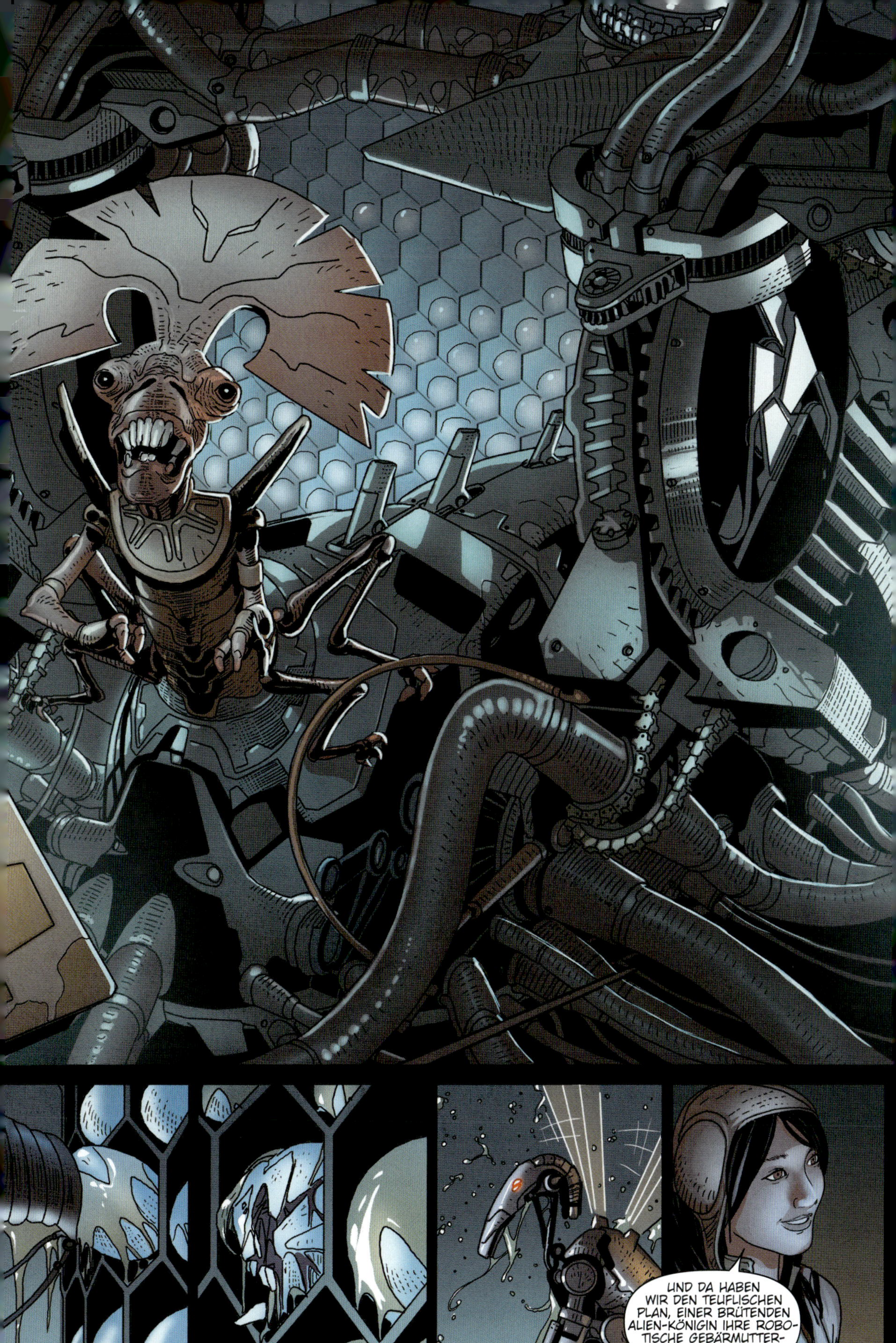
UND DA HABEN WIR DEN TEUFLISCHEN PLAN, EINER BRÜTENDEN ALIEN-KÖNIGIN IHRE ROBOTISCHE GEBÄRMUTTERFABRIK ZU KLAUEN.
HALTET IHR DIE IDEE IMMER NOCH FÜR GUT, LORD VADER?

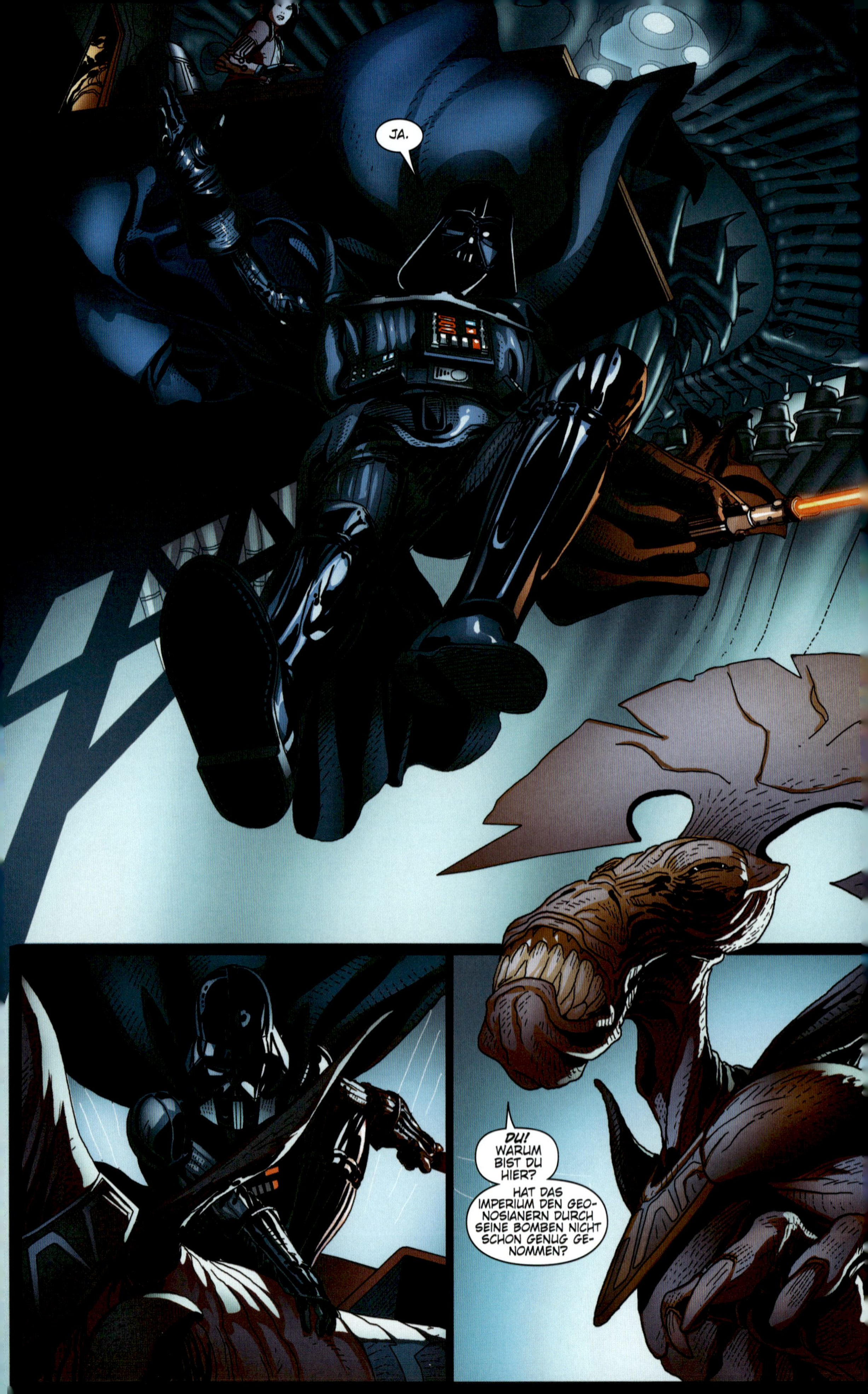
JA.
DU! WARUM BIST DU HIER?
HAT DAS IMPERIUM DEN GEO-NOSIANERN DURCH SEINE BOMBEN NICHT SCHON GENUG GE-NOMMEN?

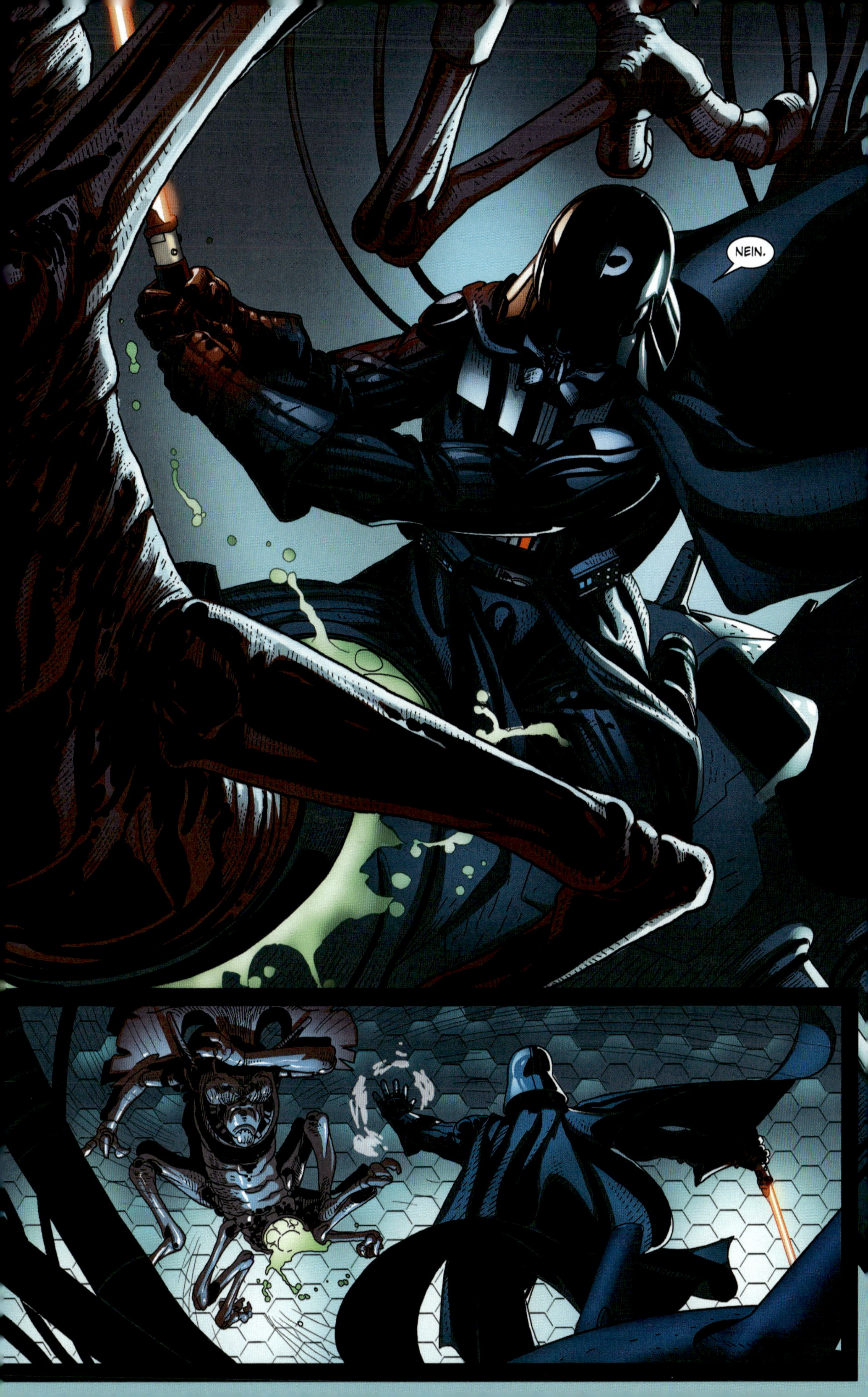
NEIN.

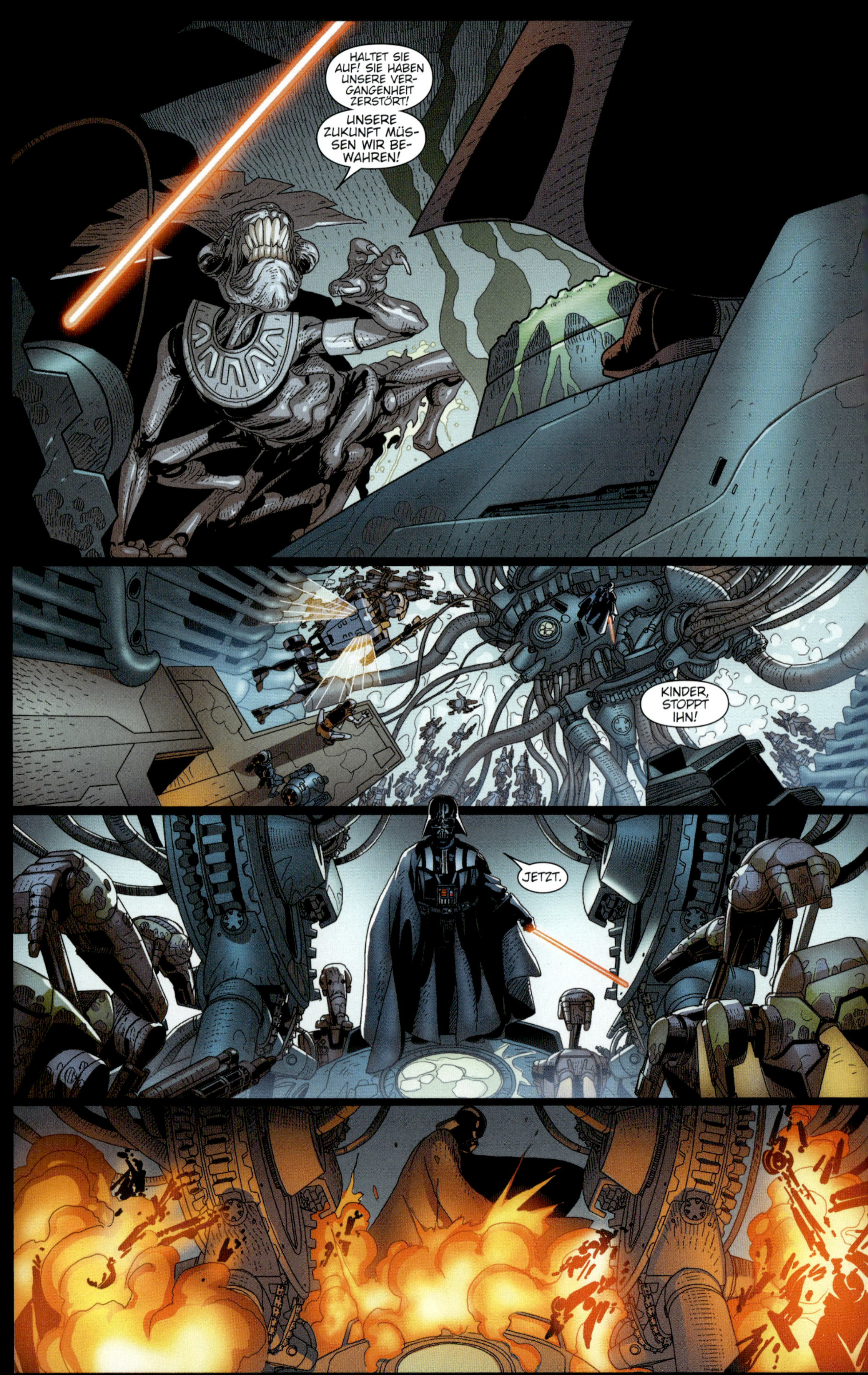
HALTET SIE AUF! SIE HABEN UNSERE VERGANGENHEIT ZERSTÖRT!
UNSERE ZUKUNFT MÜSSEN WIR BEWAHREN!
KINDER, STOPPT IHN!
JETZT.

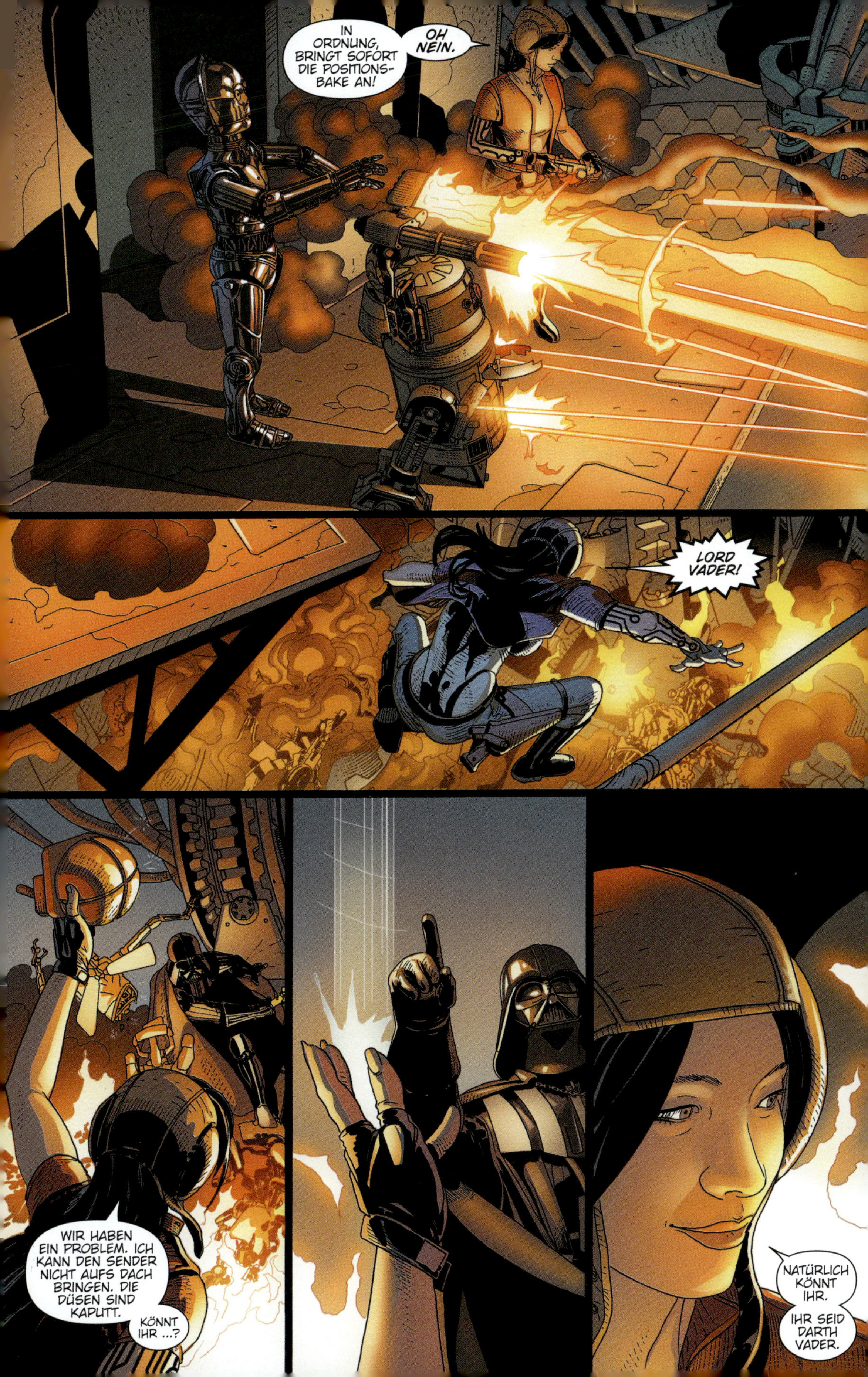
IN ORDNUNG, BRINGT SOFORT DIE POSITIONS-BAKE AN!
OH NEIN.
LORD VADER!
WIR HABEN EIN PROBLEM. ICH KANN DEN SENDER NICHT AUFS DACH BRINGEN. DIE DÜSEN SIND KAPUTT.
KÖNNT IHR ...?
NATÜRLICH KÖNNT IHR.
IHR SEID DARTH VADER.

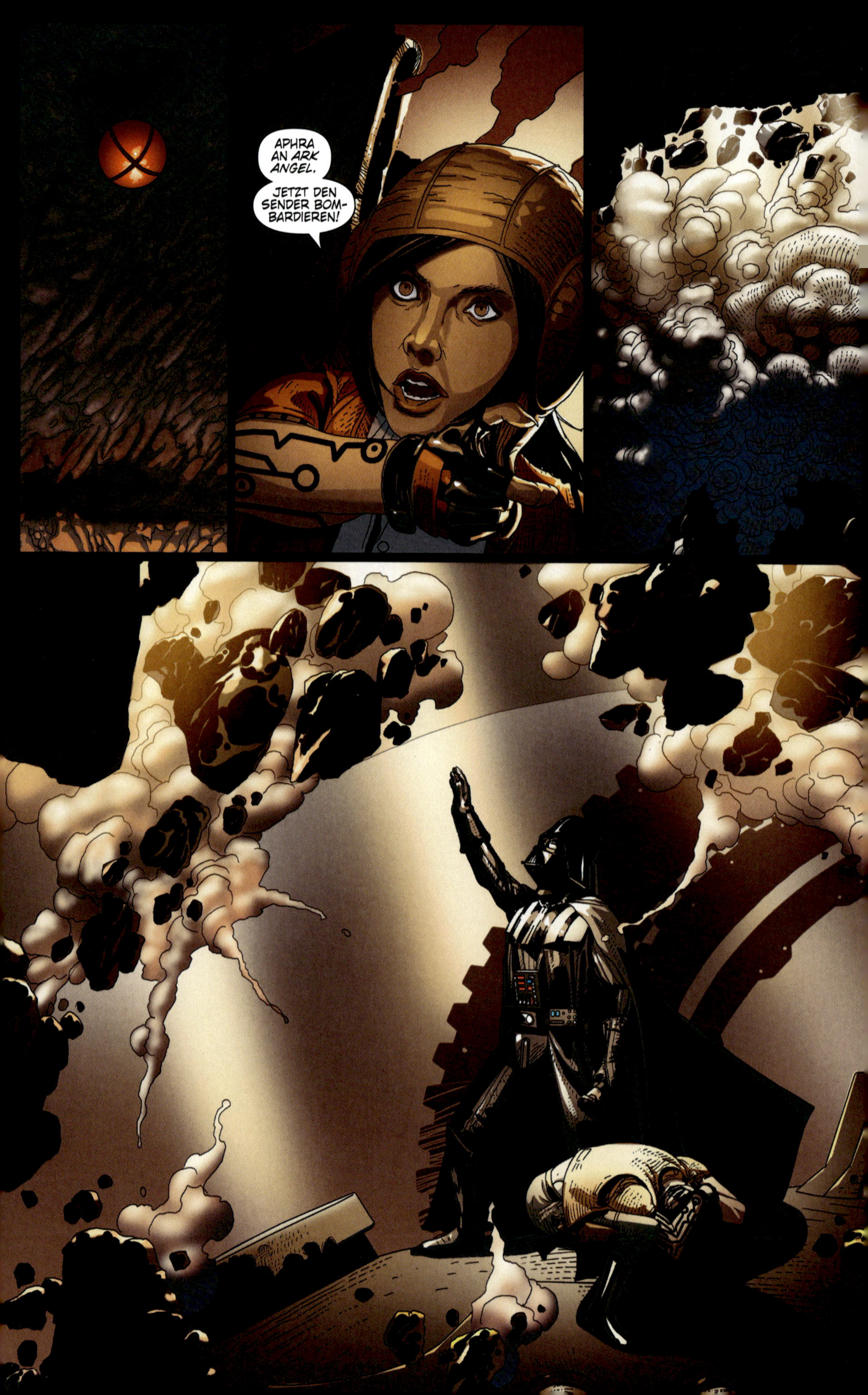
APHRA AN ARK ANGEL.
JETZT DEN SENDER BOM-BARDIEREN!

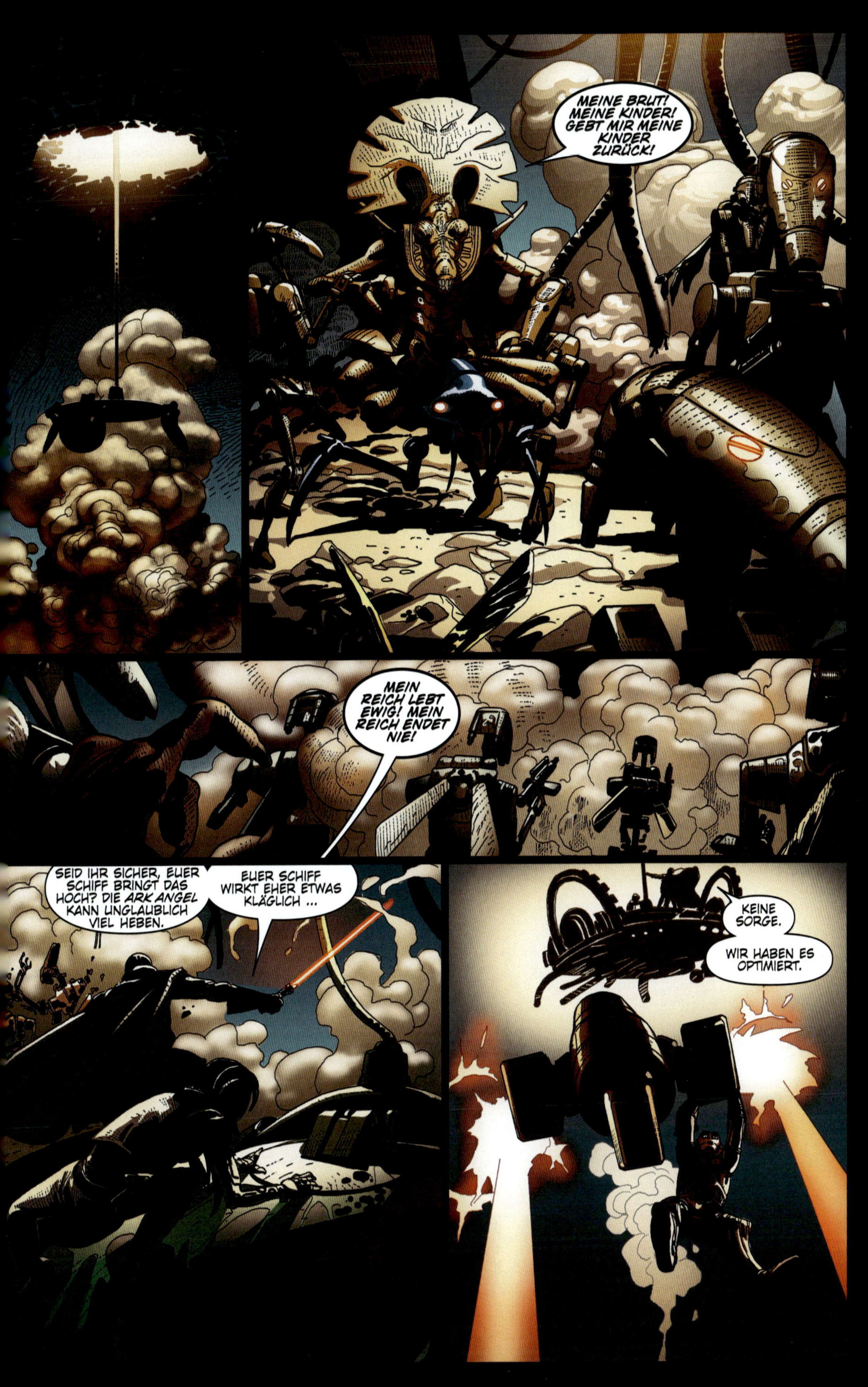
MEINE BRUT! MEINE KINDER! GEBT MIR MEINE KINDER ZURÜCK!
MEIN REICH LEBT EWIG! MEIN REICH ENDET NIE!
SEID IHR SICHER, EUER SCHIFF BRINGT DAS HOCH? DIE ARK ANGEL KANN UNGLAUBLICH VIEL HEBEN.
EUER SCHIFF WIRKT EHER ETWAS KLÄGLICH ...
KEINE SORGE.
WIR HABEN ES OPTIMIERT.

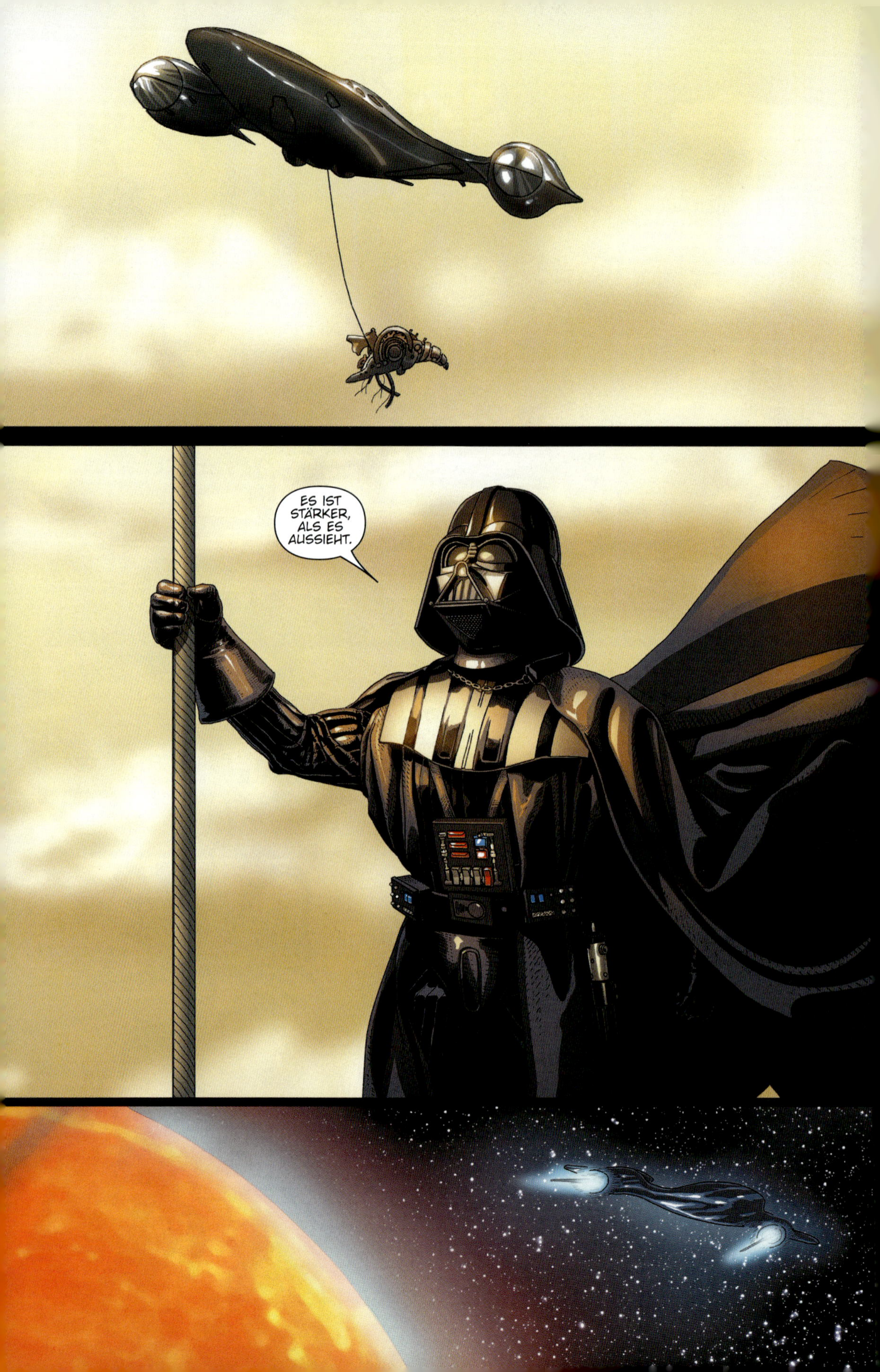
ES IST STÄRKER, ALS ES AUSSIEHT.

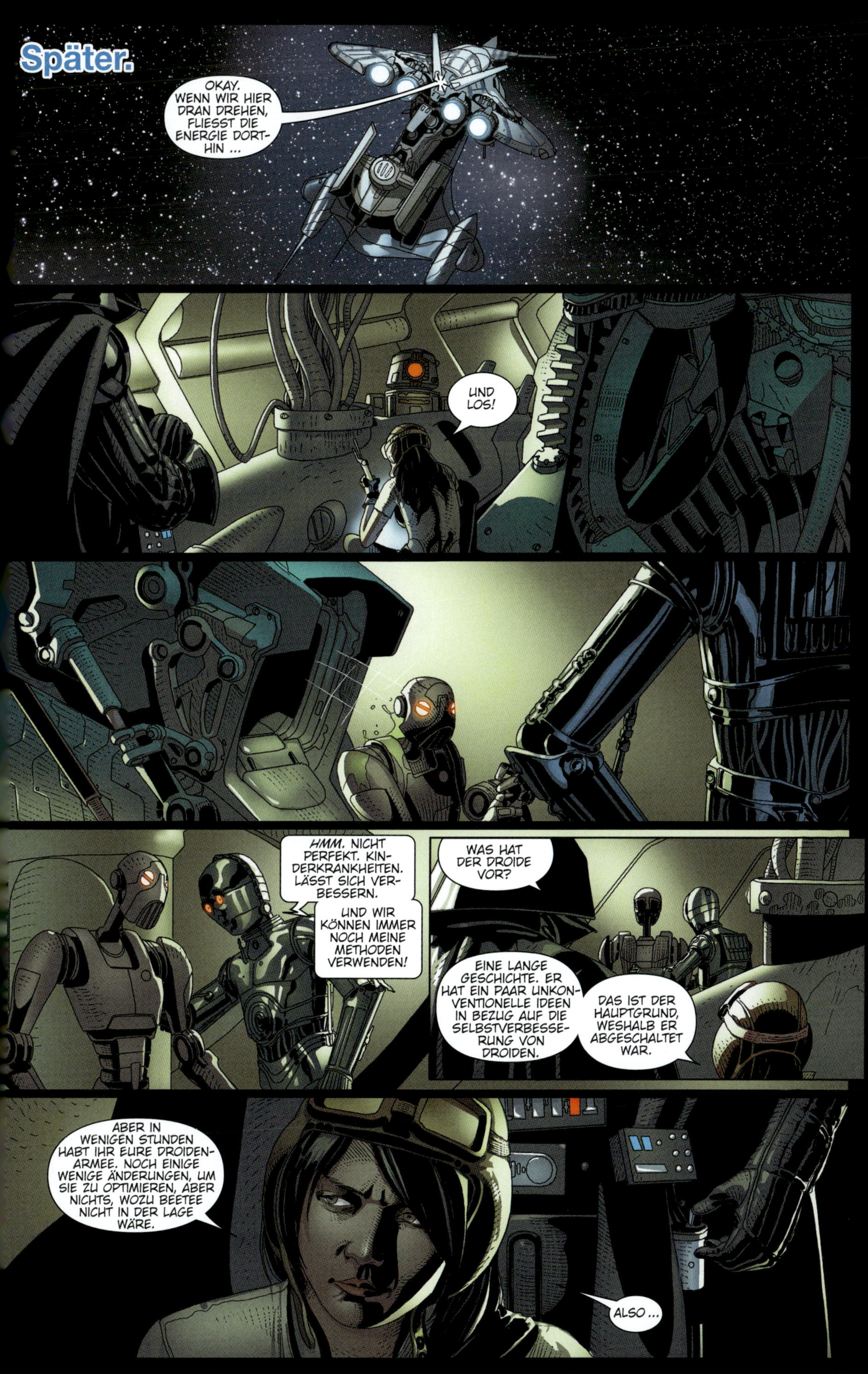
Später.
OKAY. WENN WIR HIER DRAN DREHEN, FLIESST DIE ENERGIE DORTHIN ...
UND LOS!
HMM. NICHT PERFEKT. KINDERKRANKHEITEN. LÄSST SICH VERBESSERN.
UND WIR KÖNNEN IMMER NOCH MEINE METHODEN VERWENDEN!
WAS HAT DER DROIDE VOR?
EINE LANGE GESCHICHTE. ER HAT EIN PAAR UNKONVENTIONELLE IDEEN IN BEZUG AUF DIE SELBSTVERBESSERUNG VON DROIDEN.
DAS IST DER HAUPTGRUND, WESHALB ER ABGESCHALTET WAR.
ABER IN WENIGEN STUNDEN HABT IHR EURE DROIDENARMEE. NOCH EINIGE WENIGE ÄNDERUNGEN, UM SIE ZU OPTIMIEREN, ABER NICHTS, WOZU BEETEE NICHT IN DER LAGE WÄRE.
ALSO ...

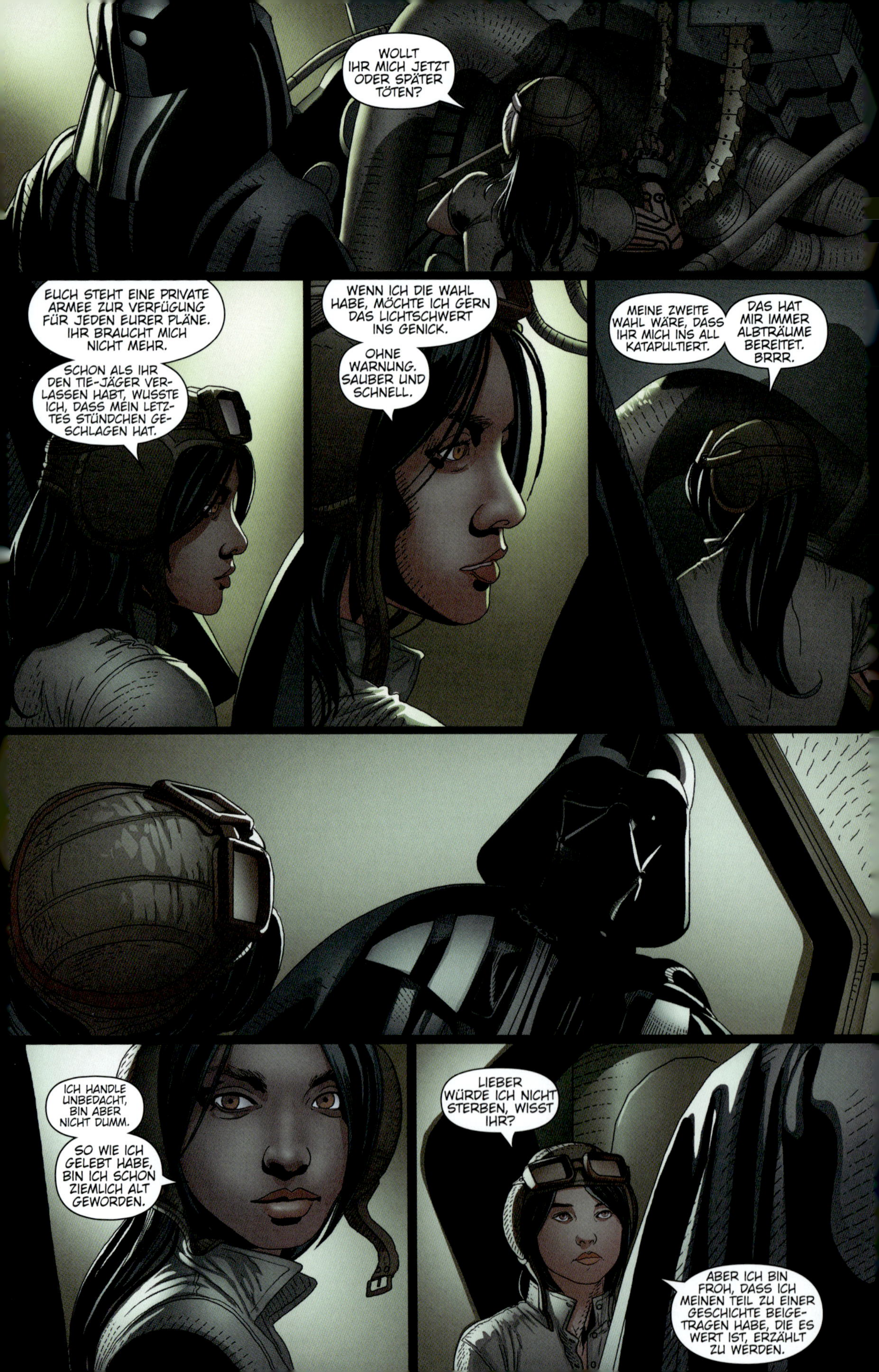
WOLLT IHR MICH JETZT ODER SPÄTER TÖTEN?
EUCH STEHT EINE PRIVATE ARMEE ZUR VERFÜGUNG FÜR JEDEN EURER PLÄNE. IHR BRAUCHT MICH NICHT MEHR.
SCHON ALS IHR DEN TIE-JÄGER VERLASSEN HABT, WUSSTE ICH, DASS MEIN LETZTES STÜNDCHEN GESCHLAGEN HAT.
WENN ICH DIE WAHL HABE, MÖCHTE ICH GERN DAS LICHTSCHWERT INS GENICK.
OHNE WARNUNG. SAUBER UND SCHNELL.
MEINE ZWEITE WAHL WÄRE, DASS IHR MICH INS ALL KATAPULTIERT.
DAS HAT MIR IMMER ALBTRÄUME BEREITET. BRRR.
ICH HANDLE UNBEDACHT, BIN ABER NICHT DUMM.
SO WIE ICH GELEBT HABE, BIN ICH SCHON ZIEMLICH ALT GEWORDEN.
LIEBER WÜRDE ICH NICHT STERBEN, WISST IHR?
ABER ICH BIN FROH, DASS ICH MEINEN TEIL ZU EINER GESCHICHTE BEIGETRAGEN HABE, DIE ES WERT IST, ERZÄHLT ZU WERDEN.

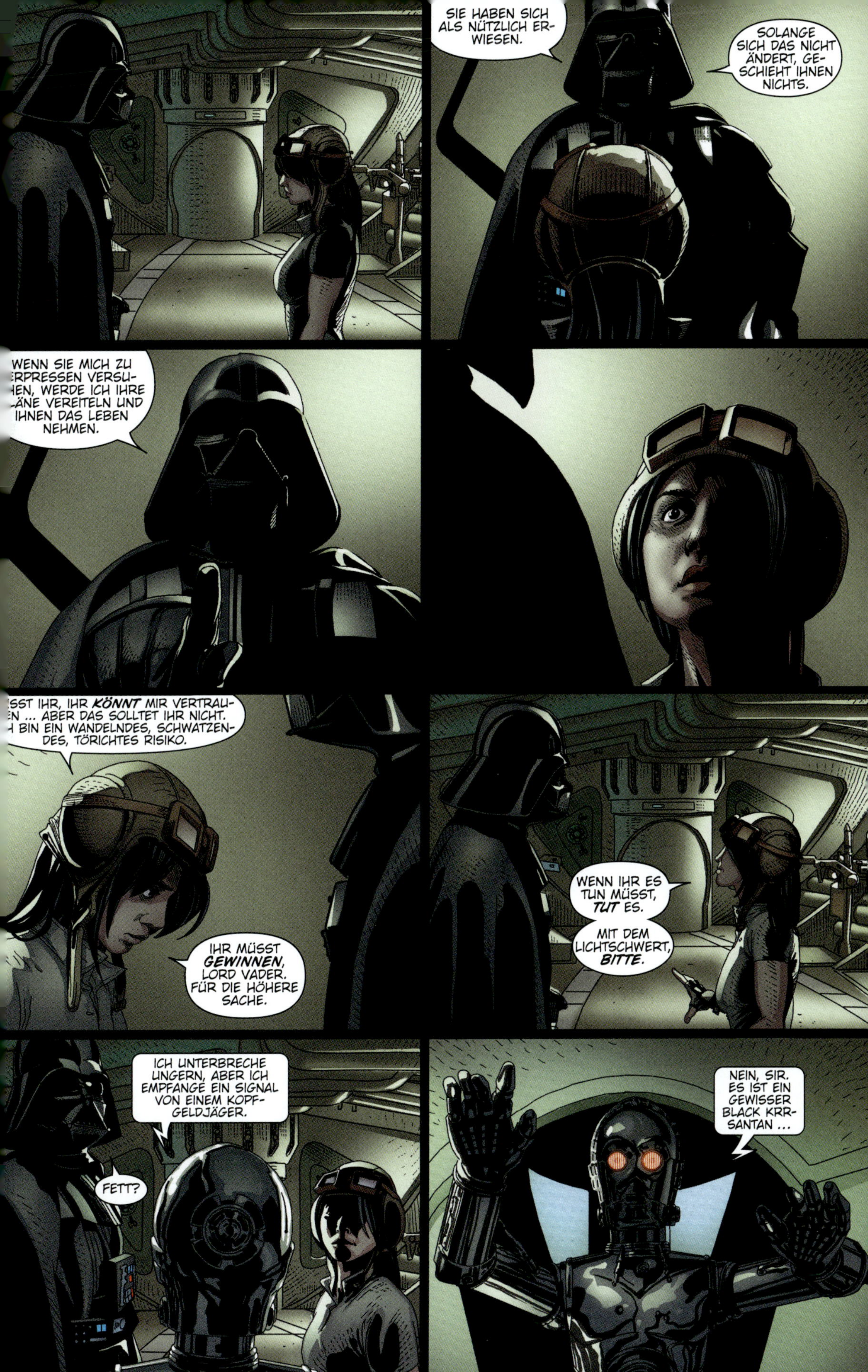

SIE HABEN SICH ALS NÜTZLICH ERWIESEN.
SOLANGE SICH DAS NICHT ÄNDERT, GESCHIEHT IHNEN NICHTS.
WENN SIE MICH ZU ERPRESSEN VERSUHEN, WERDE ICH IHRE LÄNE VEREITELN UND IHNEN DAS LEBEN NEHMEN.
ESST IHR, IHR **KÖNNT** MIR VERTRAUEN ... ABER DAS SOLLTET IHR NICHT. H BIN EIN WANDELNDES, SCHWATZENDES, TÖRICHTES RISIKO.
IHR MÜSST **GEWINNEN**, LORD VADER. FÜR DIE HÖHERE SACHE.
WENN IHR ES TUN MÜSST, **TUT** ES.
MIT DEM LICHTSCHWERT, **BITTE**.
ICH UNTERBRECHE UNGERN, ABER ICH EMPFANGE EIN SIGNAL VON EINEM KOPFGELDJÄGER.
FETT?
NEIN, SIR. ES IST EIN GEWISSER BLACK KRRSANTAN ...

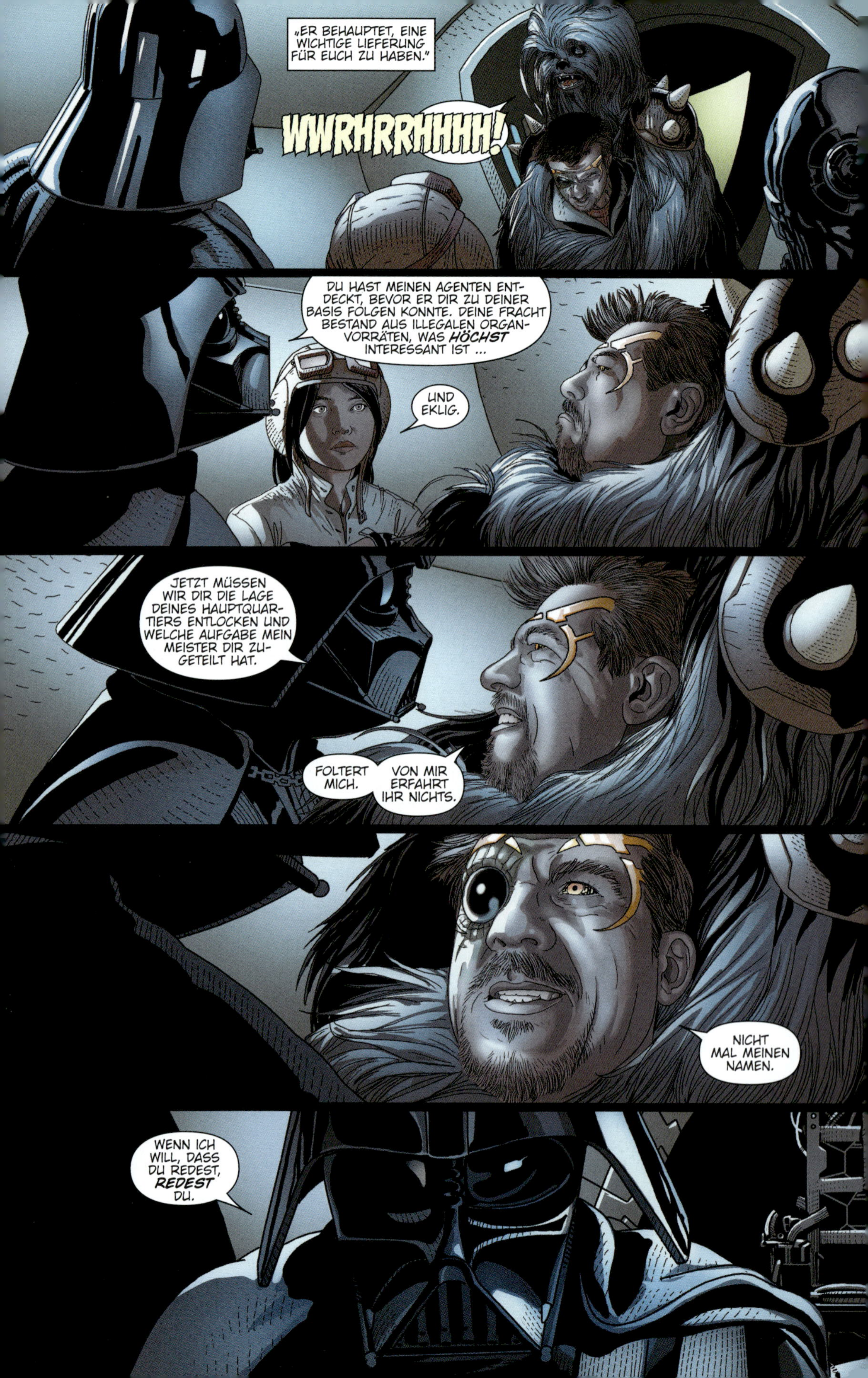
„ER BEHAUPTET, EINE WICHTIGE LIEFERUNG FÜR EUCH ZU HABEN."
WWRHRRHHHH!
DU HAST MEINEN AGENTEN ENTDECKT, BEVOR ER DIR ZU DEINER BASIS FOLGEN KONNTE. DEINE FRACHT BESTAND AUS ILLEGALEN ORGANVORRÄTEN, WAS HÖCHST INTERESSANT IST ...
UND EKLIG.
JETZT MÜSSEN WIR DIR DIE LAGE DEINES HAUPTQUARTIERS ENTLOCKEN UND WELCHE AUFGABE MEIN MEISTER DIR ZUGETEILT HAT.
FOLTERT MICH.
VON MIR ERFAHRT IHR NICHTS.
NICHT MAL MEINEN NAMEN.
WENN ICH WILL, DASS DU REDEST, REDEST DU.

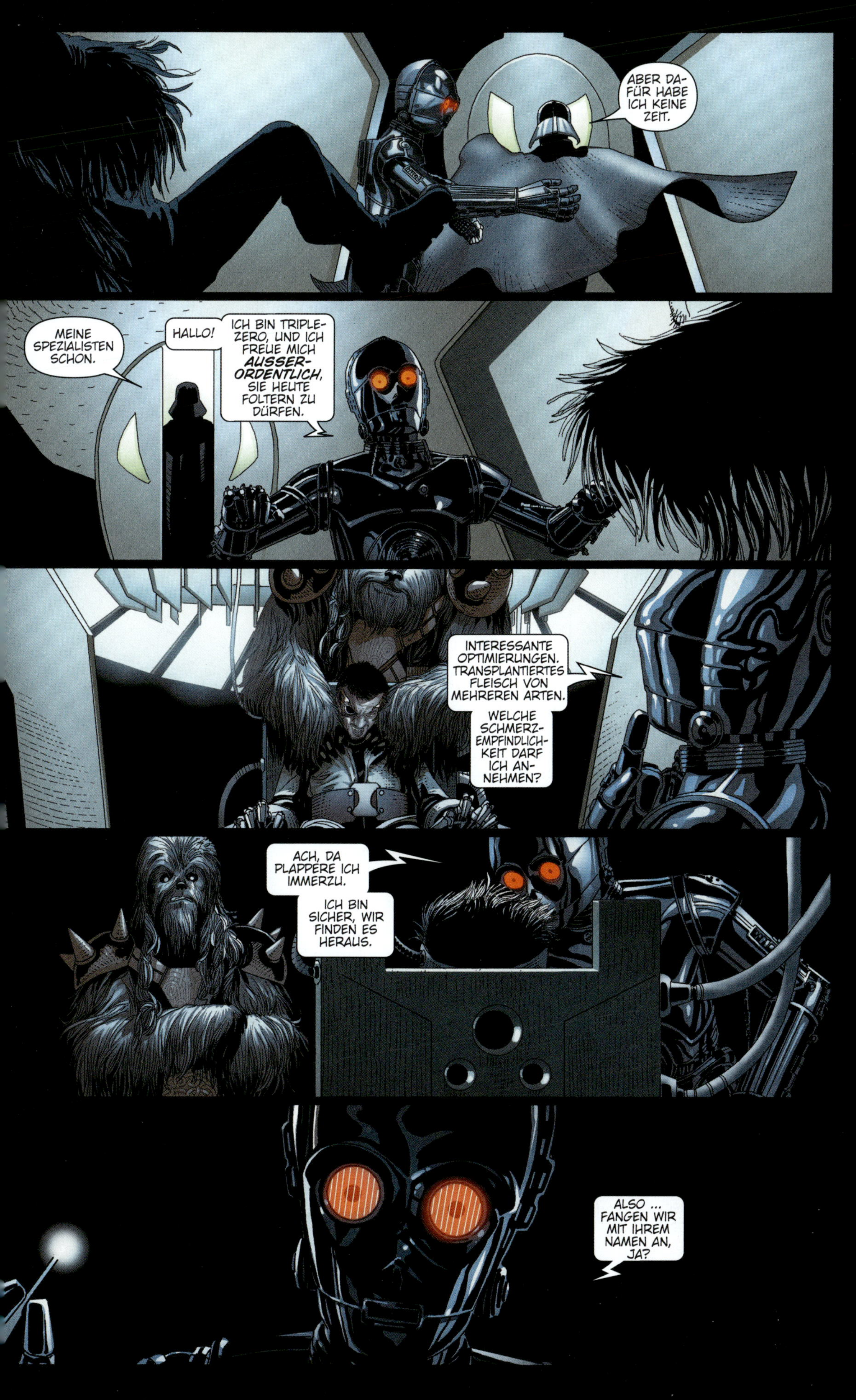
ABER DAFÜR HABE ICH KEINE ZEIT.
MEINE SPEZIALISTEN SCHON.
HALLO!
ICH BIN TRIPLE-ZERO, UND ICH FREUE MICH **AUSSERORDENTLICH**, SIE HEUTE FOLTERN ZU DÜRFEN.
INTERESSANTE OPTIMIERUNGEN. TRANSPLANTIERTES FLEISCH VON MEHREREN ARTEN.
WELCHE SCHMERZEMPFINDLICHKEIT DARF ICH ANNEHMEN?
ACH, DA PLAPPERE ICH IMMERZU.
ICH BIN SICHER, WIR FINDEN ES HERAUS.
ALSO ... FANGEN WIR MIT IHREM NAMEN AN, JA?

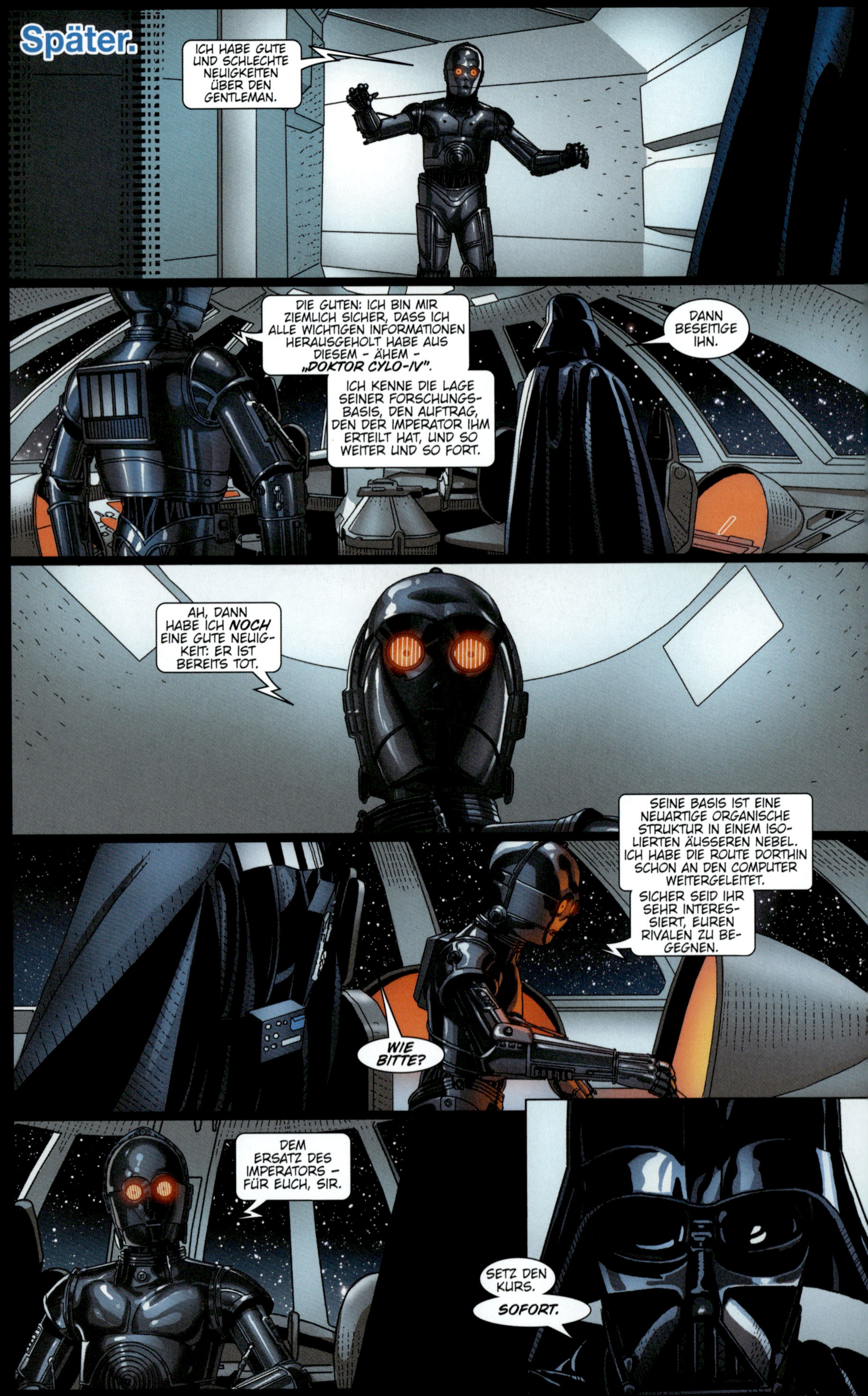
Später.
ICH HABE GUTE UND SCHLECHTE NEUIGKEITEN ÜBER DEN GENTLEMAN.
DIE GUTEN: ICH BIN MIR ZIEMLICH SICHER, DASS ICH ALLE WICHTIGEN INFORMATIONEN HERAUSGEHOLT HABE AUS DIESEM – ÄHEM – *„DOKTOR CYLO-IV"*.
ICH KENNE DIE LAGE SEINER FORSCHUNGS-BASIS, DEN AUFTRAG, DEN DER IMPERATOR IHM ERTEILT HAT, UND SO WEITER UND SO FORT.
DANN BESEITIGE IHN.
AH, DANN HABE ICH *NOCH* EINE GUTE NEUIG-KEIT: ER IST BEREITS TOT.
SEINE BASIS IST EINE NEUARTIGE ORGANISCHE STRUKTUR IN EINEM ISO-LIERTEN ÄUSSEREN NEBEL. ICH HABE DIE ROUTE DORTHIN SCHON AN DEN COMPUTER WEITERGELEITET.
SICHER SEID IHR SEHR INTERES-SIERT, EUREN RIVALEN ZU BE-GEGNEN.
WIE BITTE?
DEM ERSATZ DES IMPERATORS – FÜR EUCH, SIR.
SETZ DEN KURS.
SOFORT.

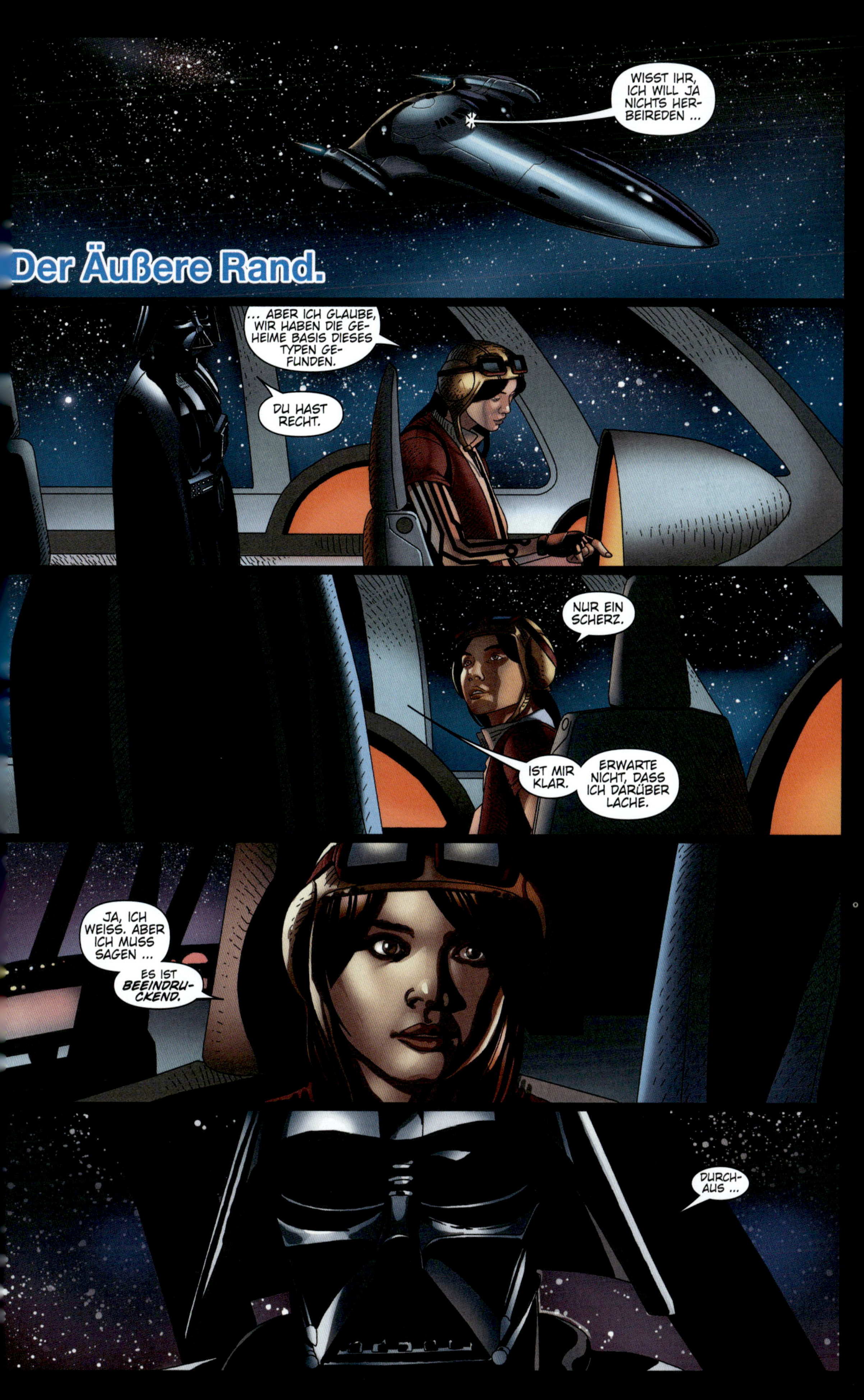
WISST IHR, ICH WILL JA NICHTS HERBEIREDEN …
Der Äußere Rand.
… ABER ICH GLAUBE, WIR HABEN DIE GEHEIME BASIS DIESES TYPEN GEFUNDEN.
DU HAST RECHT.
NUR EIN SCHERZ.
IST MIR KLAR.
ERWARTE NICHT, DASS ICH DARÜBER LACHE.
JA, ICH WEISS. ABER ICH MUSS SAGEN …
ES IST BEEINDRUCKEND.
DURCHAUS …

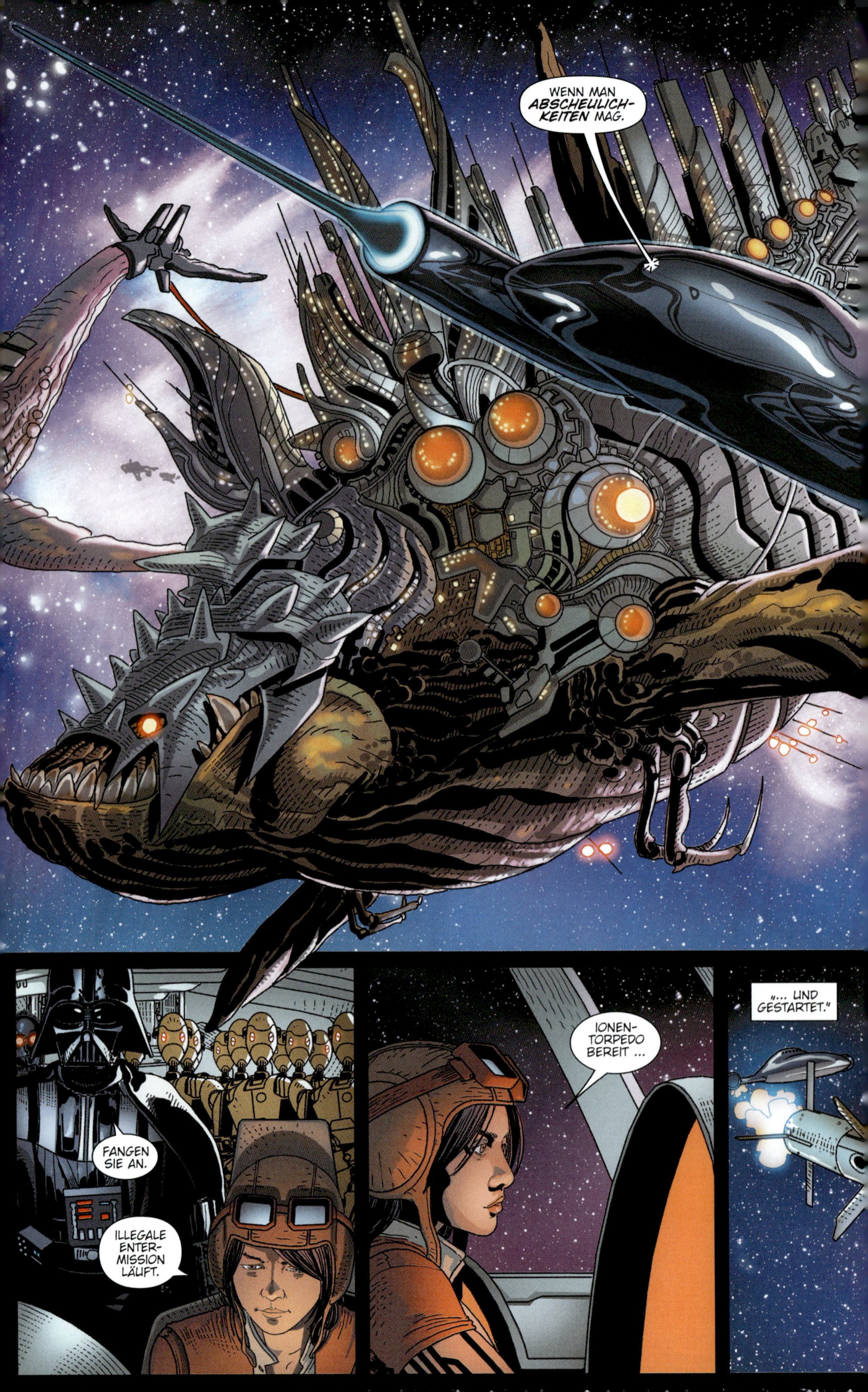
WENN MAN ABSCHEULICHKEITEN MAG.
FANGEN SIE AN.
ILLEGALE ENTERMISSION LÄUFT.
IONEN-TORPEDO BEREIT ...
„... UND GESTARTET."

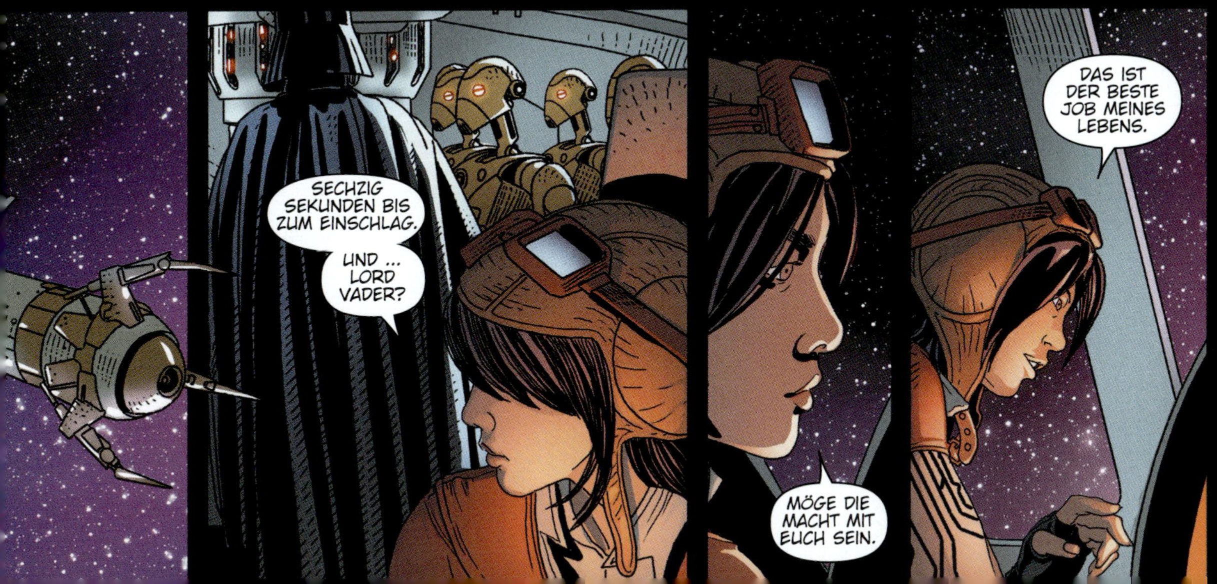
SECHZIG SEKUNDEN BIS ZUM EINSCHLAG.
UND ... LORD VADER?
MÖGE DIE MACHT MIT EUCH SEIN.
DAS IST DER BESTE JOB MEINES LEBENS.

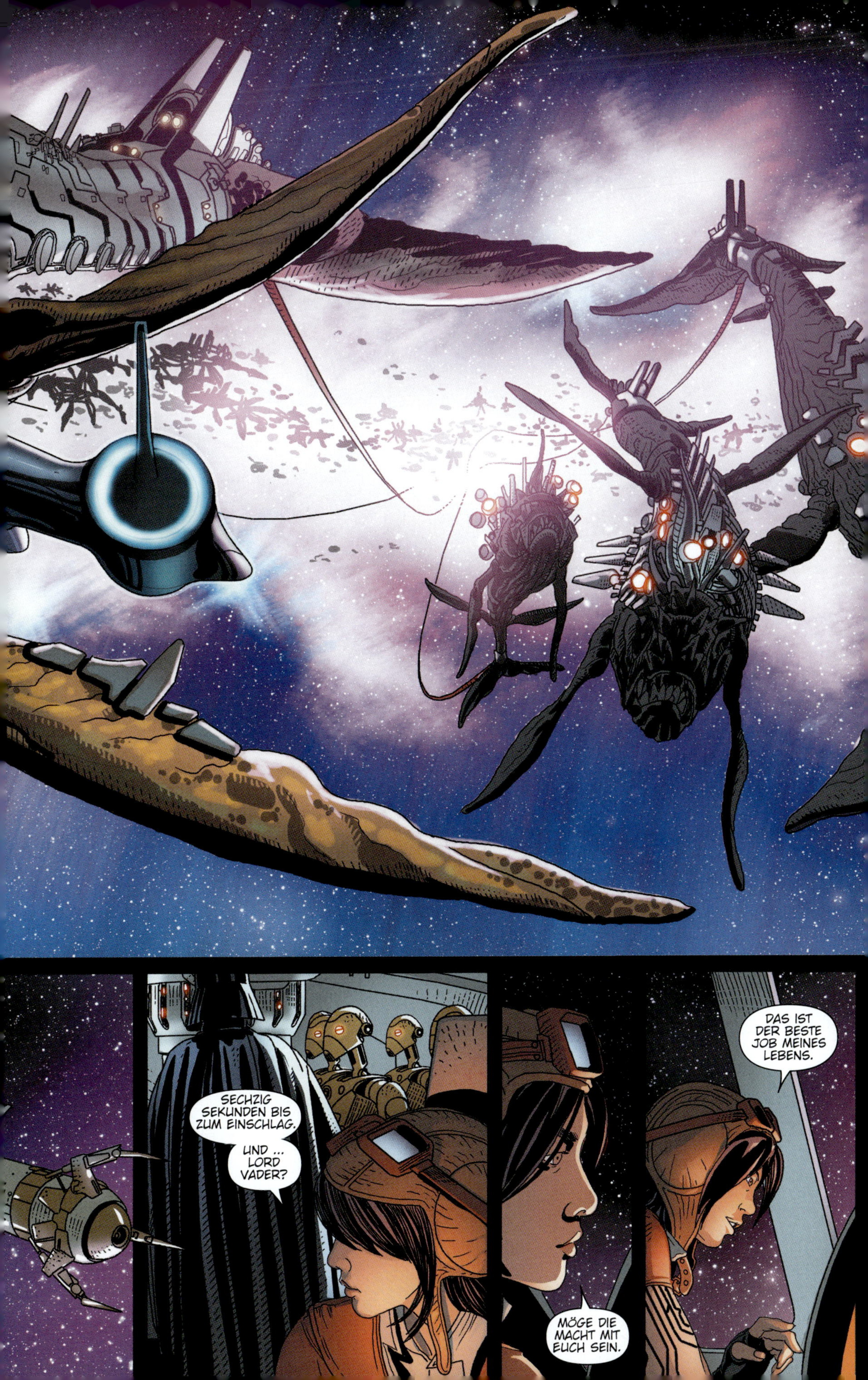

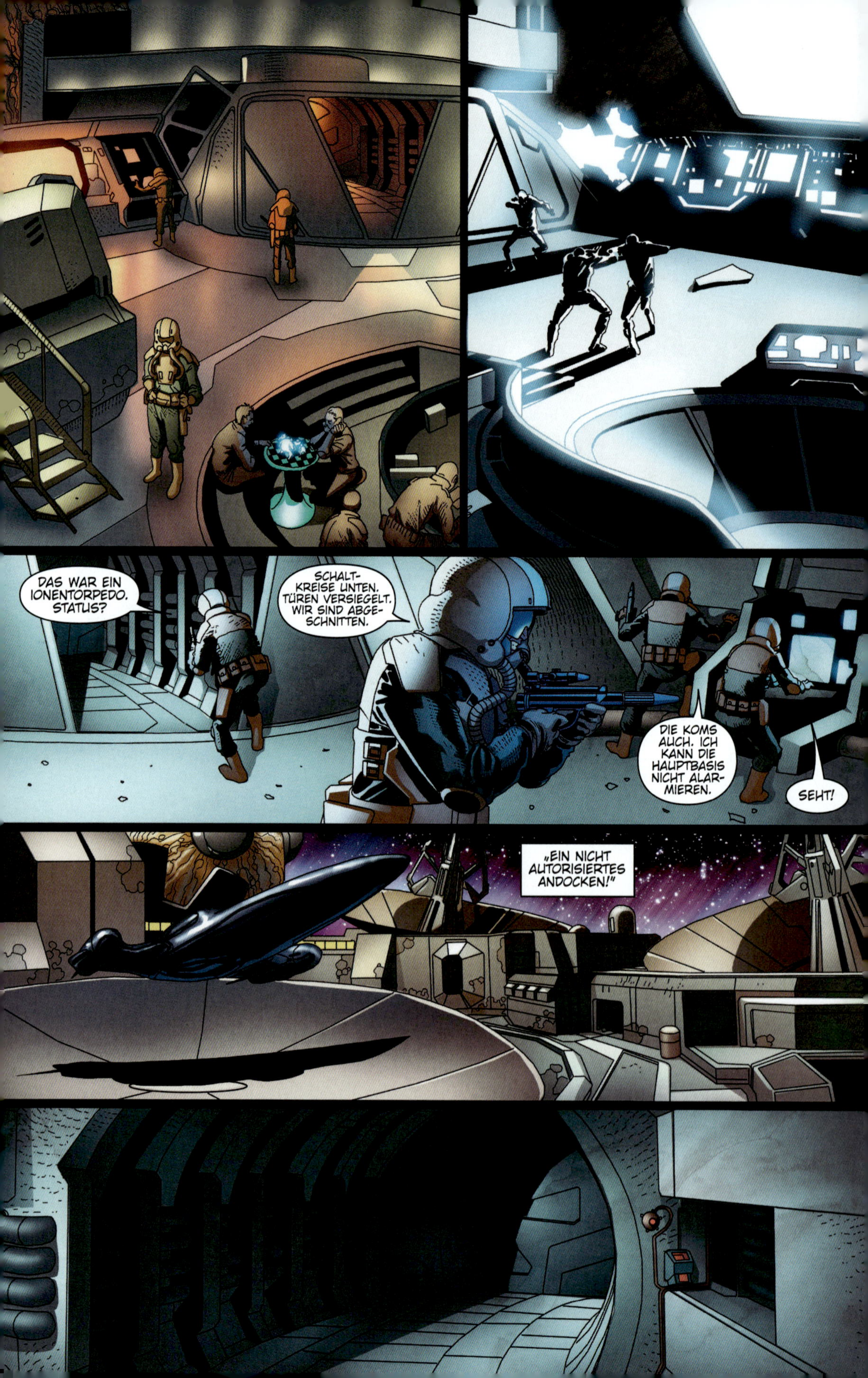
DAS WAR EIN IONENTORPEDO. STATUS?
SCHALT-KREISE UNTEN. TÜREN VERSIEGELT. WIR SIND ABGE-SCHNITTEN.
DIE KOMS AUCH. ICH KANN DIE HAUPTBASIS NICHT ALAR-MIEREN.
SEHT!
„EIN NICHT AUTORISIERTES ANDOCKEN!"

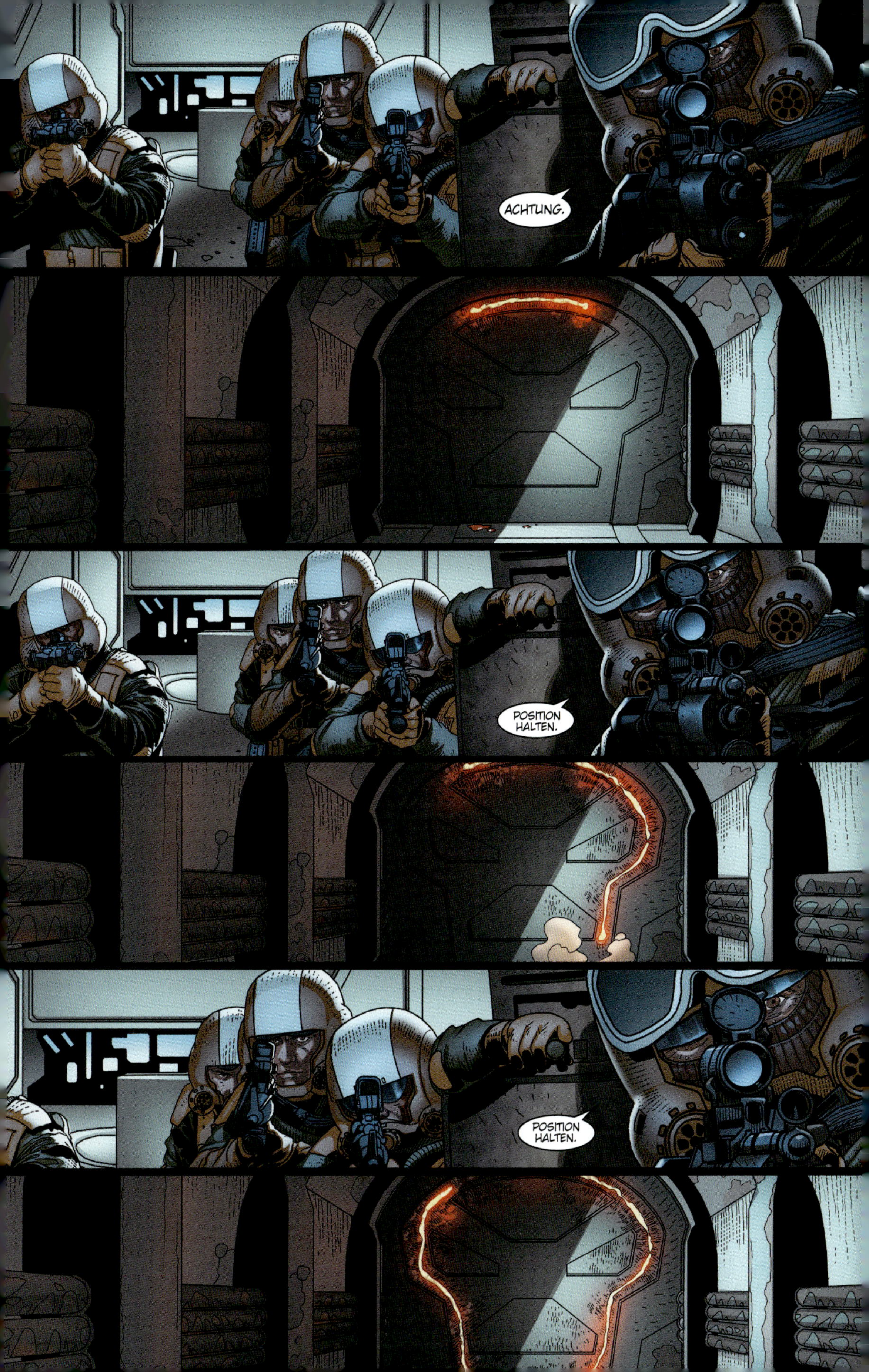
ACHTUNG.
POSITION HALTEN.
POSITION HALTEN.

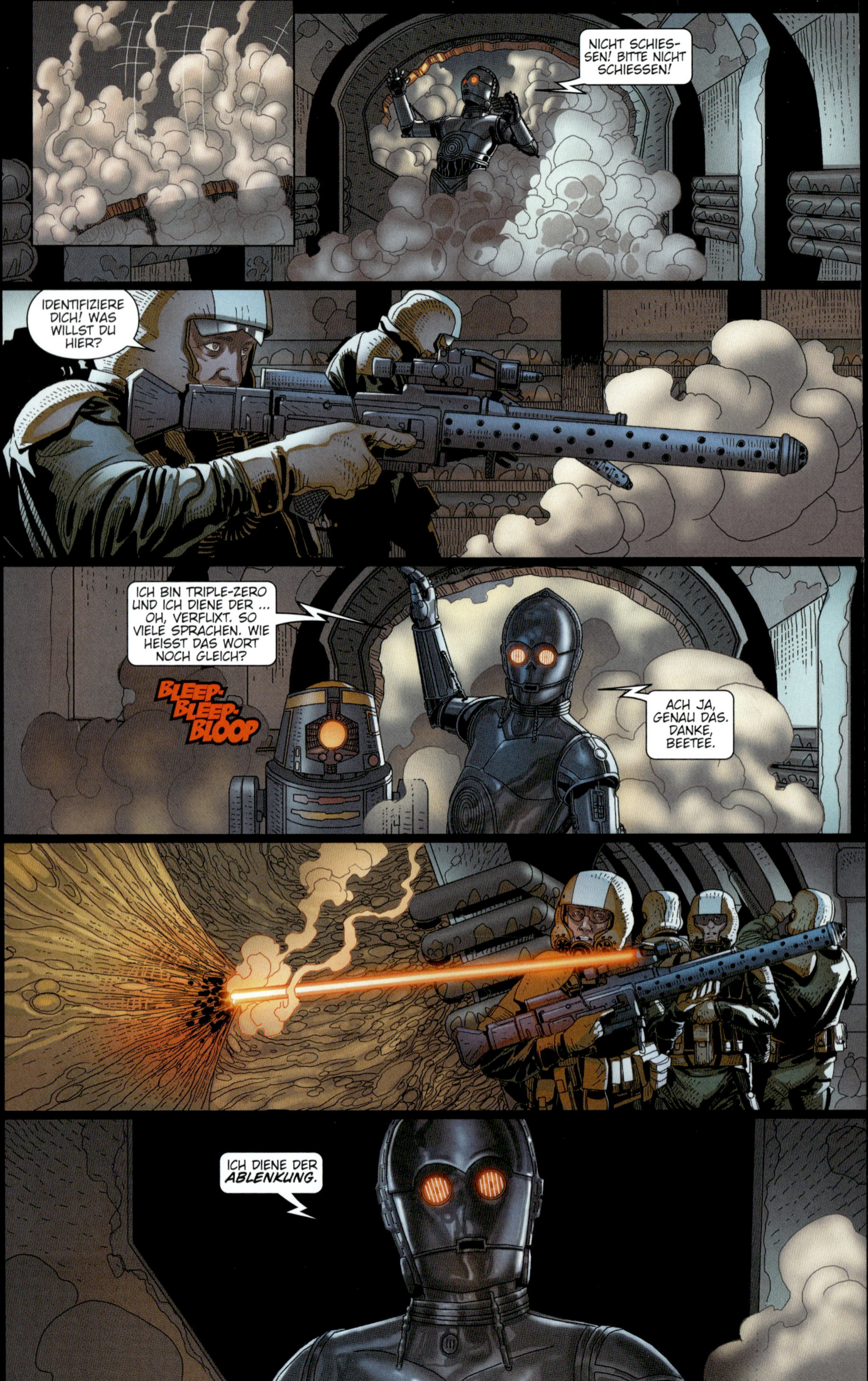
NICHT SCHIES-SEN! BITTE NICHT SCHIESSEN!
IDENTIFIZIERE DICH! WAS WILLST DU HIER?
ICH BIN TRIPLE-ZERO UND ICH DIENE DER ... OH, VERFLIXT. SO VIELE SPRACHEN. WIE HEISST DAS WORT NOCH GLEICH?
BLEEP-BLEEP-BLOOP
ACH JA, GENAU DAS. DANKE, BEETEE.
ICH DIENE DER *ABLENKUNG*.

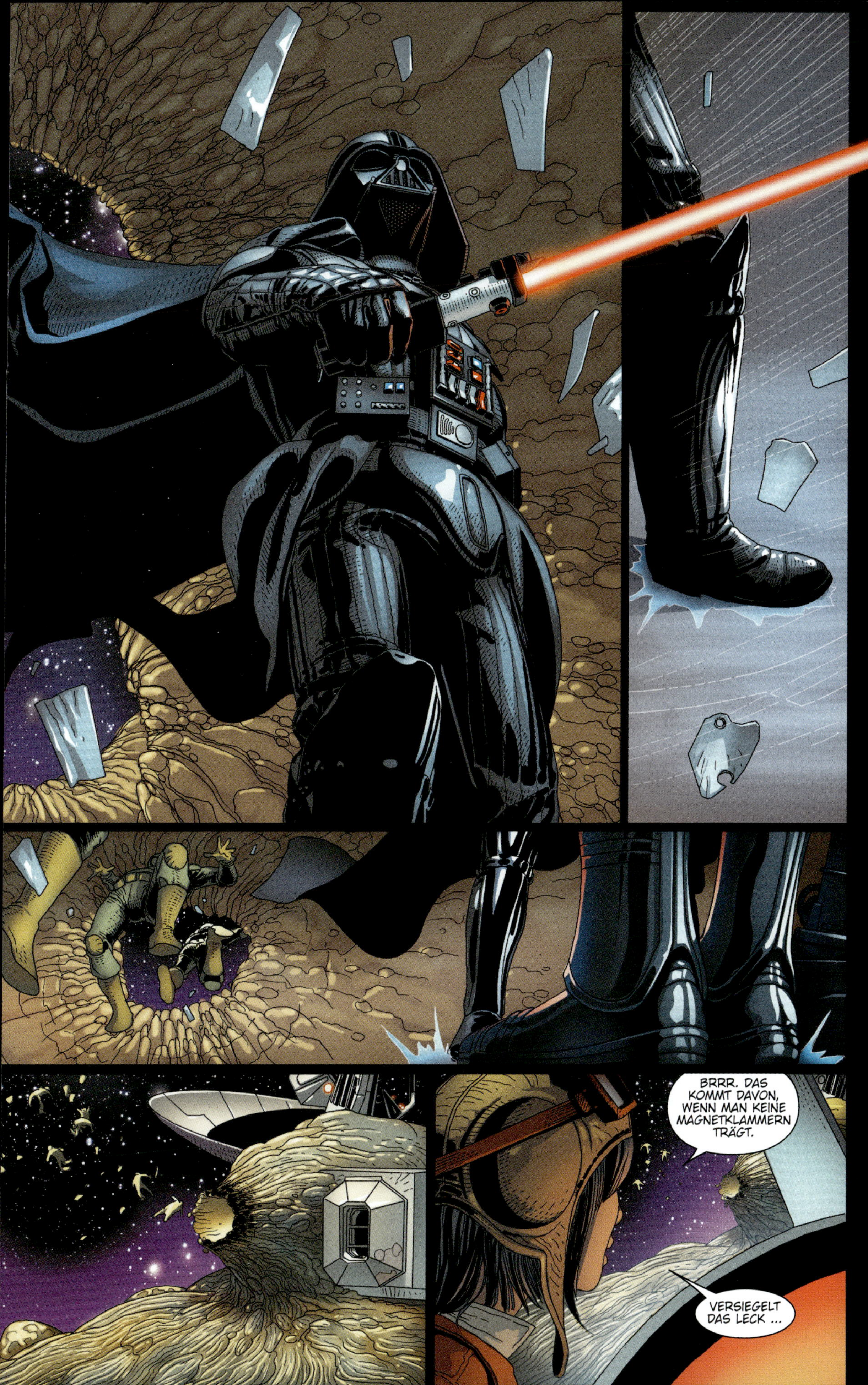
BRRR. DAS KOMMT DAVON, WENN MAN KEINE MAGNETKLAMMERN TRÄGT.
VERSIEGELT DAS LECK ...

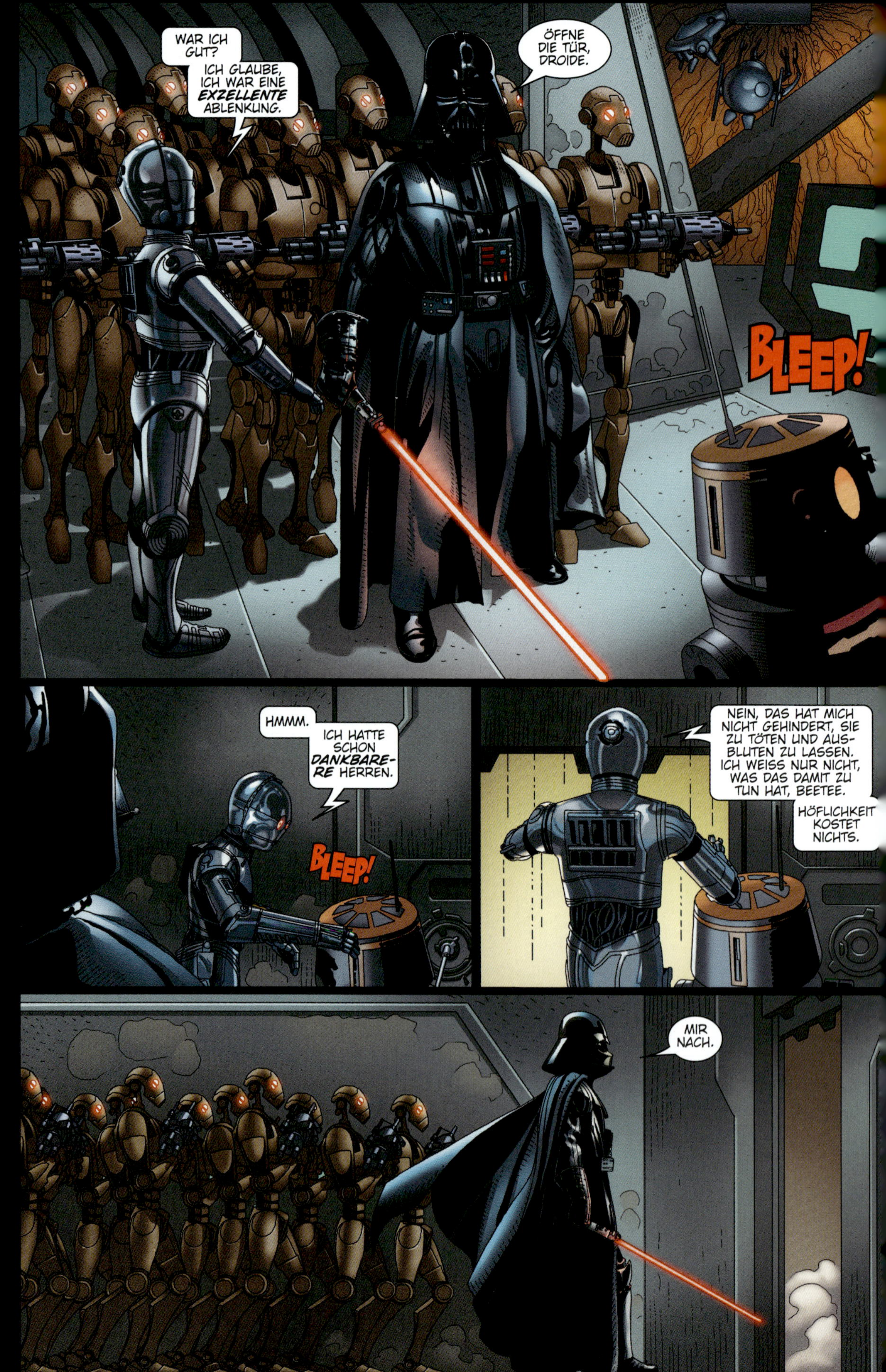
WAR ICH GUT?
ICH GLAUBE, ICH WAR EINE EXZELLENTE ABLENKUNG.
ÖFFNE DIE TÜR, DROIDE.
BLEEP!
HMMM.
ICH HATTE SCHON DANKBARERE HERREN.
BLEEP!
NEIN, DAS HAT MICH NICHT GEHINDERT, SIE ZU TÖTEN UND AUSBLUTEN ZU LASSEN. ICH WEISS NUR NICHT, WAS DAS DAMIT ZU TUN HAT, BEETEE.
HÖFLICHKEIT KOSTET NICHTS.
MIR NACH.

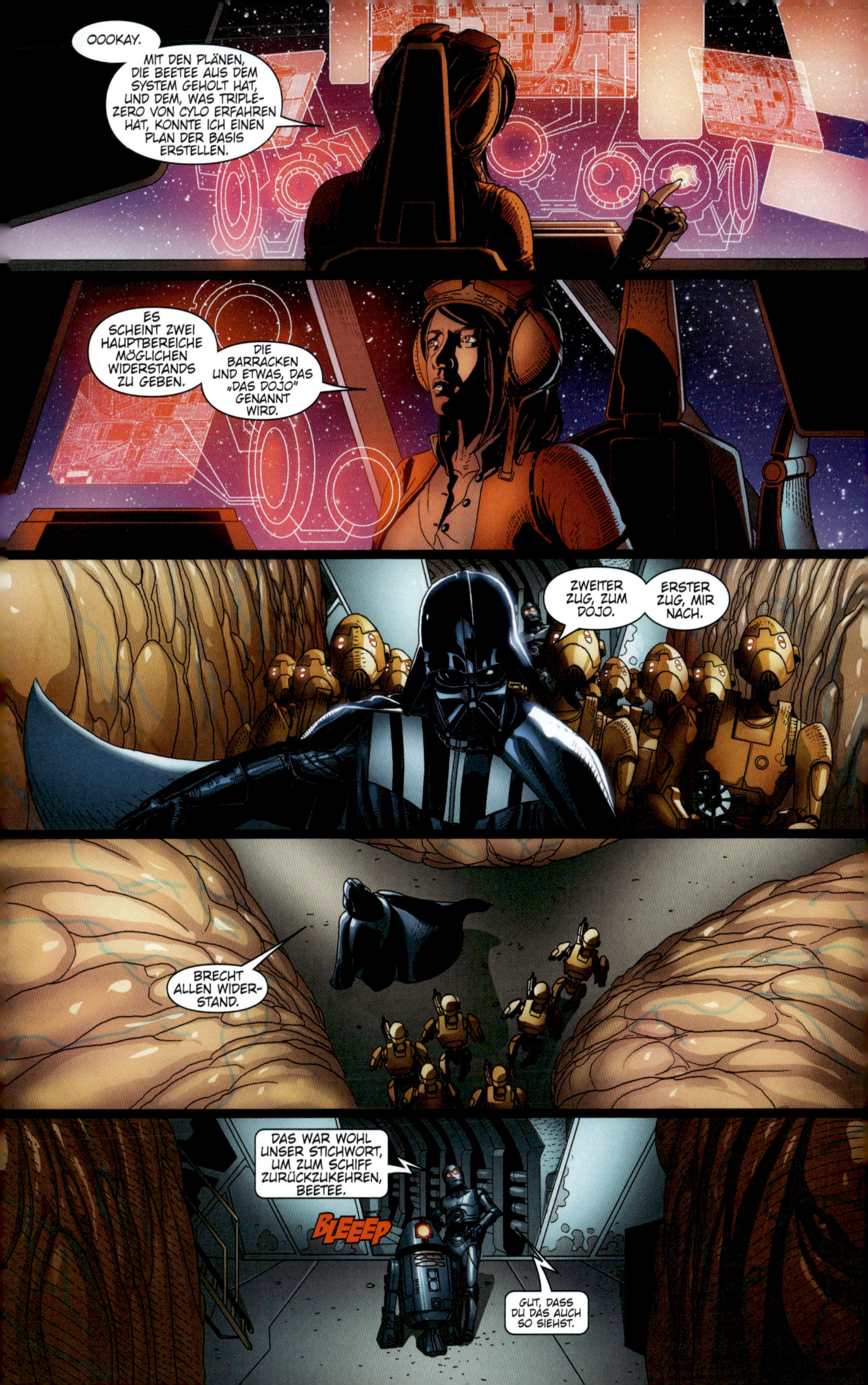
OOOKAY.
MIT DEN PLÄNEN, DIE BEETEE AUS DEM SYSTEM GEHOLT HAT, UND DEM, WAS TRIPLE-ZERO VON CYLO ERFAHREN HAT, KONNTE ICH EINEN PLAN DER BASIS ERSTELLEN.
ES SCHEINT ZWEI HAUPTBEREICHE MÖGLICHEN WIDERSTANDS ZU GEBEN.
DIE BARRACKEN UND ETWAS, DAS „DAS DOJO" GENANNT WIRD.
ERSTER ZUG, MIR NACH.
ZWEITER ZUG, ZUM DOJO.
BRECHT ALLEN WIDER-STAND.
DAS WAR WOHL UNSER STICHWORT, UM ZUM SCHIFF ZURÜCKZUKEHREN, BEETEE.
BLEEEP
GUT, DASS DU DAS AUCH SO SIEHST.

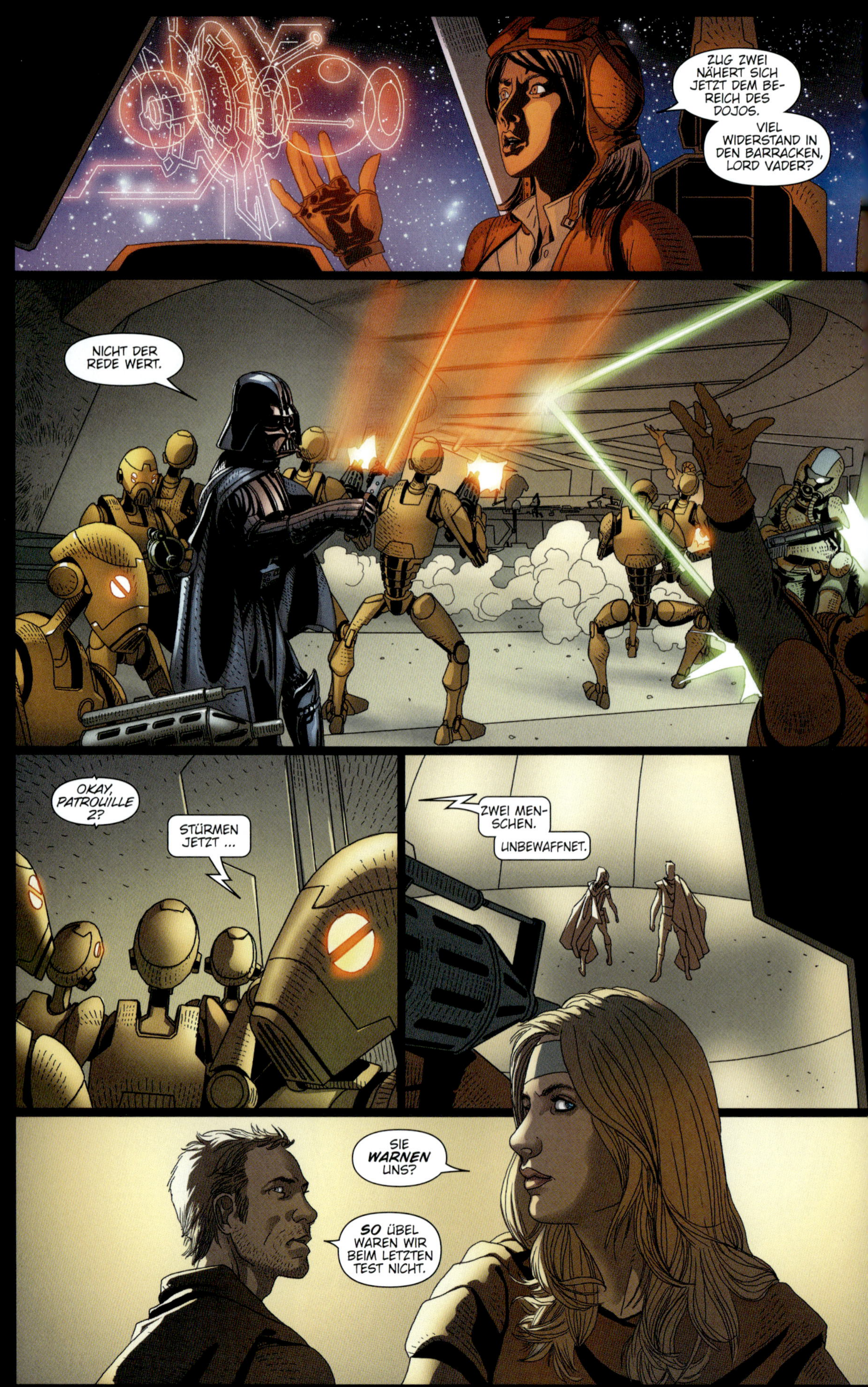
ZUG ZWEI NÄHERT SICH JETZT DEM BEREICH DES DOJOS.
VIEL WIDERSTAND IN DEN BARRACKEN, LORD VADER?
NICHT DER REDE WERT.
OKAY, PATROUILLE 2?
STÜRMEN JETZT ...
ZWEI MENSCHEN.
UNBEWAFFNET.
SIE WARNEN UNS?
SO ÜBEL WAREN WIR BEIM LETZTEN TEST NICHT.

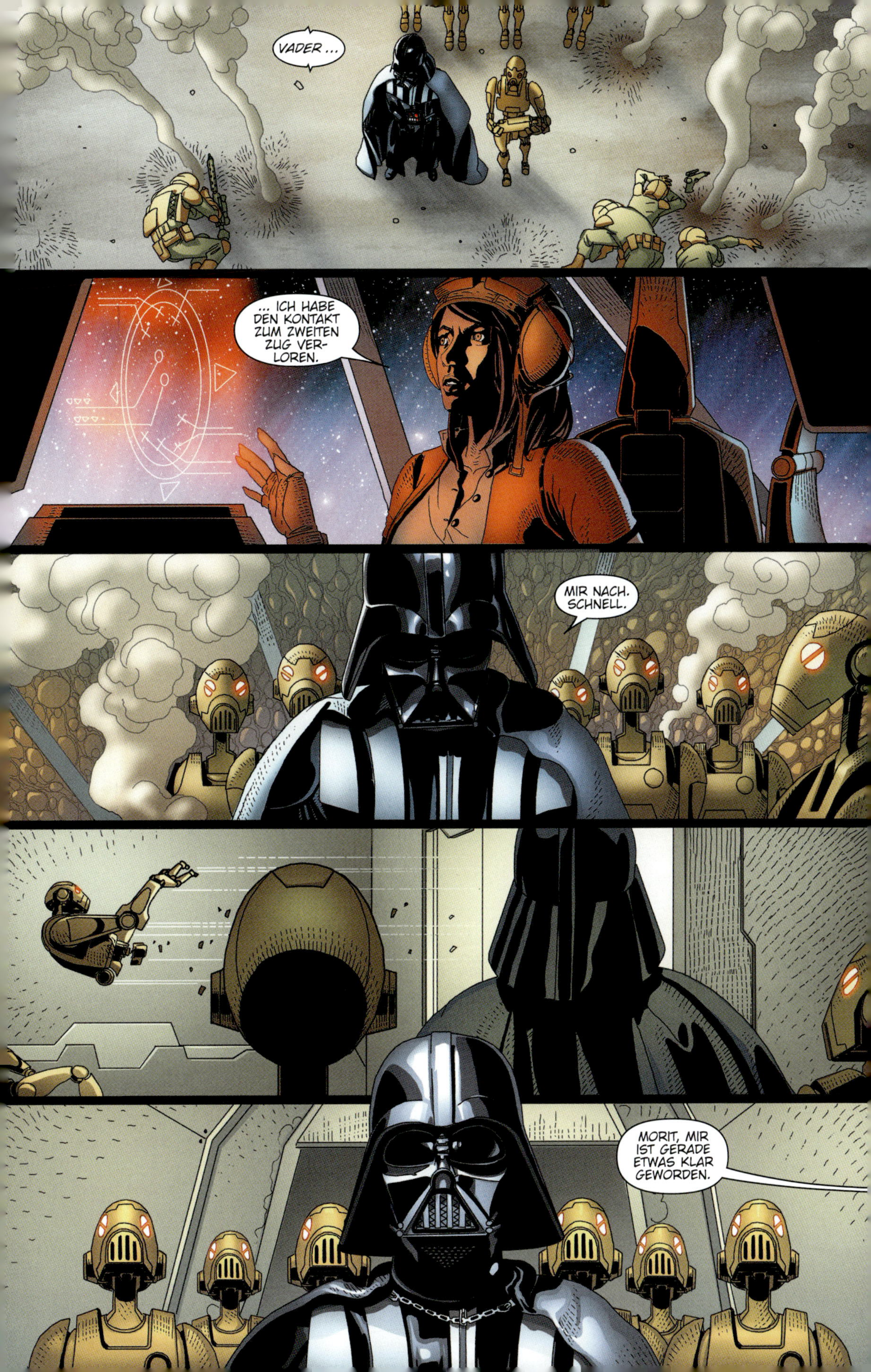
VADER ...
... ICH HABE DEN KONTAKT ZUM ZWEITEN ZUG VERLOREN.
MIR NACH. SCHNELL.
MORIT, MIR IST GERADE ETWAS KLAR GEWORDEN.

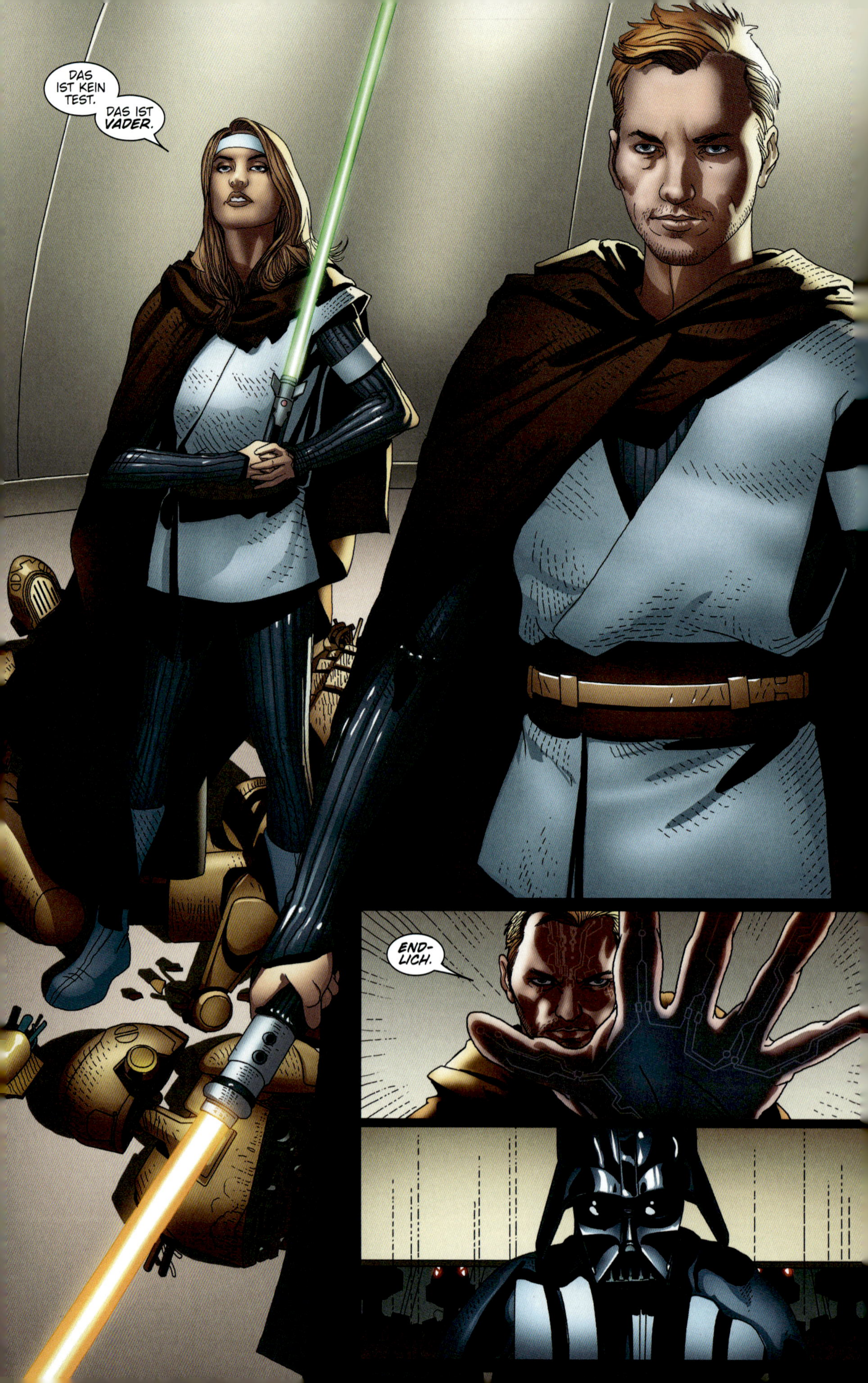
DAS IST KEIN TEST.
DAS IST VADER.
END-LICH.

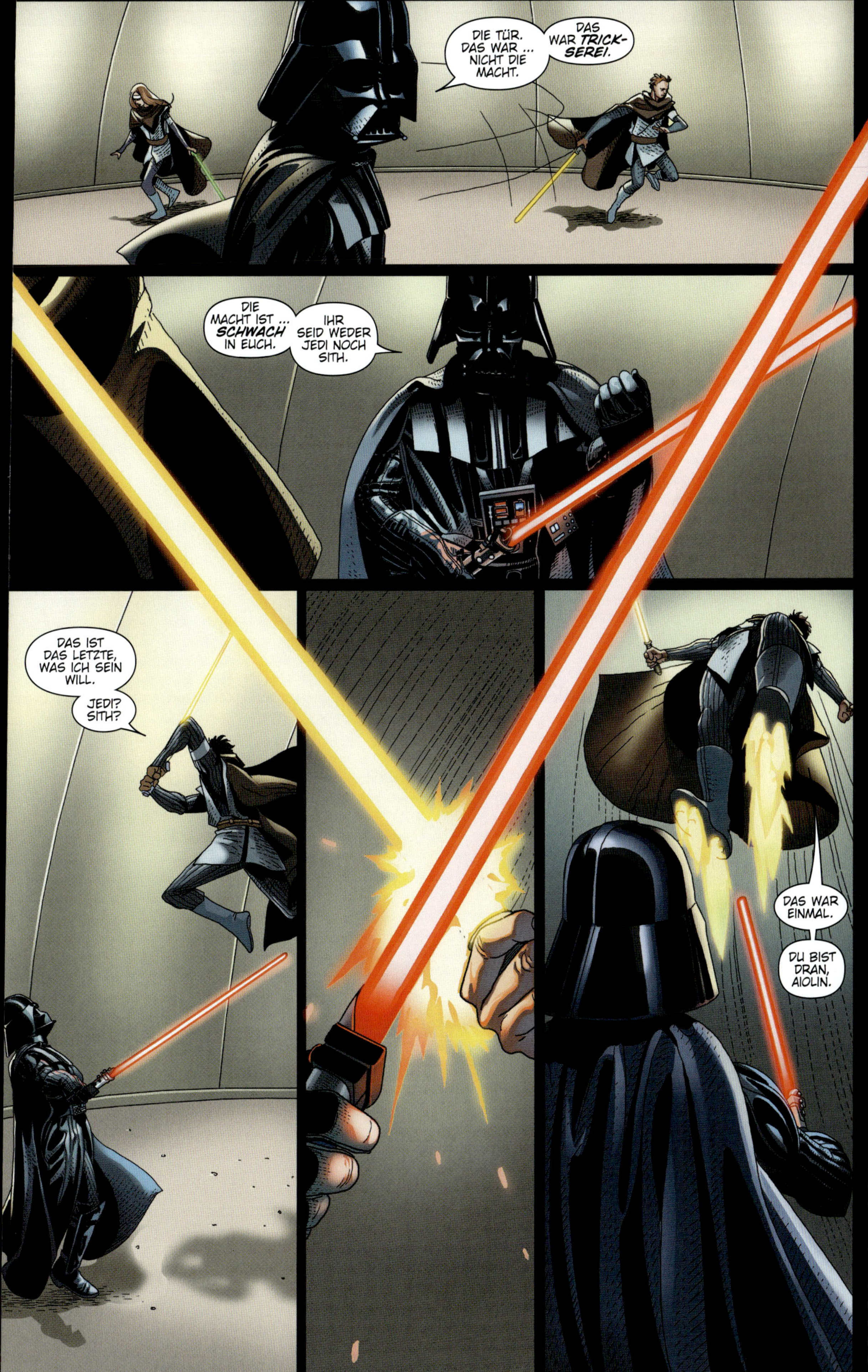
DIE TÜR. DAS WAR ... NICHT DIE MACHT.
DAS WAR TRICK-SEREI.
DIE MACHT IST ... SCHWACH IN EUCH.
IHR SEID WEDER JEDI NOCH SITH.
DAS IST DAS LETZTE, WAS ICH SEIN WILL.
JEDI? SITH?
DAS WAR EINMAL.
DU BIST DRAN, AIOLIN.

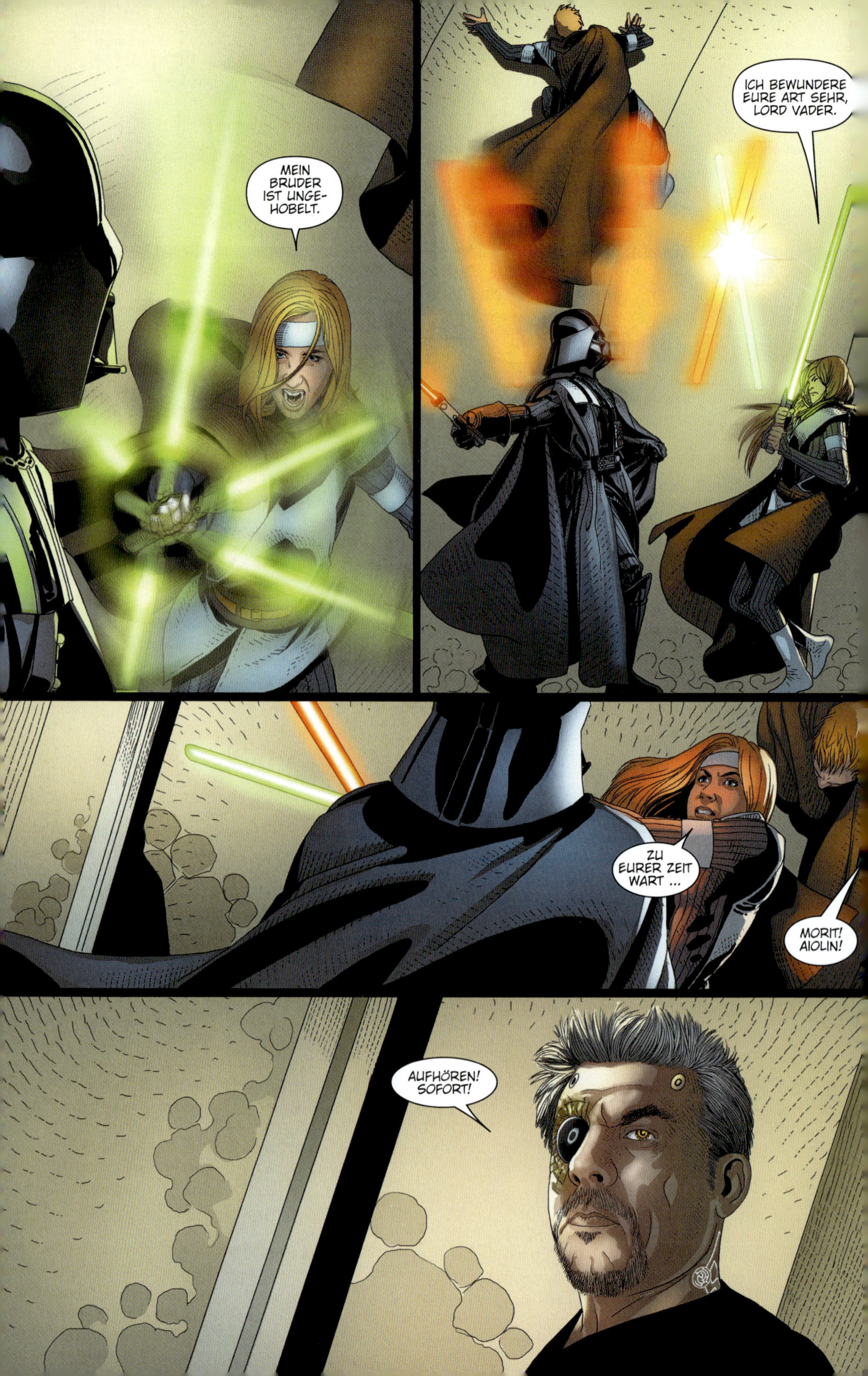
MEIN BRUDER IST UNGE-HOBELT.
ICH BEWUNDERE EURE ART SEHR, LORD VADER.
ZU EURER ZEIT WART ...
MORIT! AIOLIN!
AUFHÖREN! SOFORT!

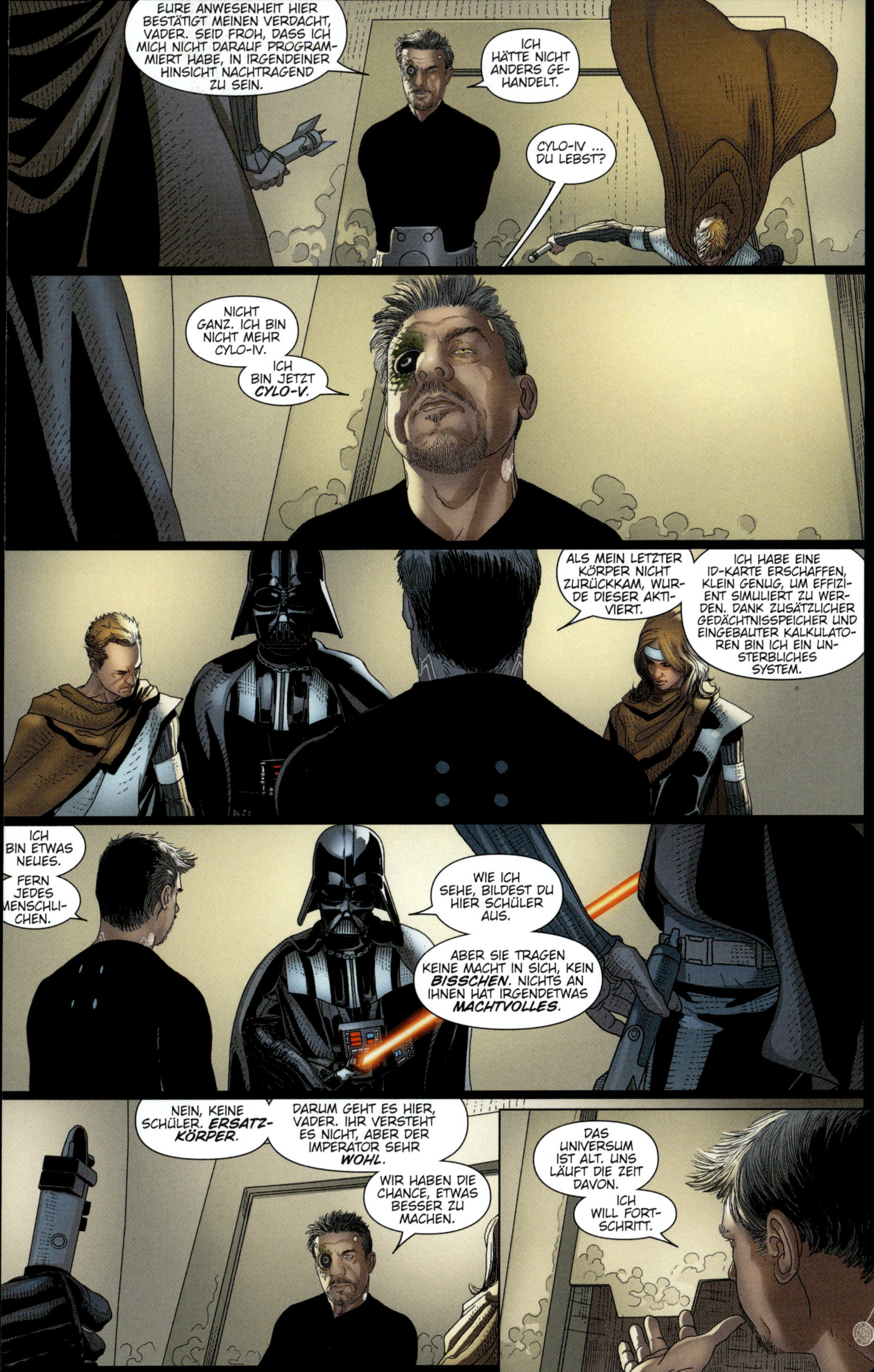
EURE ANWESENHEIT HIER BESTÄTIGT MEINEN VERDACHT, VADER. SEID FROH, DASS ICH MICH NICHT DARAUF PROGRAMMIERT HABE, IN IRGENDEINER HINSICHT NACHTRAGEND ZU SEIN.
ICH HÄTTE NICHT ANDERS GEHANDELT.
CYLO-IV ... DU LEBST?
NICHT GANZ. ICH BIN NICHT MEHR CYLO-IV.
ICH BIN JETZT CYLO-V.
ALS MEIN LETZTER KÖRPER NICHT ZURÜCKKAM, WURDE DIESER AKTIVIERT.
ICH HABE EINE ID-KARTE ERSCHAFFEN, KLEIN GENUG, UM EFFIZIENT SIMULIERT ZU WERDEN. DANK ZUSÄTZLICHER GEDÄCHTNISSPEICHER UND EINGEBAUTER KALKULATOREN BIN ICH EIN UNSTERBLICHES SYSTEM.
ICH BIN ETWAS NEUES.
FERN JEDES MENSCHLICHEN.
WIE ICH SEHE, BILDEST DU HIER SCHÜLER AUS.
ABER SIE TRAGEN KEINE MACHT IN SICH, KEIN BISSCHEN. NICHTS AN IHNEN HAT IRGENDETWAS MACHTVOLLES.
NEIN, KEINE SCHÜLER. ERSATZKÖRPER.
DARUM GEHT ES HIER, VADER. IHR VERSTEHT ES NICHT, ABER DER IMPERATOR SEHR WOHL.
WIR HABEN DIE CHANCE, ETWAS BESSER ZU MACHEN.
DAS UNIVERSUM IST ALT. UNS LÄUFT DIE ZEIT DAVON.
ICH WILL FORTSCHRITT.

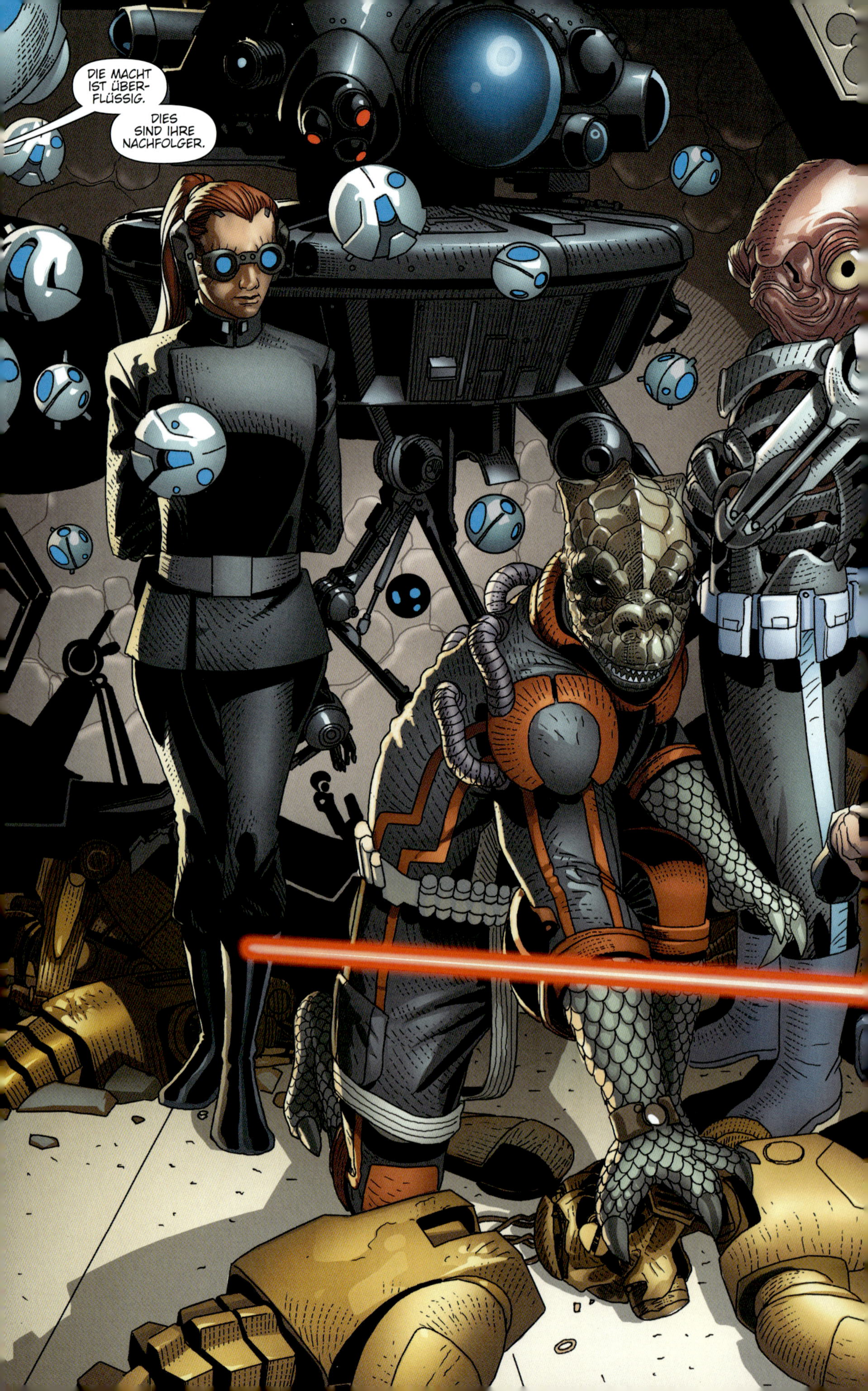
DIE MACHT IST ÜBER-FLÜSSIG.
DIES SIND IHRE NACHFOLGER.

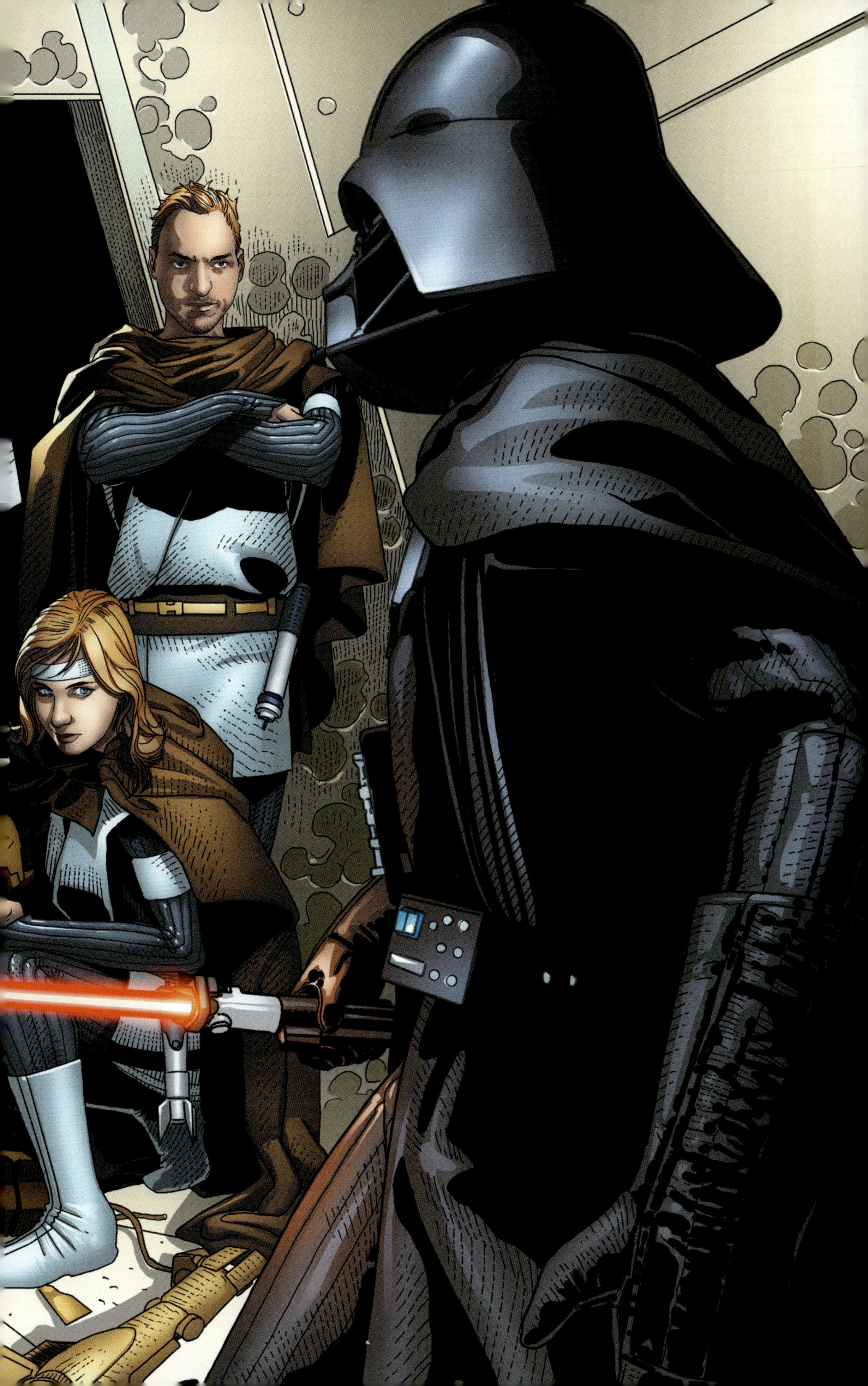

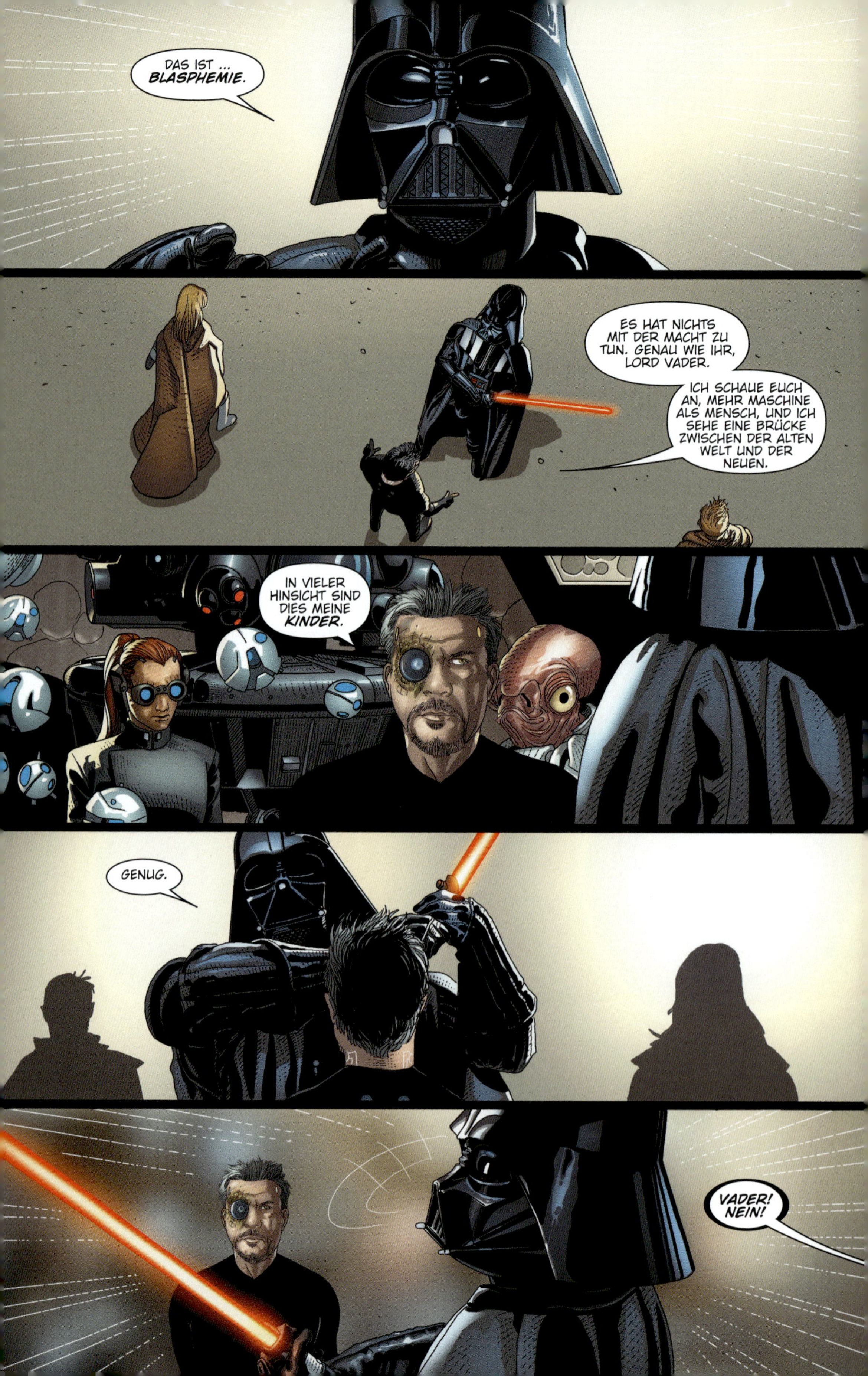
DAS IST ... BLASPHEMIE.
ES HAT NICHTS MIT DER MACHT ZU TUN. GENAU WIE IHR, LORD VADER.
ICH SCHAUE EUCH AN, MEHR MASCHINE ALS MENSCH, UND ICH SEHE EINE BRÜCKE ZWISCHEN DER ALTEN WELT UND DER NEUEN.
IN VIELER HINSICHT SIND DIES MEINE KINDER.
GENUG.
VADER! NEIN!

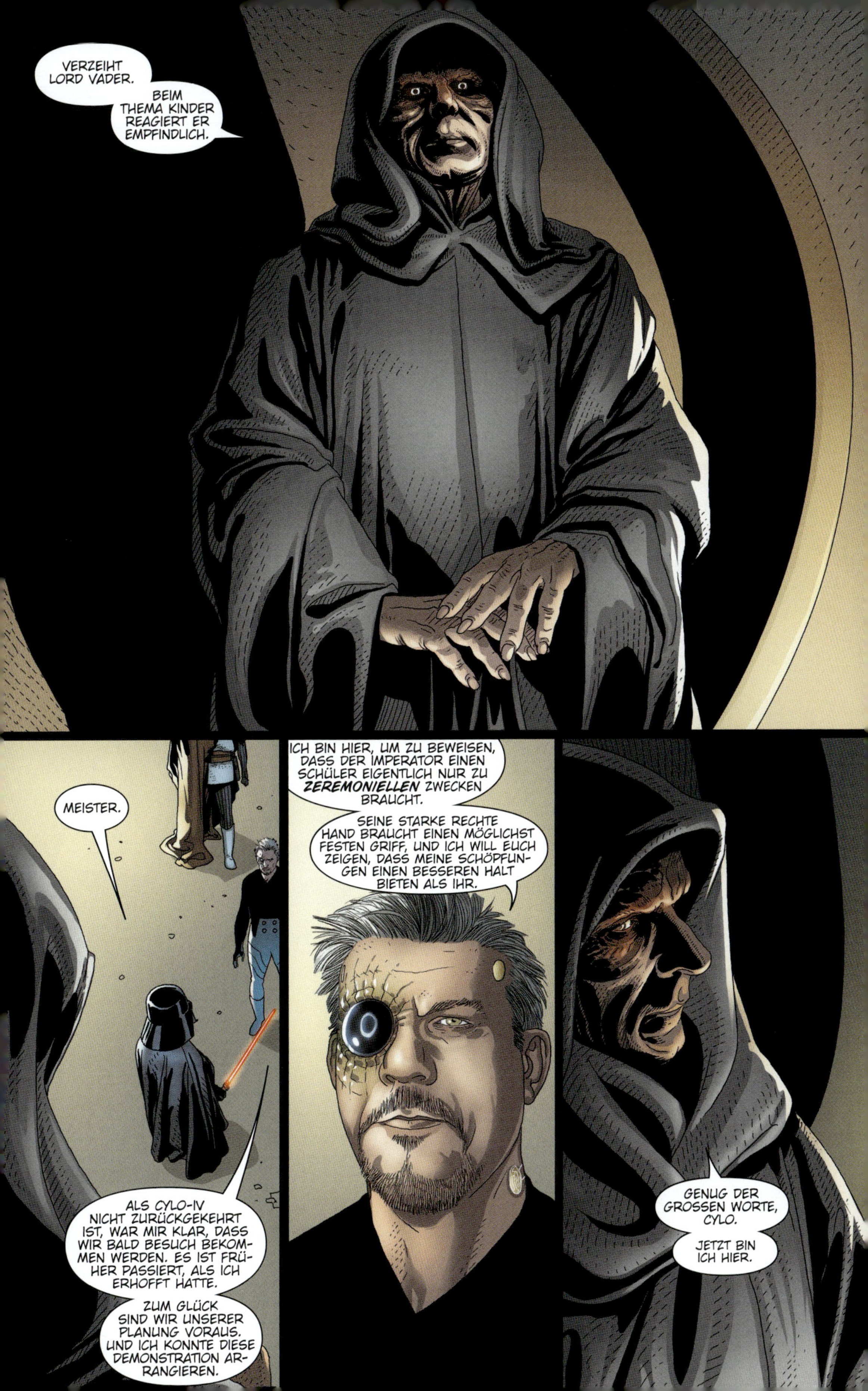

VERZEIHT LORD VADER.

BEIM THEMA KINDER REAGIERT ER EMPFINDLICH.

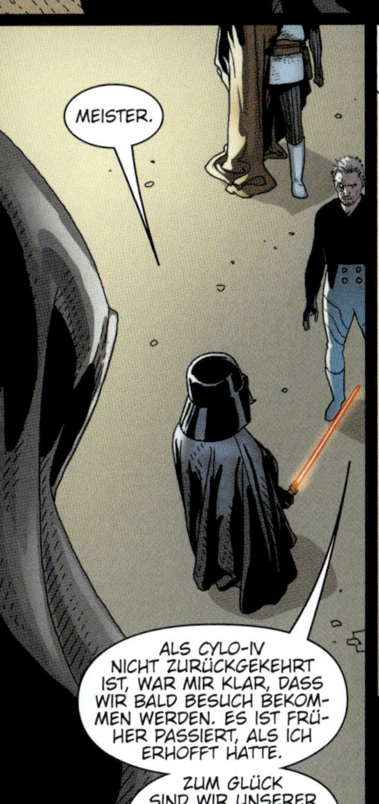

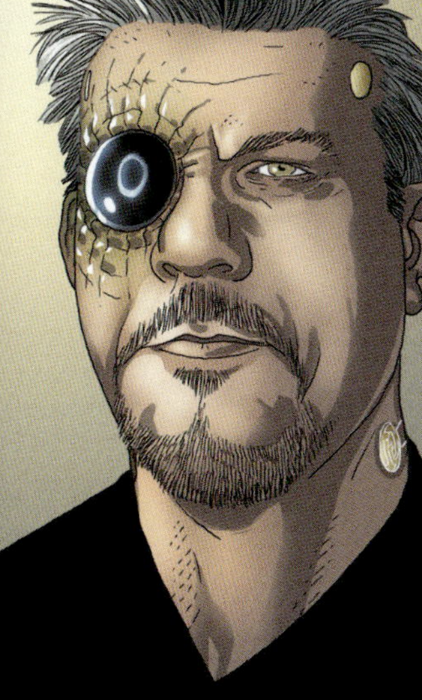

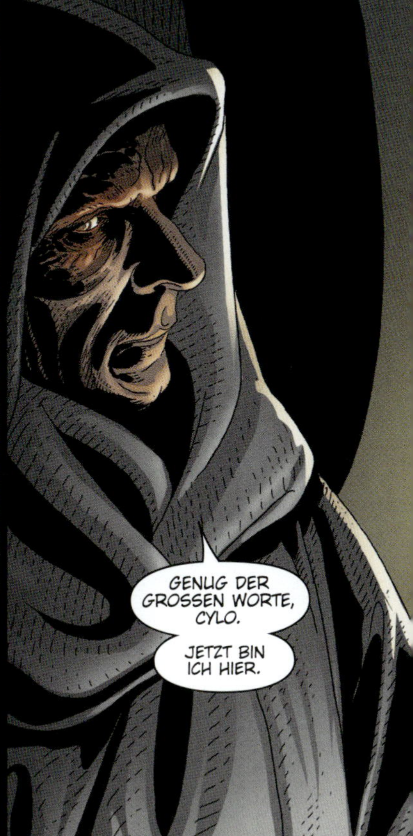

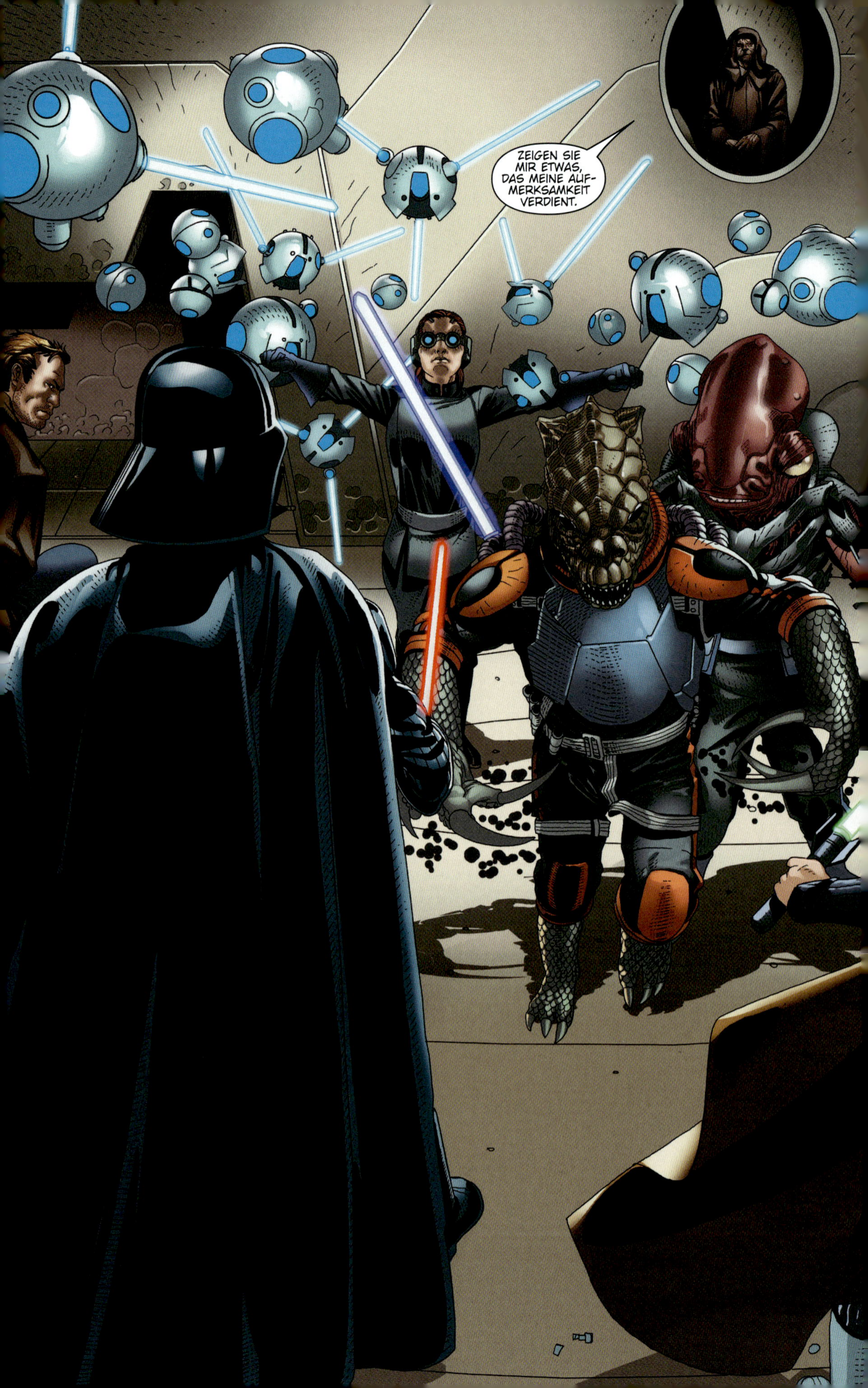
ZEIGEN SIE MIR ETWAS, DAS MEINE AUF-MERKSAMKEIT VERDIENT.

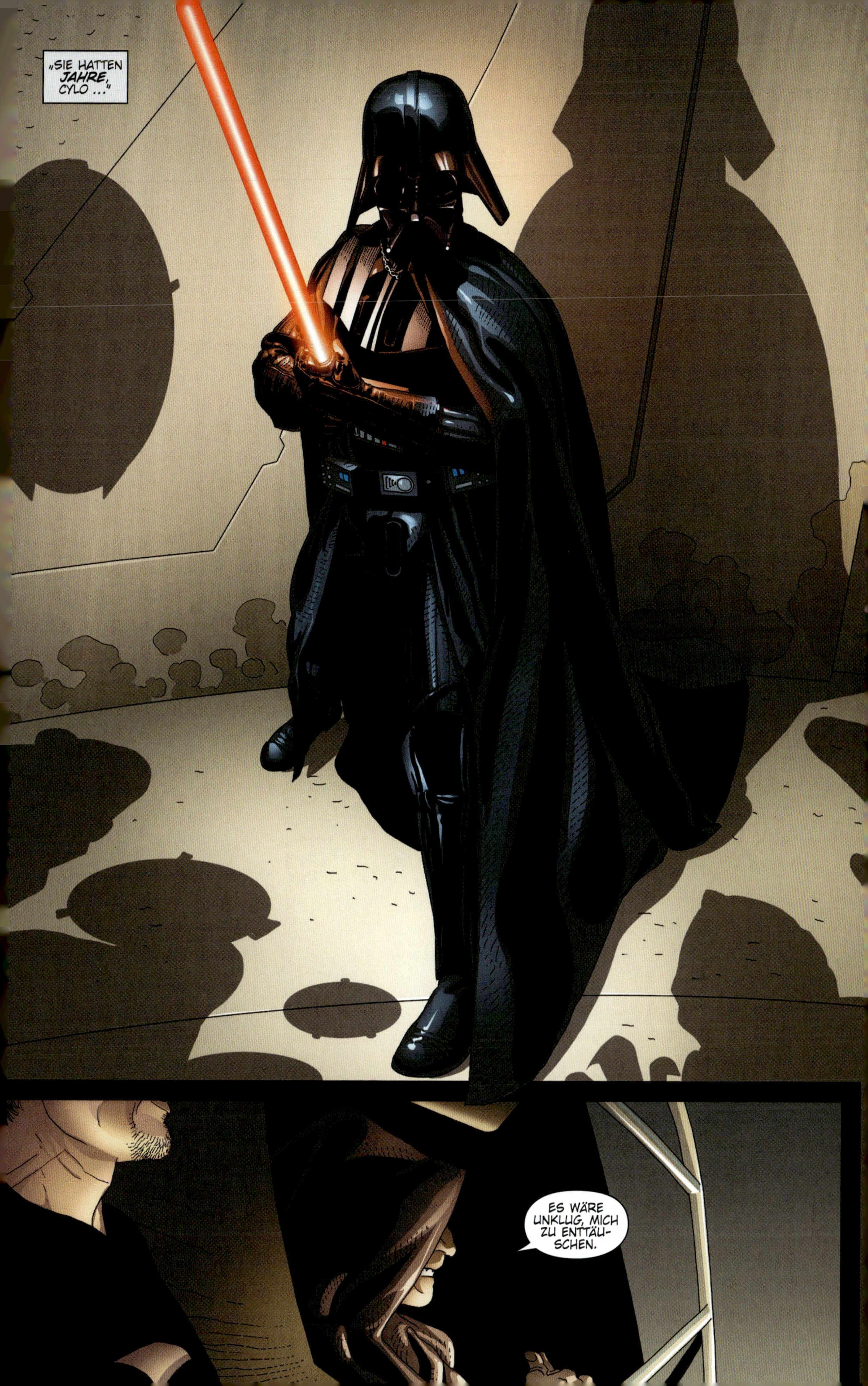
„SIE HATTEN JAHRE, CYLO ...“
ES WÄRE UNKLUG, MICH ZU ENTTÄU-SCHEN.

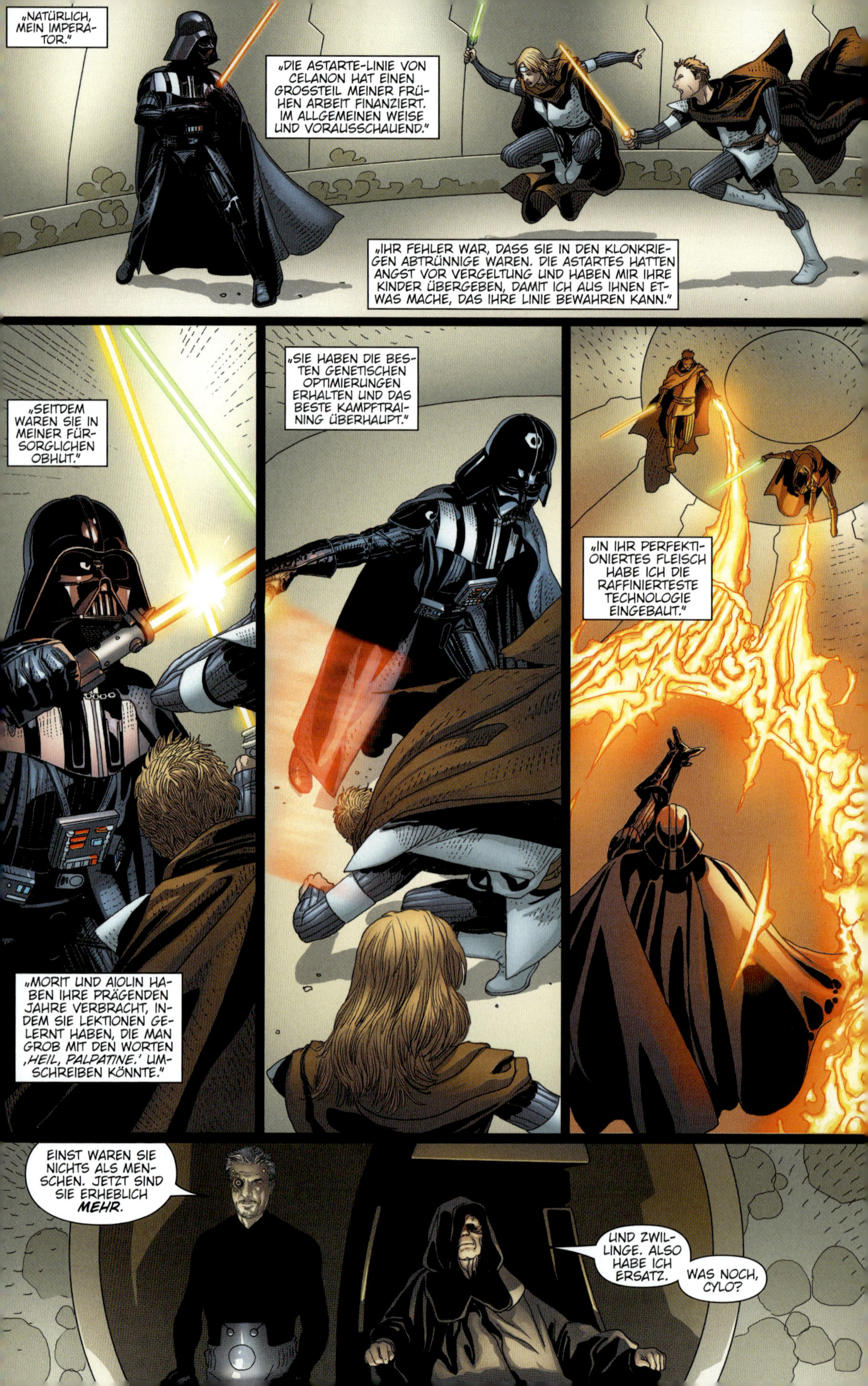

„NATÜRLICH, MEIN IMPERATOR."

„DIE ASTARTE-LINIE VON CELANON HAT EINEN GROSSTEIL MEINER FRÜHEN ARBEIT FINANZIERT. IM ALLGEMEINEN WEISE UND VORAUSSCHAUEND."

„IHR FEHLER WAR, DASS SIE IN DEN KLONKRIEGEN ABTRÜNNIGE WAREN. DIE ASTARTES HATTEN ANGST VOR VERGELTUNG UND HABEN MIR IHRE KINDER ÜBERGEBEN, DAMIT ICH AUS IHNEN ETWAS MACHE, DAS IHRE LINIE BEWAHREN KANN."

„SEITDEM WAREN SIE IN MEINER FÜRSORGLICHEN OBHUT."

„MORIT UND AIOLIN HABEN IHRE PRÄGENDEN JAHRE VERBRACHT, INDEM SIE LEKTIONEN GELERNT HABEN, DIE MAN GROB MIT DEN WORTEN *‚HEIL, PALPATINE.'* UMSCHREIBEN KÖNNTE."

„SIE HABEN DIE BESTEN GENETISCHEN OPTIMIERUNGEN ERHALTEN UND DAS BESTE KAMPFTRAINING ÜBERHAUPT."

„IN IHR PERFEKTIONIERTES FLEISCH HABE ICH DIE RAFFINIERTESTE TECHNOLOGIE EINGEBAUT."

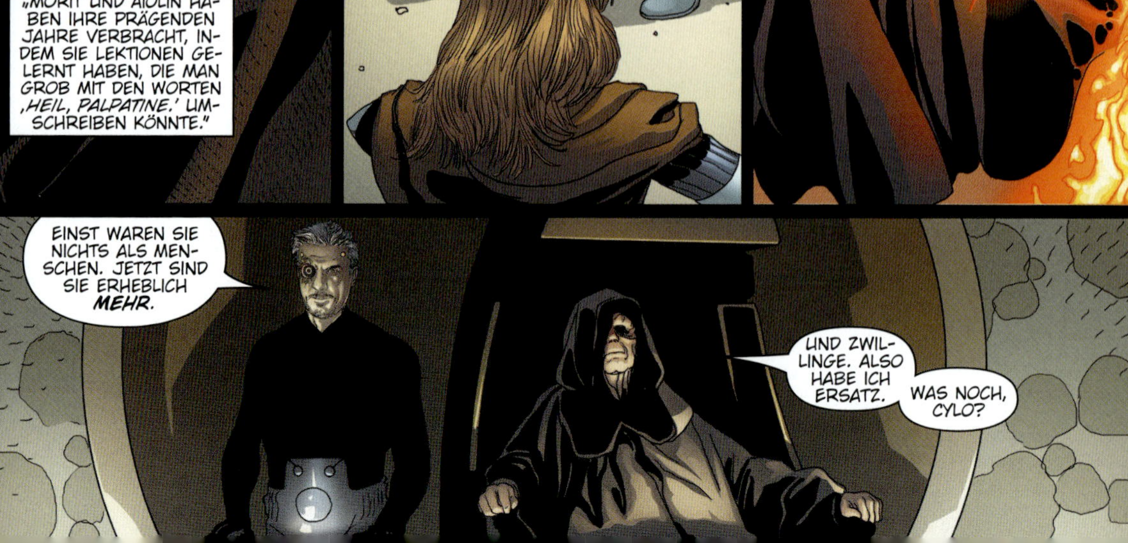

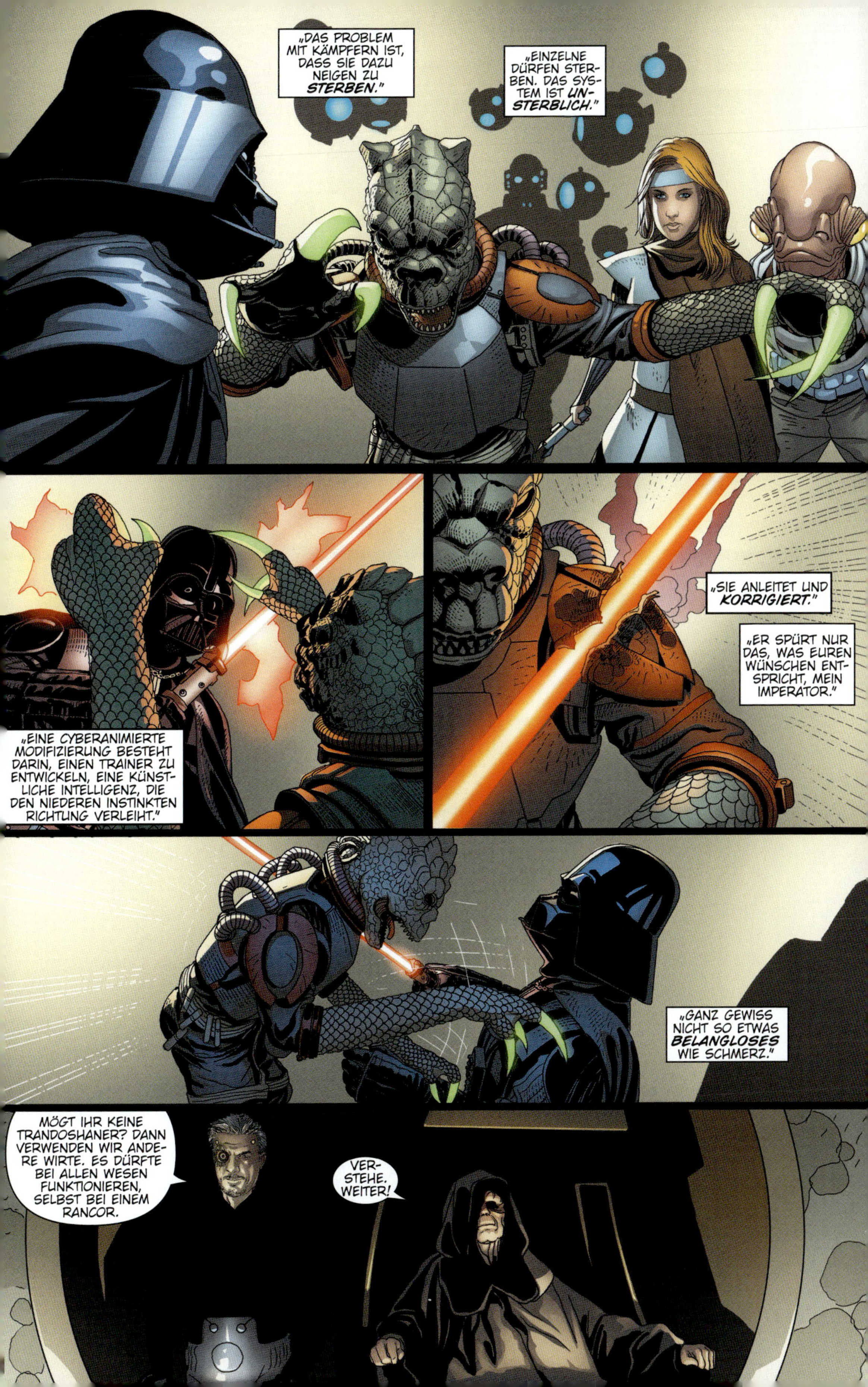
„DAS PROBLEM MIT KÄMPFERN IST, DASS SIE DAZU NEIGEN ZU **STERBEN**."
„EINZELNE DÜRFEN STERBEN. DAS SYSTEM IST **UNSTERBLICH**."
„EINE CYBERANIMIERTE MODIFIZIERUNG BESTEHT DARIN, EINEN TRAINER ZU ENTWICKELN, EINE KÜNSTLICHE INTELLIGENZ, DIE DEN NIEDEREN INSTINKTEN RICHTUNG VERLEIHT."
„SIE ANLEITET UND **KORRIGIERT**."
„ER SPÜRT NUR DAS, WAS EUREN WÜNSCHEN ENTSPRICHT, MEIN IMPERATOR."
„GANZ GEWISS NICHT SO ETWAS **BELANGLOSES** WIE SCHMERZ."
MÖGT IHR KEINE TRANDOSHANER? DANN VERWENDEN WIR ANDERE WIRTE. ES DÜRFTE BEI ALLEN WESEN FUNKTIONIEREN, SELBST BEI EINEM RANCOR.
VERSTEHE. WEITER!

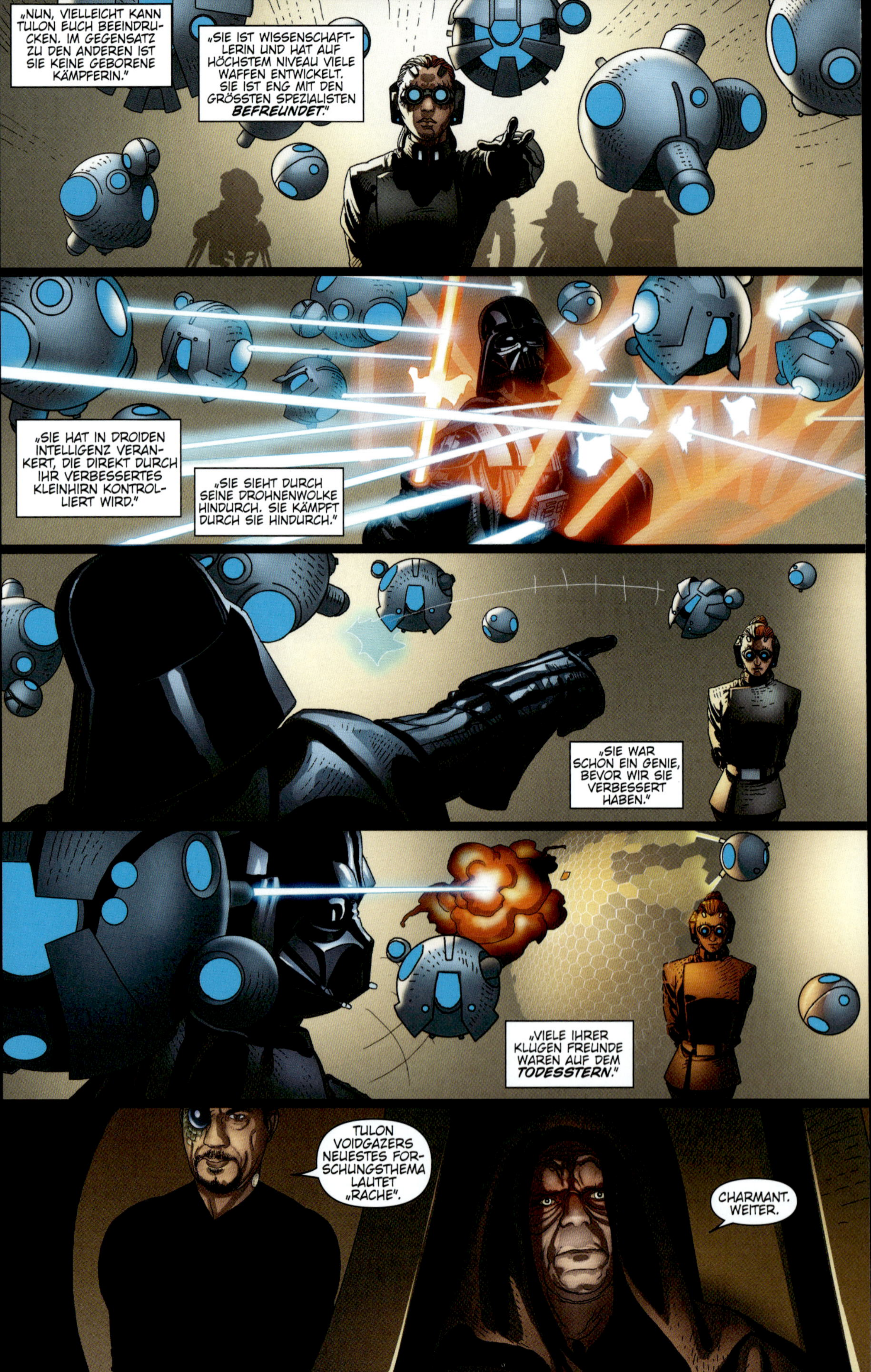
„NUN, VIELLEICHT KANN TULON EUCH BEEINDRUCKEN. IM GEGENSATZ ZU DEN ANDEREN IST SIE KEINE GEBORENE KÄMPFERIN."
„SIE IST WISSENSCHAFTLERIN UND HAT AUF HÖCHSTEM NIVEAU VIELE WAFFEN ENTWICKELT. SIE IST ENG MIT DEN GRÖSSTEN SPEZIALISTEN **BEFREUNDET**."
„SIE HAT IN DROIDEN INTELLIGENZ VERANKERT, DIE DIREKT DURCH IHR VERBESSERTES KLEINHIRN KONTROLLIERT WIRD."
„SIE SIEHT DURCH SEINE DROHNENWOLKE HINDURCH. SIE KÄMPFT DURCH SIE HINDURCH."
„SIE WAR SCHON EIN GENIE, BEVOR WIR SIE VERBESSERT HABEN."
„VIELE IHRER KLUGEN FREUNDE WAREN AUF DEM **TODESSTERN**."
TULON VOIDGAZERS NEUESTES FORSCHUNGSTHEMA LAUTET „RACHE".
CHARMANT. WEITER.

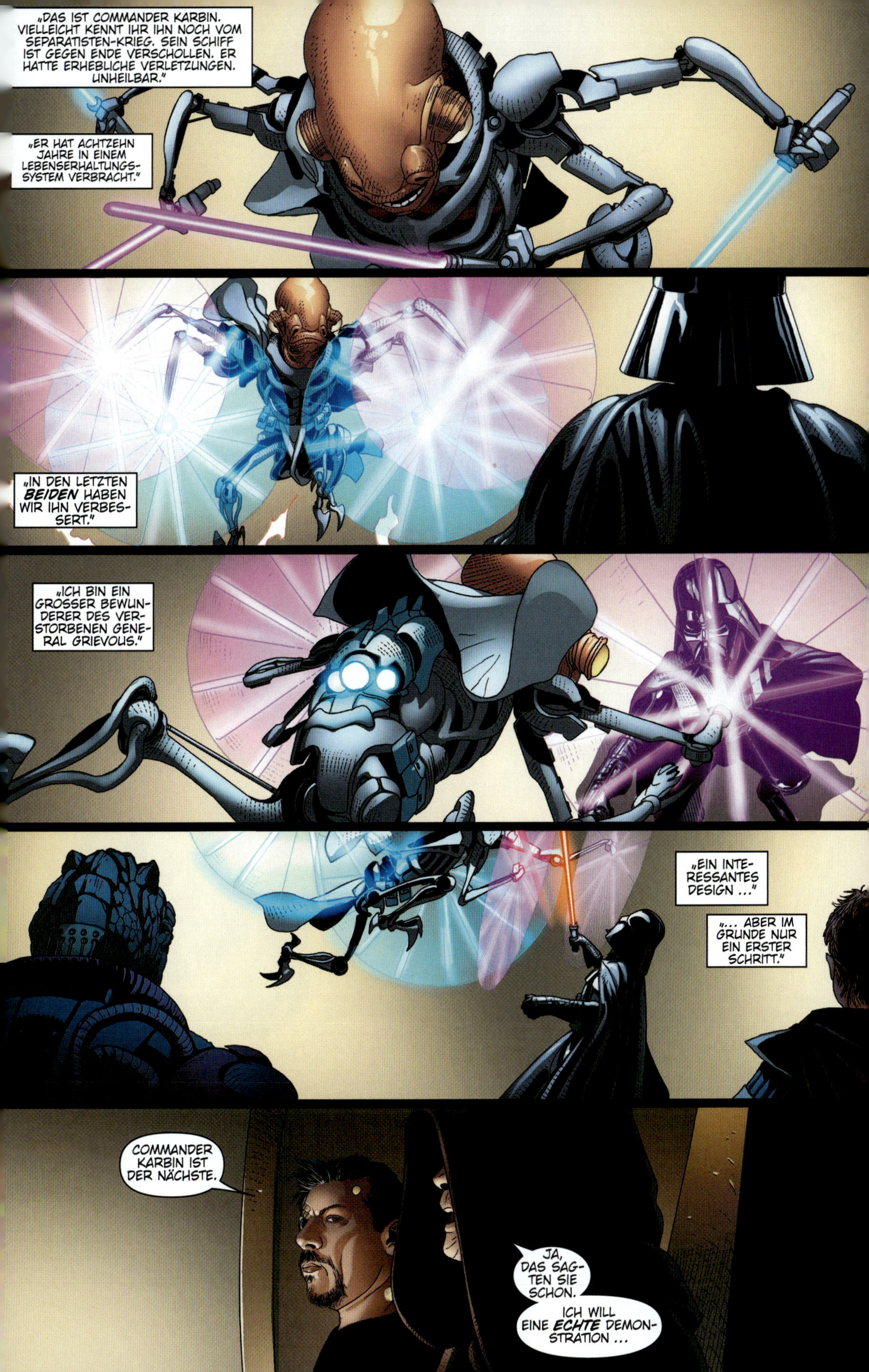
„DAS IST COMMANDER KARBIN. VIELLEICHT KENNT IHR IHN NOCH VOM SEPARATISTEN-KRIEG. SEIN SCHIFF IST GEGEN ENDE VERSCHOLLEN. ER HATTE ERHEBLICHE VERLETZUNGEN. UNHEILBAR."
„ER HAT ACHTZEHN JAHRE IN EINEM LEBENSERHALTUNGS-SYSTEM VERBRACHT."
„IN DEN LETZTEN BEIDEN HABEN WIR IHN VERBES-SERT."
„ICH BIN EIN GROSSER BEWUN-DERER DES VER-STORBENEN GENE-RAL GRIEVOUS."
„EIN INTE-RESSANTES DESIGN ..."
„... ABER IM GRUNDE NUR EIN ERSTER SCHRITT."
COMMANDER KARBIN IST DER NÄCHSTE.
JA, DAS SAG-TEN SIE SCHON.
ICH WILL EINE ECHTE DEMON-STRATION ...

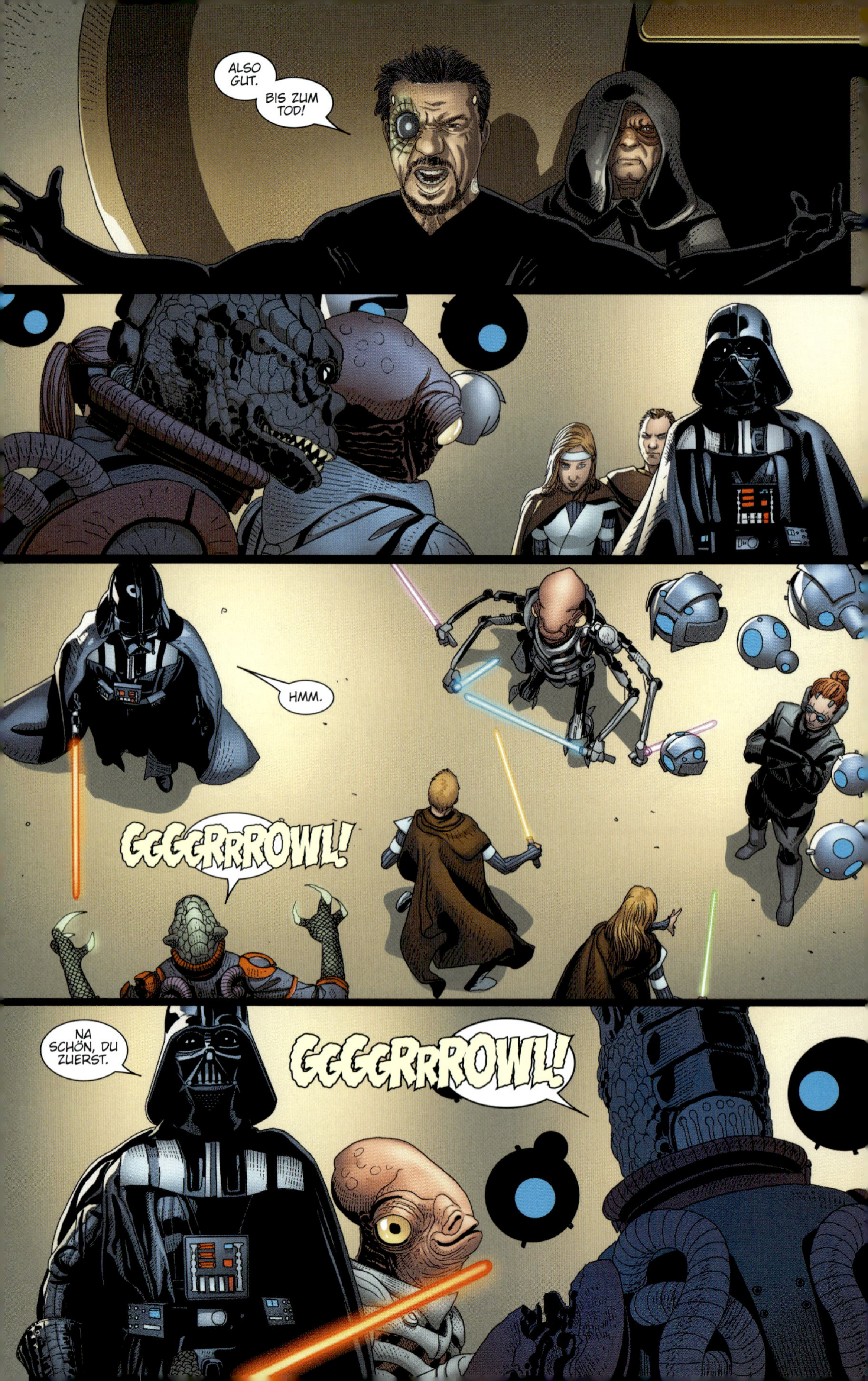
ALSO GUT.
BIS ZUM TOD!
HMM.
GGGGRRROWL!
NA SCHÖN, DU ZUERST.
GGGGRRROWL!

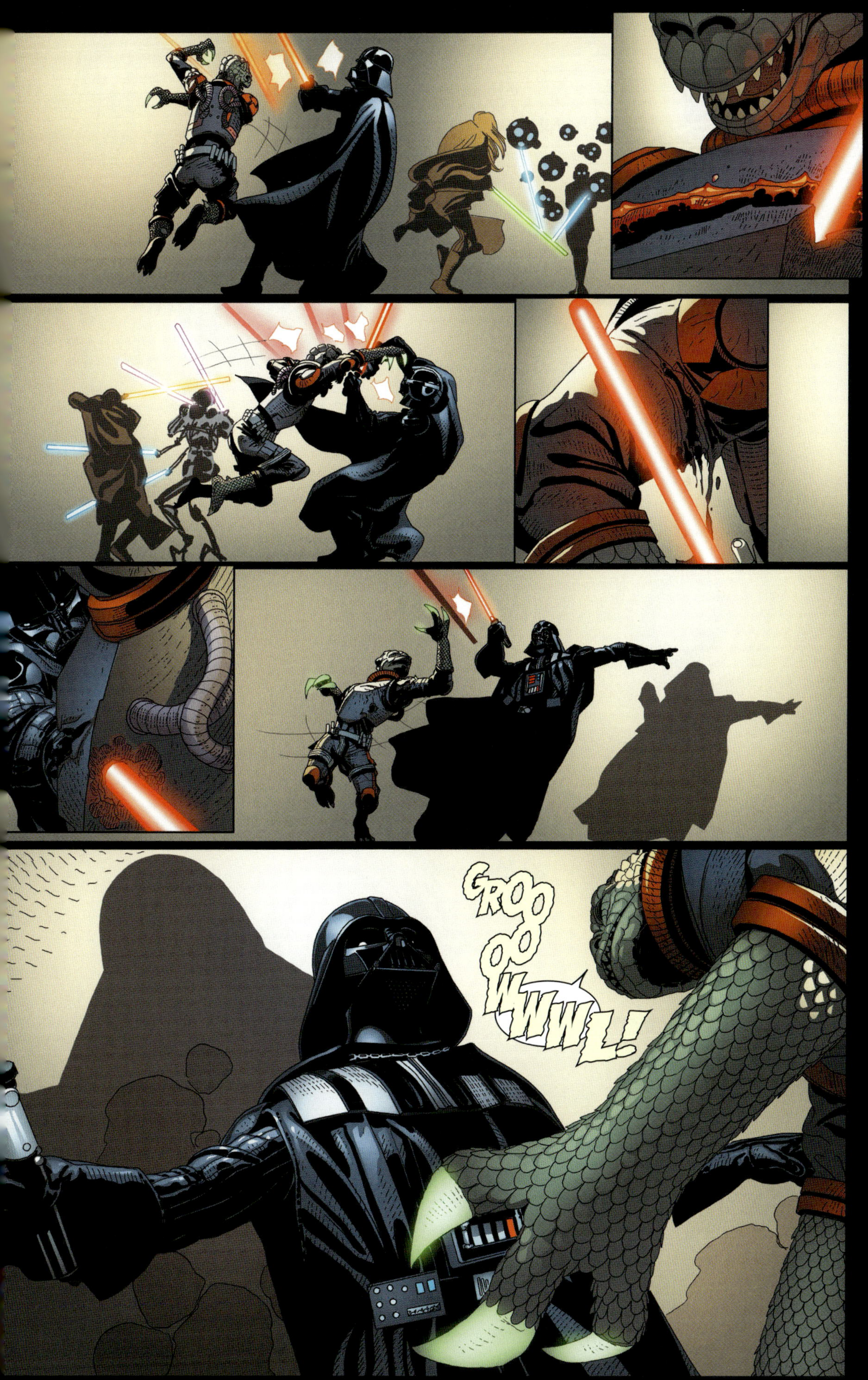
GROOOOWWWL!

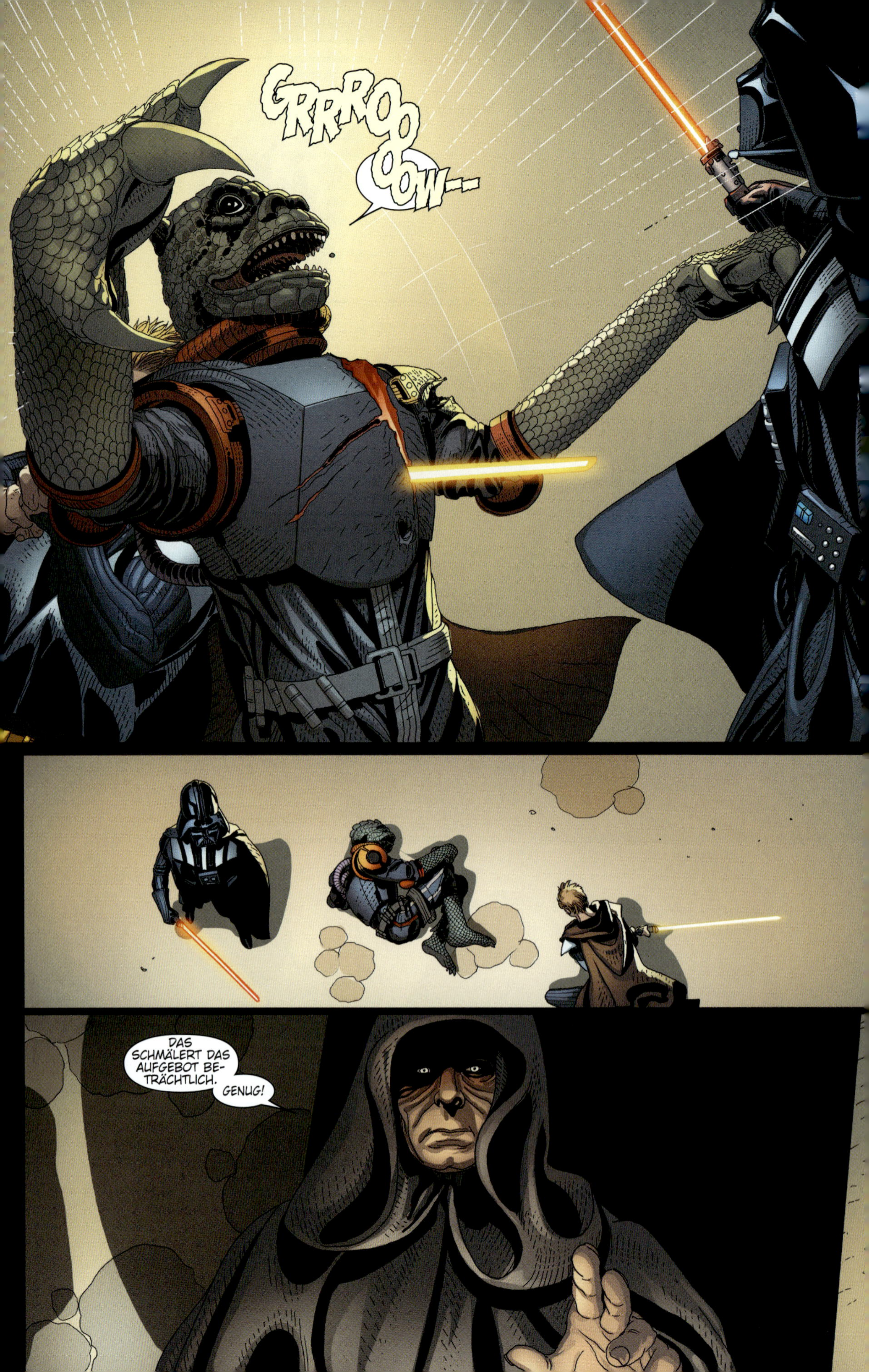
GRRROOOOW--
DAS SCHMÄLERT DAS AUFGEBOT BETRÄCHTLICH.
GENUG!

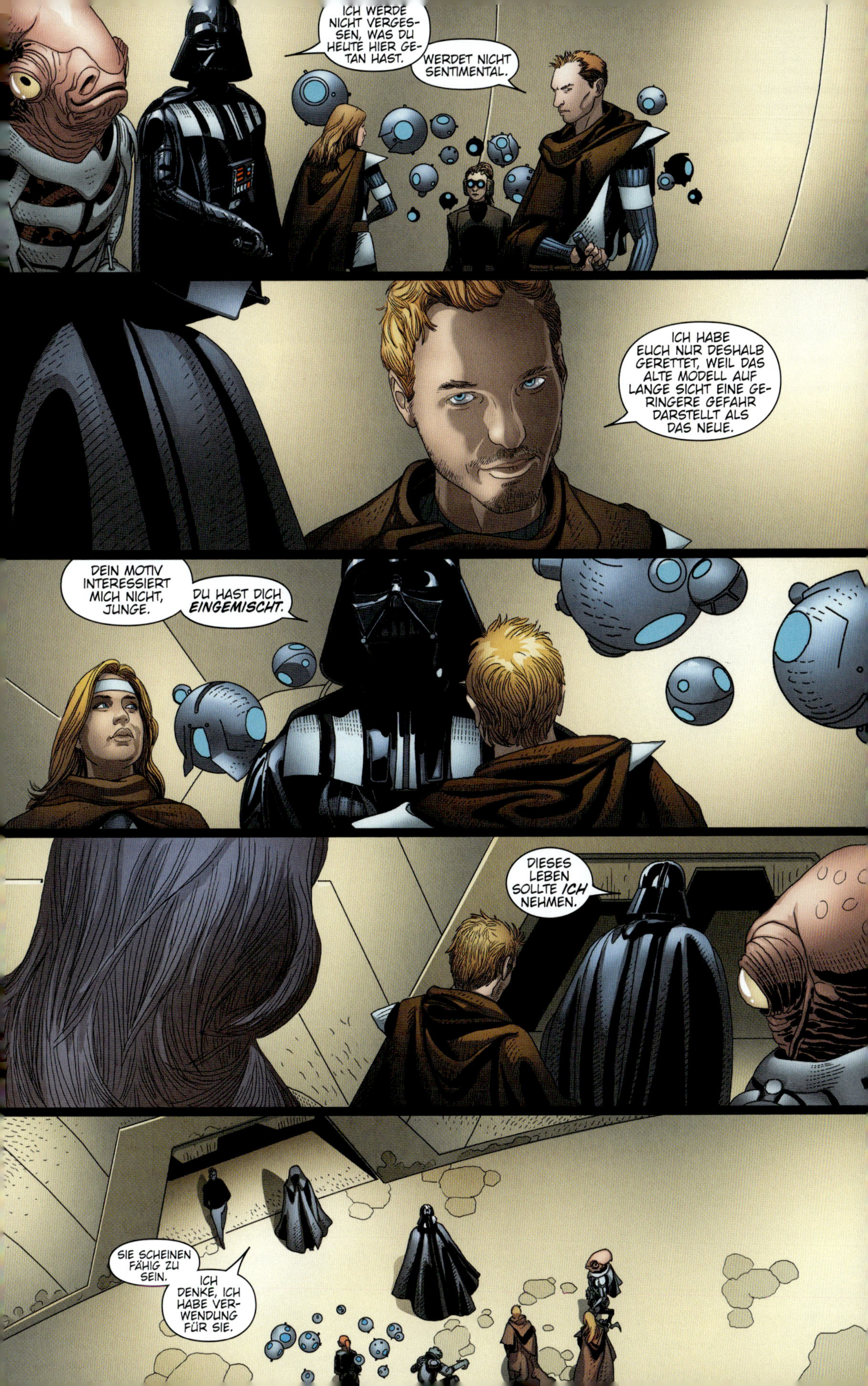
ICH WERDE NICHT VERGESSEN, WAS DU HEUTE HIER GETAN HAST.
WERDET NICHT SENTIMENTAL.
ICH HABE EUCH NUR DESHALB GERETTET, WEIL DAS ALTE MODELL AUF LANGE SICHT EINE GERINGERE GEFAHR DARSTELLT ALS DAS NEUE.
DEIN MOTIV INTERESSIERT MICH NICHT, JUNGE.
DU HAST DICH *EINGEMISCHT*.
DIESES LEBEN SOLLTE *ICH* NEHMEN.
SIE SCHEINEN FÄHIG ZU SEIN.
ICH DENKE, ICH HABE VERWENDUNG FÜR SIE.

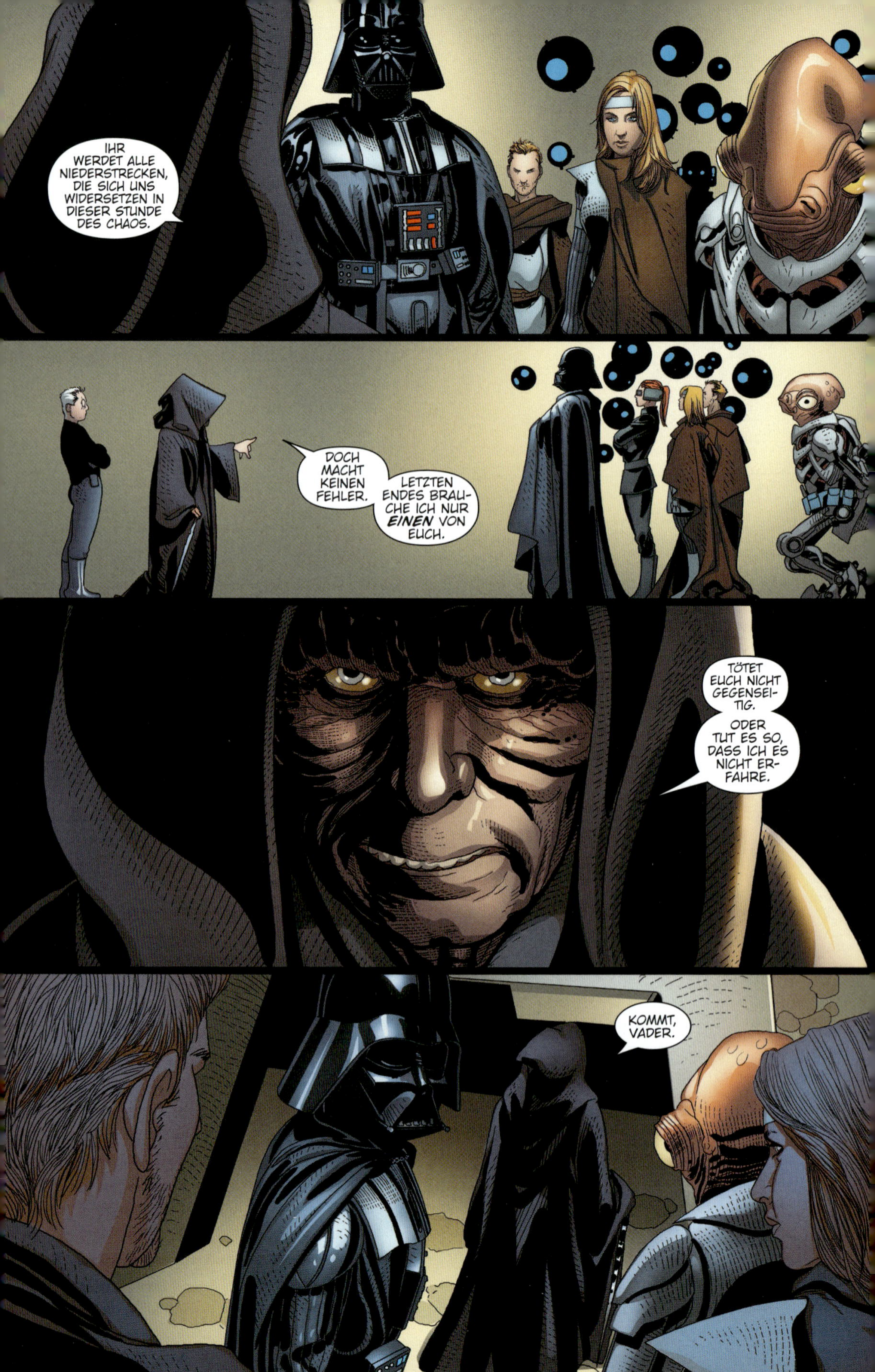
IHR WERDET ALLE NIEDERSTRECKEN, DIE SICH UNS WIDERSETZEN IN DIESER STUNDE DES CHAOS.
DOCH MACHT KEINEN FEHLER.
LETZTEN ENDES BRAUCHE ICH NUR *EINEN* VON EUCH.
TÖTET EUCH NICHT GEGENSEITIG.
ODER TUT ES SO, DASS ICH ES NICHT ERFAHRE.
KOMMT, VADER.

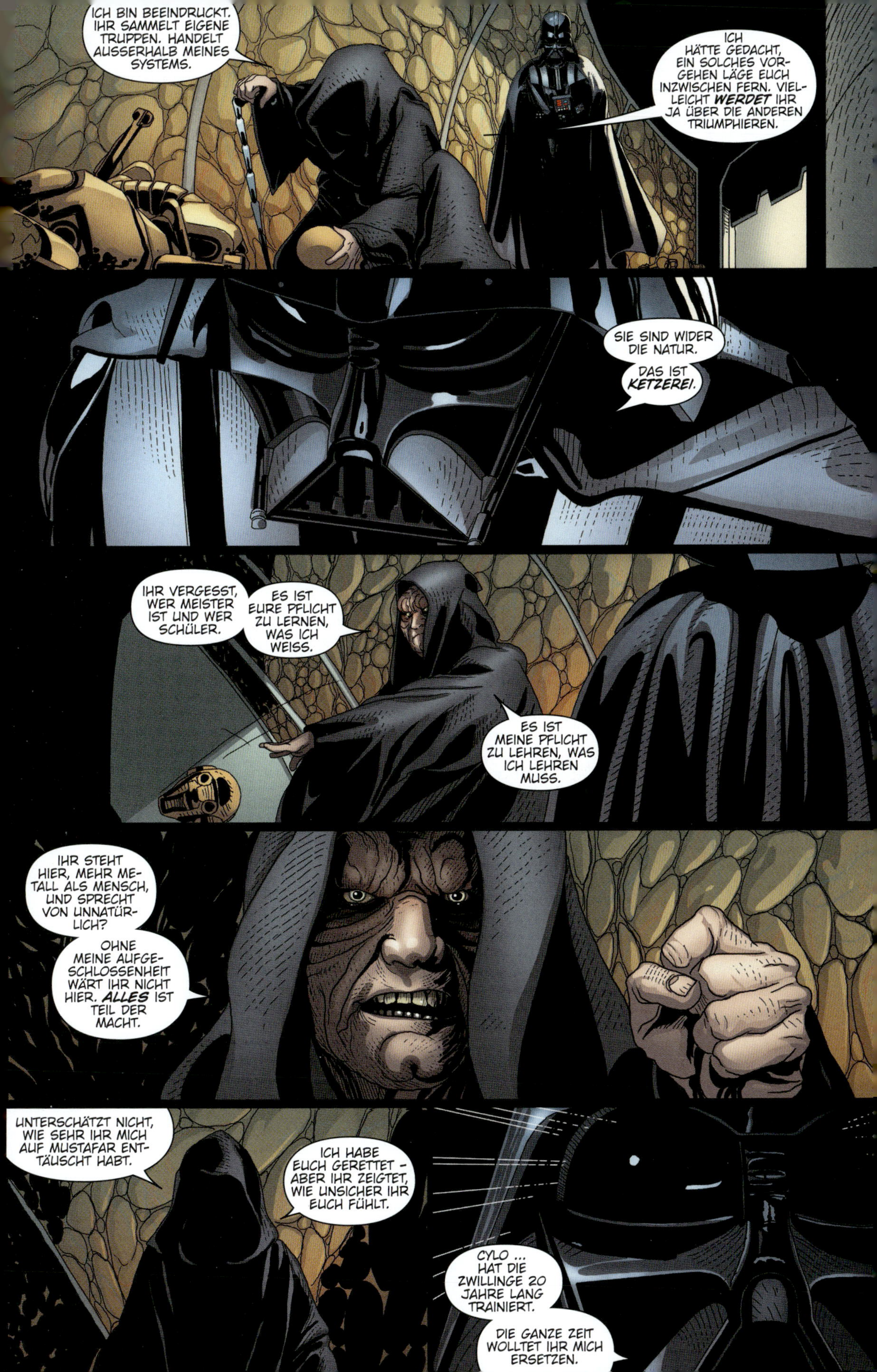
ICH BIN BEEINDRUCKT. IHR SAMMELT EIGENE TRUPPEN. HANDELT AUSSERHALB MEINES SYSTEMS.
ICH HÄTTE GEDACHT, EIN SOLCHES VORGEHEN LÄGE EUCH INZWISCHEN FERN. VIELLEICHT WERDET IHR JA ÜBER DIE ANDEREN TRIUMPHIEREN.
SIE SIND WIDER DIE NATUR.
DAS IST KETZEREI.
IHR VERGESST, WER MEISTER IST UND WER SCHÜLER.
ES IST EURE PFLICHT ZU LERNEN, WAS ICH WEISS.
ES IST MEINE PFLICHT ZU LEHREN, WAS ICH LEHREN MUSS.
IHR STEHT HIER, MEHR METALL ALS MENSCH, UND SPRECHT VON UNNATÜRLICH?
OHNE MEINE AUFGESCHLOSSENHEIT WÄRT IHR NICHT HIER. ALLES IST TEIL DER MACHT.
UNTERSCHÄTZT NICHT, WIE SEHR IHR MICH AUF MUSTAFAR ENTTÄUSCHT HABT.
ICH HABE EUCH GERETTET – ABER IHR ZEIGTET, WIE UNSICHER IHR EUCH FÜHLT.
CYLO ... HAT DIE ZWILLINGE 20 JAHRE LANG TRAINIERT.
DIE GANZE ZEIT WOLLTET IHR MICH ERSETZEN.

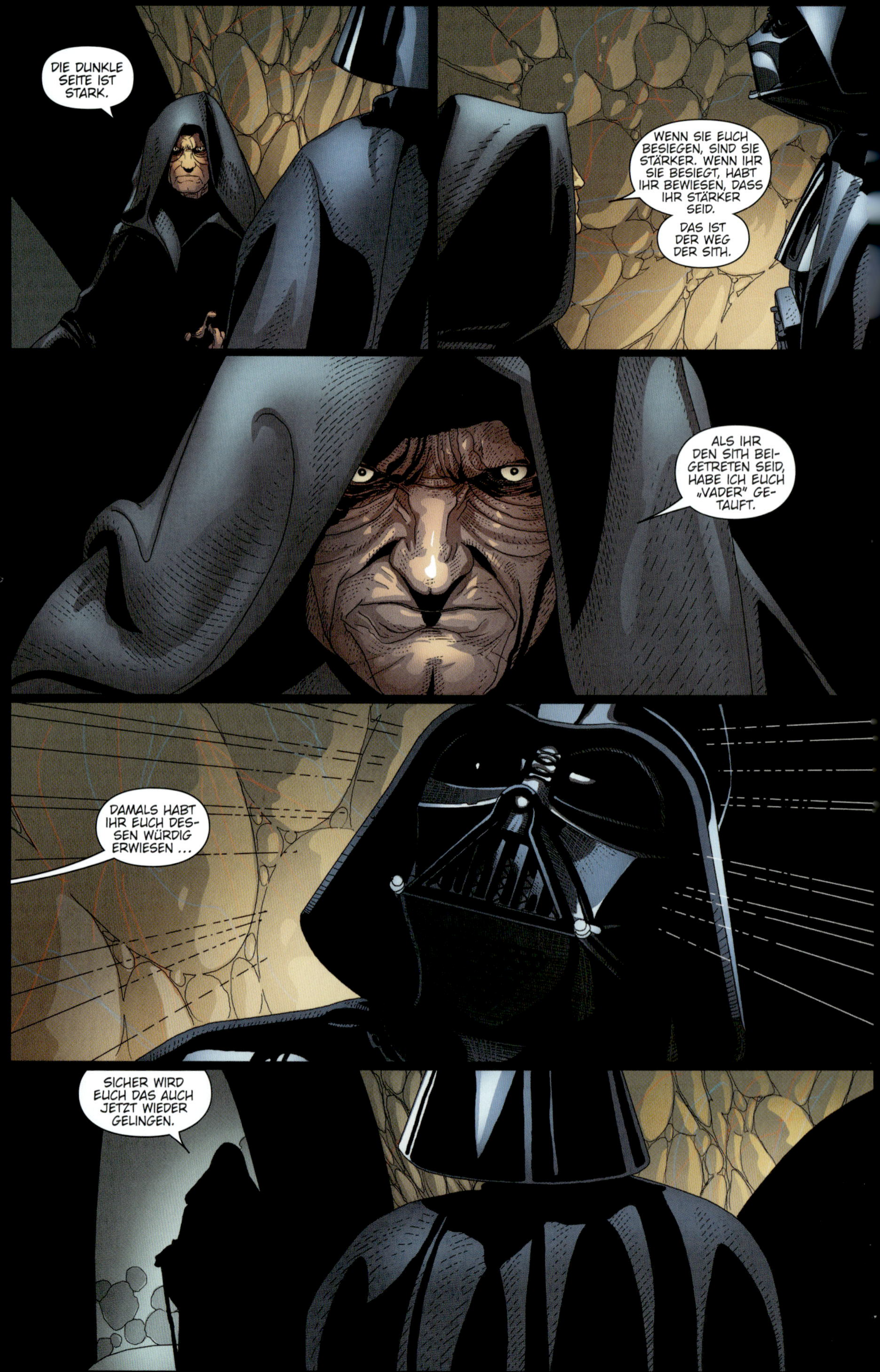
DIE DUNKLE SEITE IST STARK.
WENN SIE EUCH BESIEGEN, SIND SIE STÄRKER. WENN IHR SIE BESIEGT, HABT IHR BEWIESEN, DASS IHR STÄRKER SEID.
DAS IST DER WEG DER SITH.
ALS IHR DEN SITH BEIGETRETEN SEID, HABE ICH EUCH „VADER" GETAUFT.
DAMALS HABT IHR EUCH DESSEN WÜRDIG ERWIESEN ...
SICHER WIRD EUCH DAS AUCH JETZT WIEDER GELINGEN.

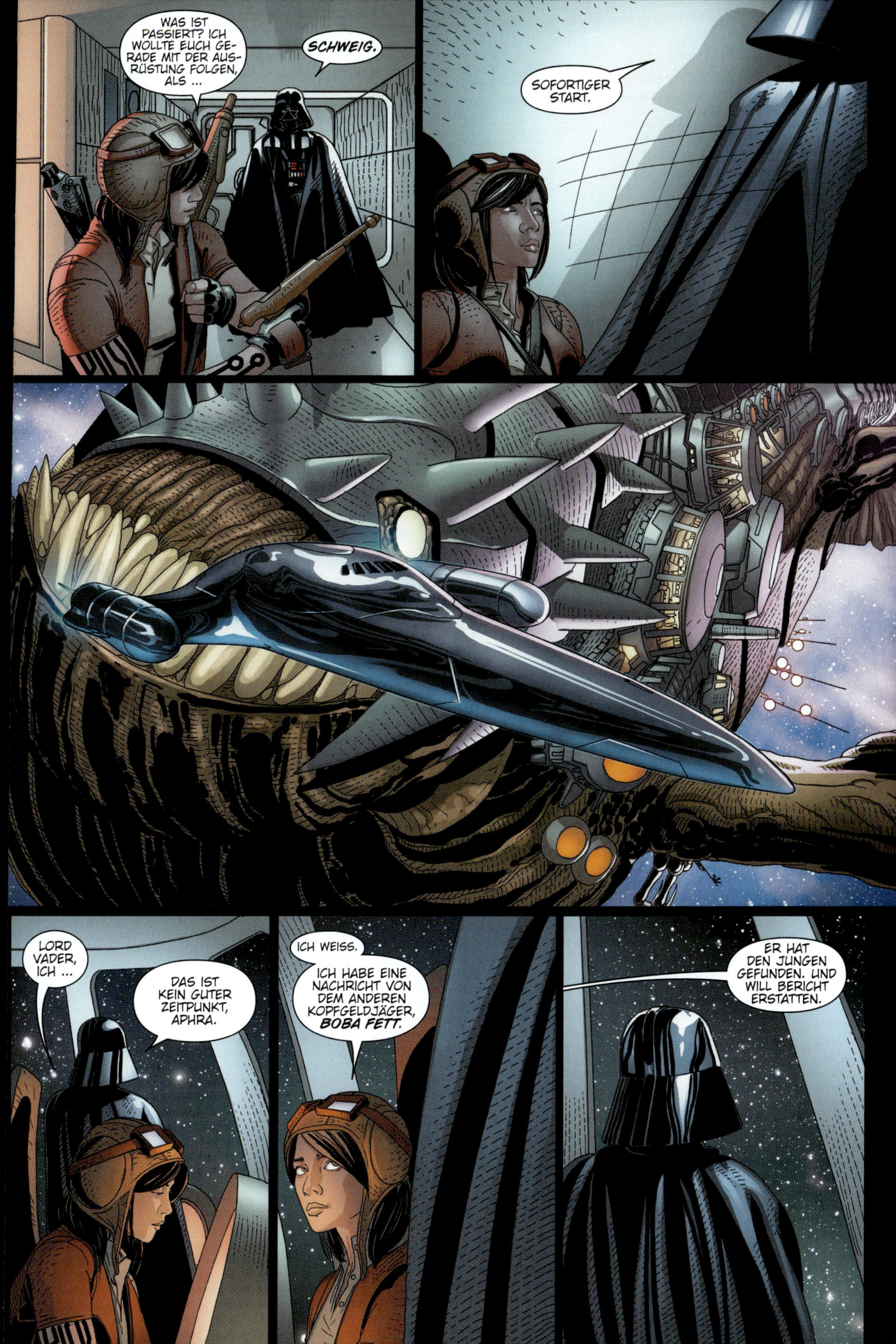
WAS IST PASSIERT? ICH WOLLTE EUCH GERADE MIT DER AUSRÜSTUNG FOLGEN, ALS ...
SCHWEIG.
SOFORTIGER START.
LORD VADER, ICH ...
DAS IST KEIN GUTER ZEITPUNKT, APHRA.
ICH WEISS.
ICH HABE EINE NACHRICHT VON DEM ANDEREN KOPFGELDJÄGER, BOBA FETT.
ER HAT DEN JUNGEN GEFUNDEN. UND WILL BERICHT ERSTATTEN.

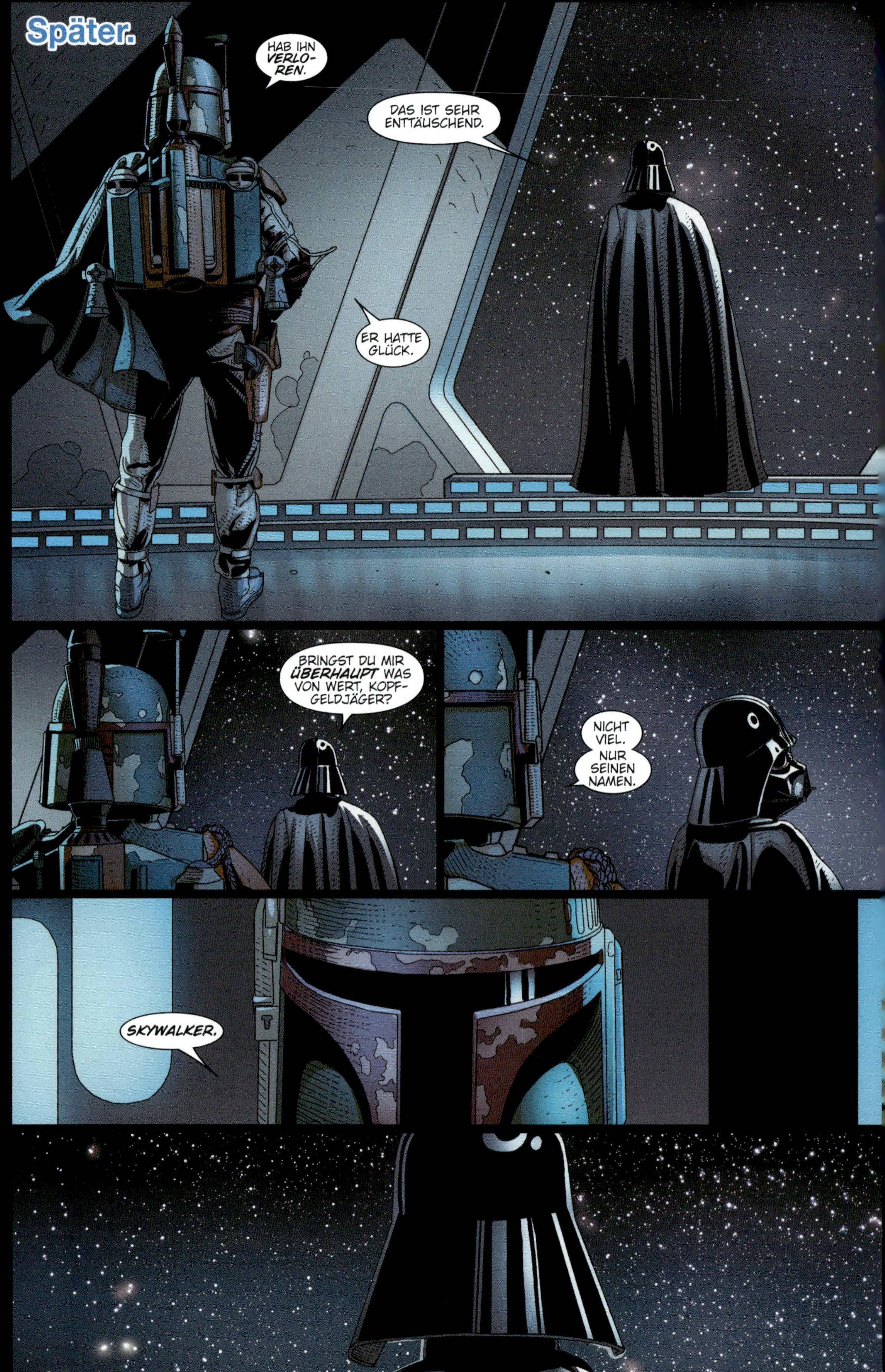
Später.
HAB IHN VERLOREN.
DAS IST SEHR ENTTÄUSCHEND.
ER HATTE GLÜCK.
BRINGST DU MIR ÜBERHAUPT WAS VON WERT, KOPFGELDJÄGER?
NICHT VIEL.
NUR SEINEN NAMEN.
SKYWALKER.

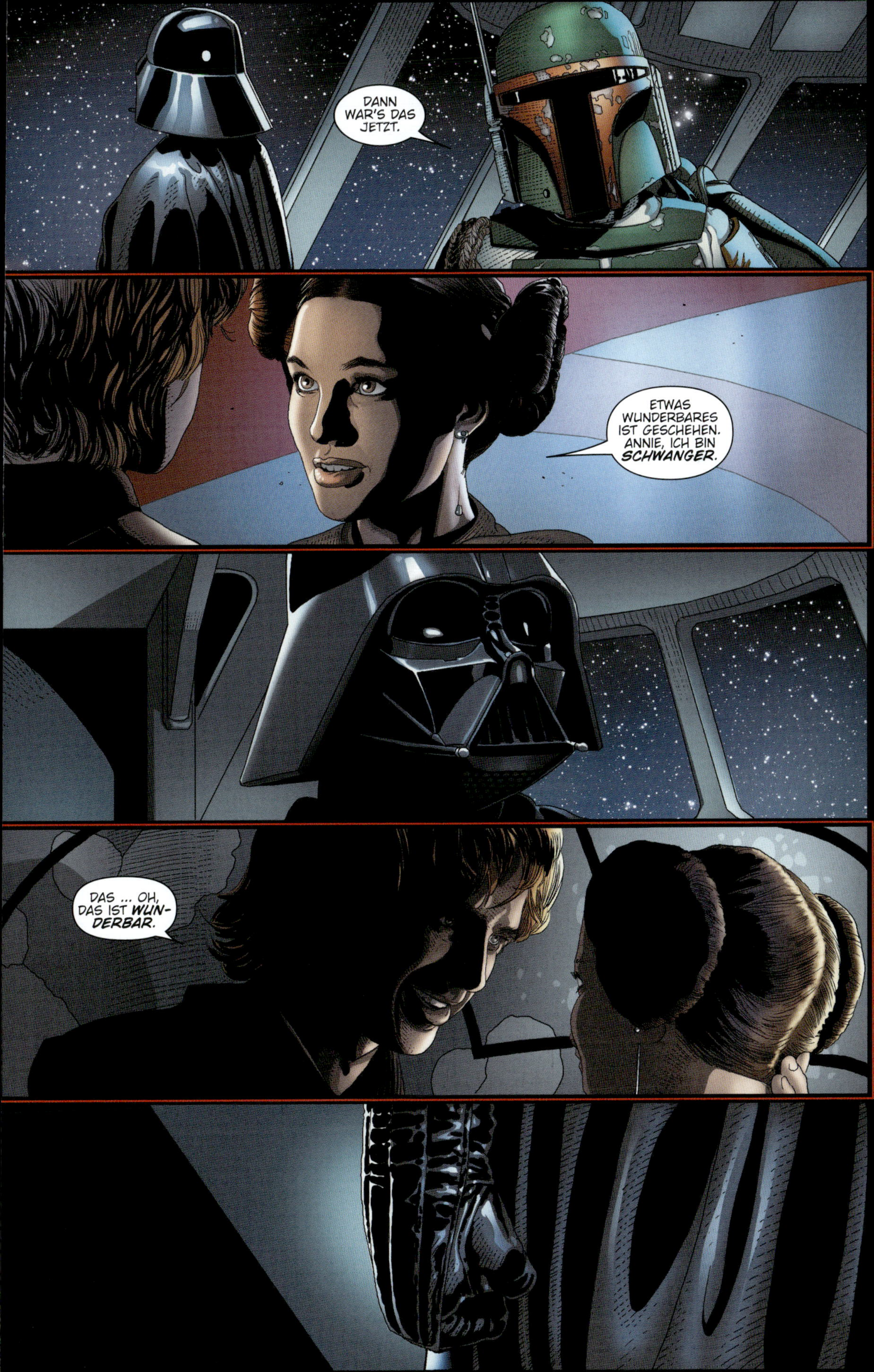
DANN WAR'S DAS JETZT.
ETWAS WUNDERBARES IST GESCHEHEN. ANNIE, ICH BIN **SCHWANGER**.
DAS ... OH, DAS IST **WUNDERBAR**.

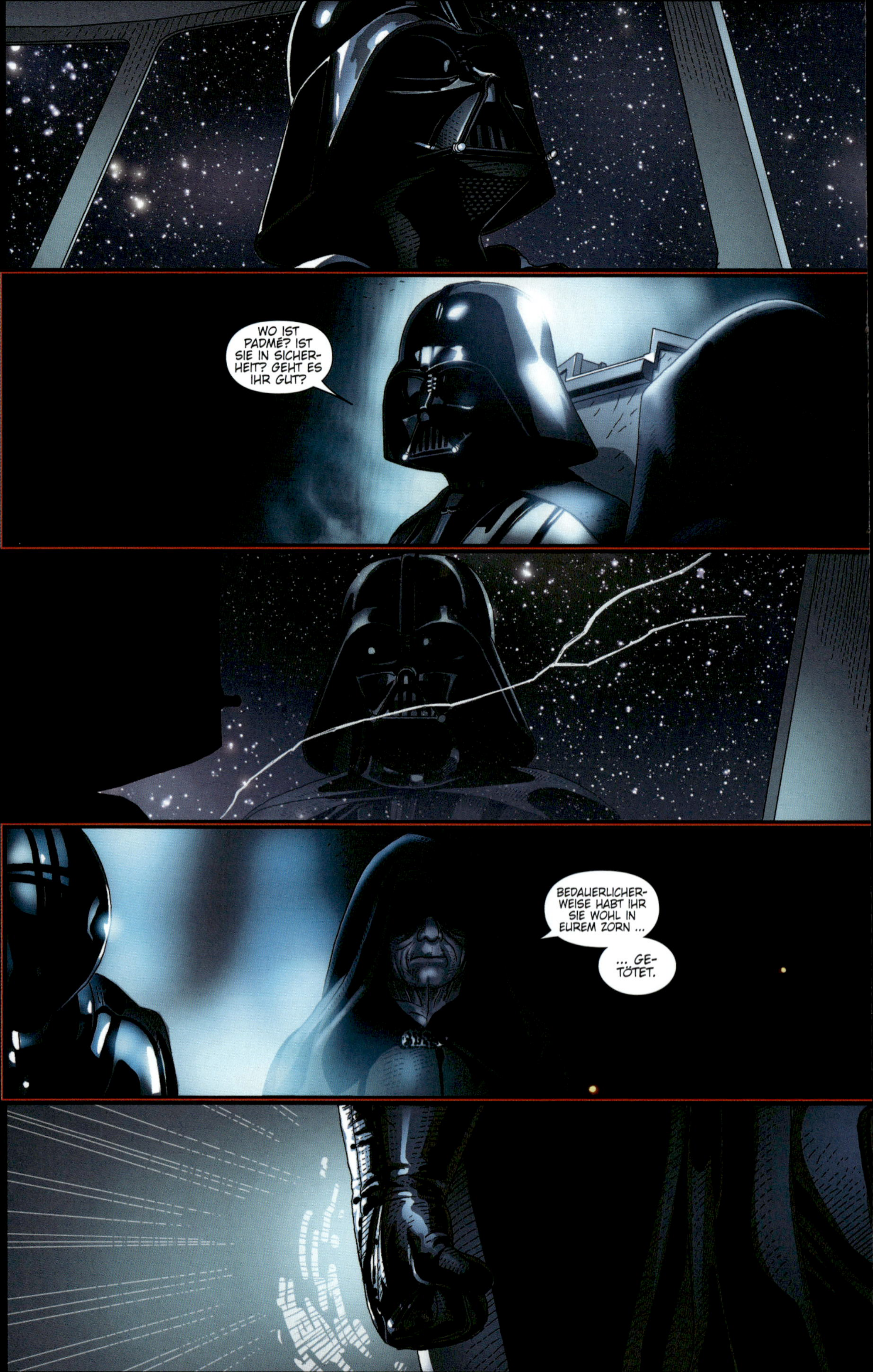
WO IST PADMÉ? IST SIE IN SICHERHEIT? GEHT ES IHR GUT?
BEDAUERLICHERWEISE HABT IHR SIE WOHL IN EUREM ZORN ...
... GETÖTET.

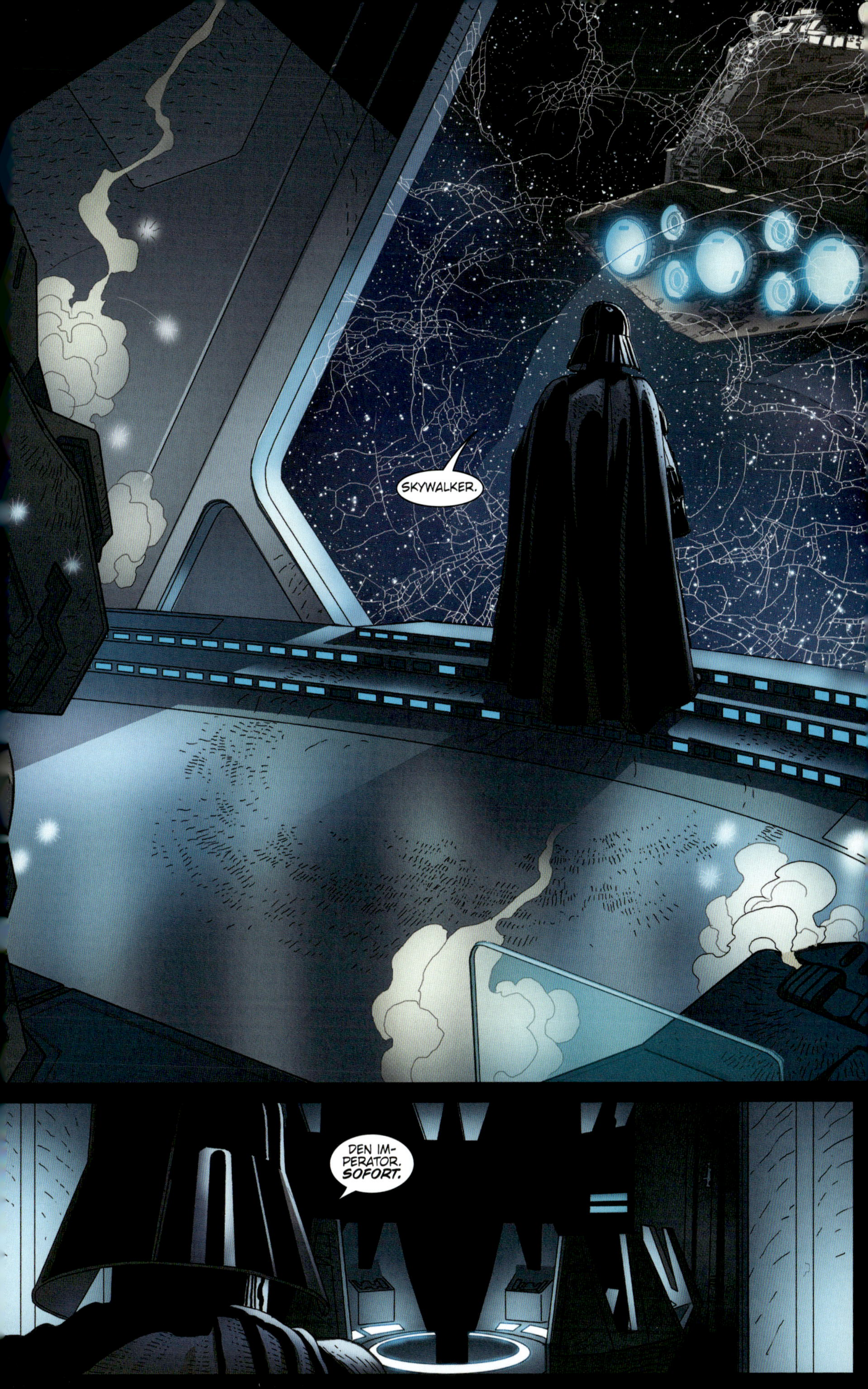
SKYWALKER.
DEN IMPERATOR. SOFORT.

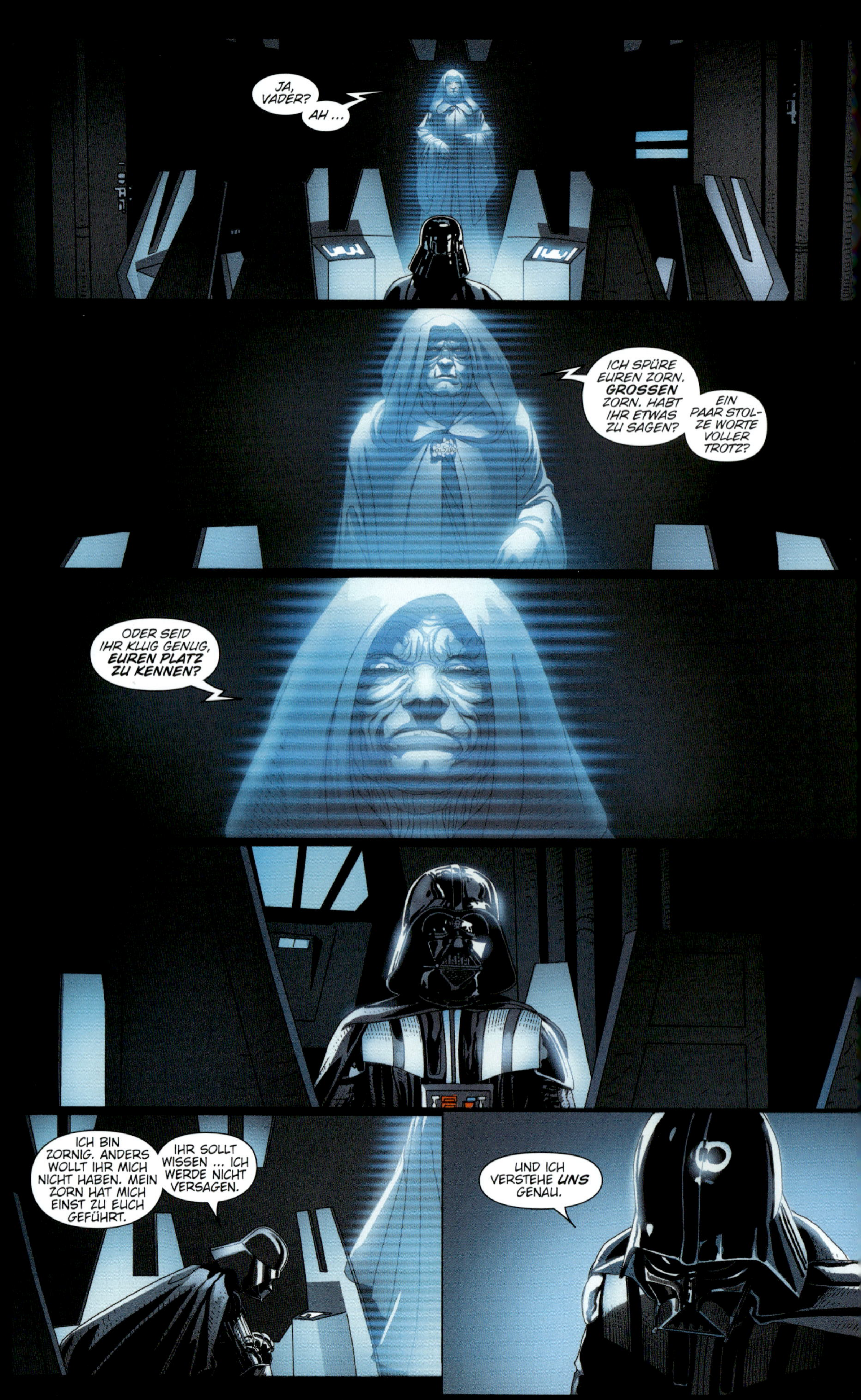

JA, VADER?
AH ...
ICH SPÜRE EUREN ZORN. **GROSSEN** ZORN. HABT IHR ETWAS ZU SAGEN?
EIN PAAR STOLZE WORTE VOLLER TROTZ?
ODER SEID IHR KLUG GENUG, **EUREN PLATZ ZU KENNEN?**
ICH BIN ZORNIG. ANDERS WOLLT IHR MICH NICHT HABEN. MEIN ZORN HAT MICH EINST ZU EUCH GEFÜHRT.
IHR SOLLT WISSEN ... ICH WERDE NICHT VERSAGEN.
UND ICH VERSTEHE ***UNS*** GENAU.

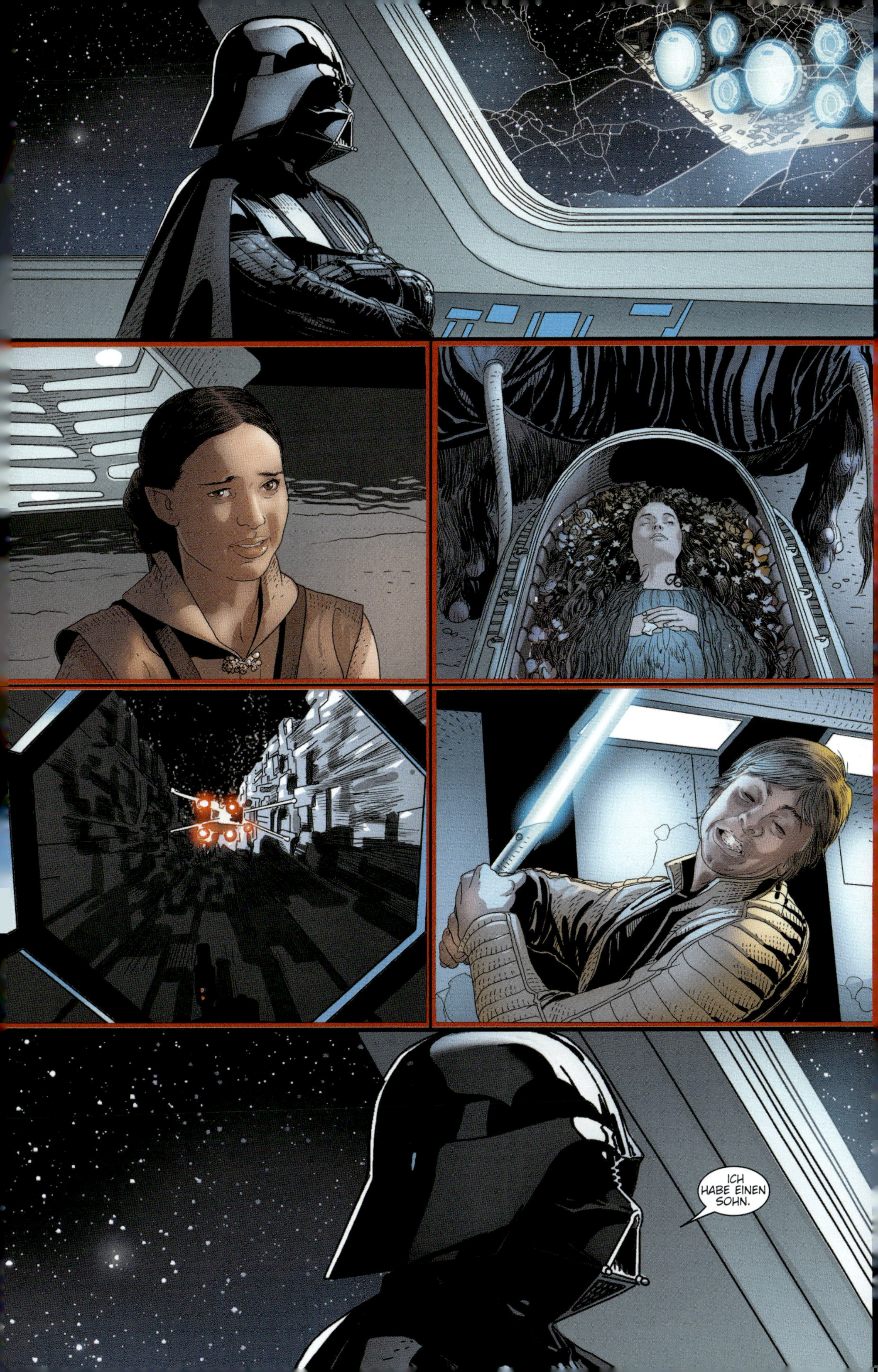
ICH HABE EINEN SOHN.

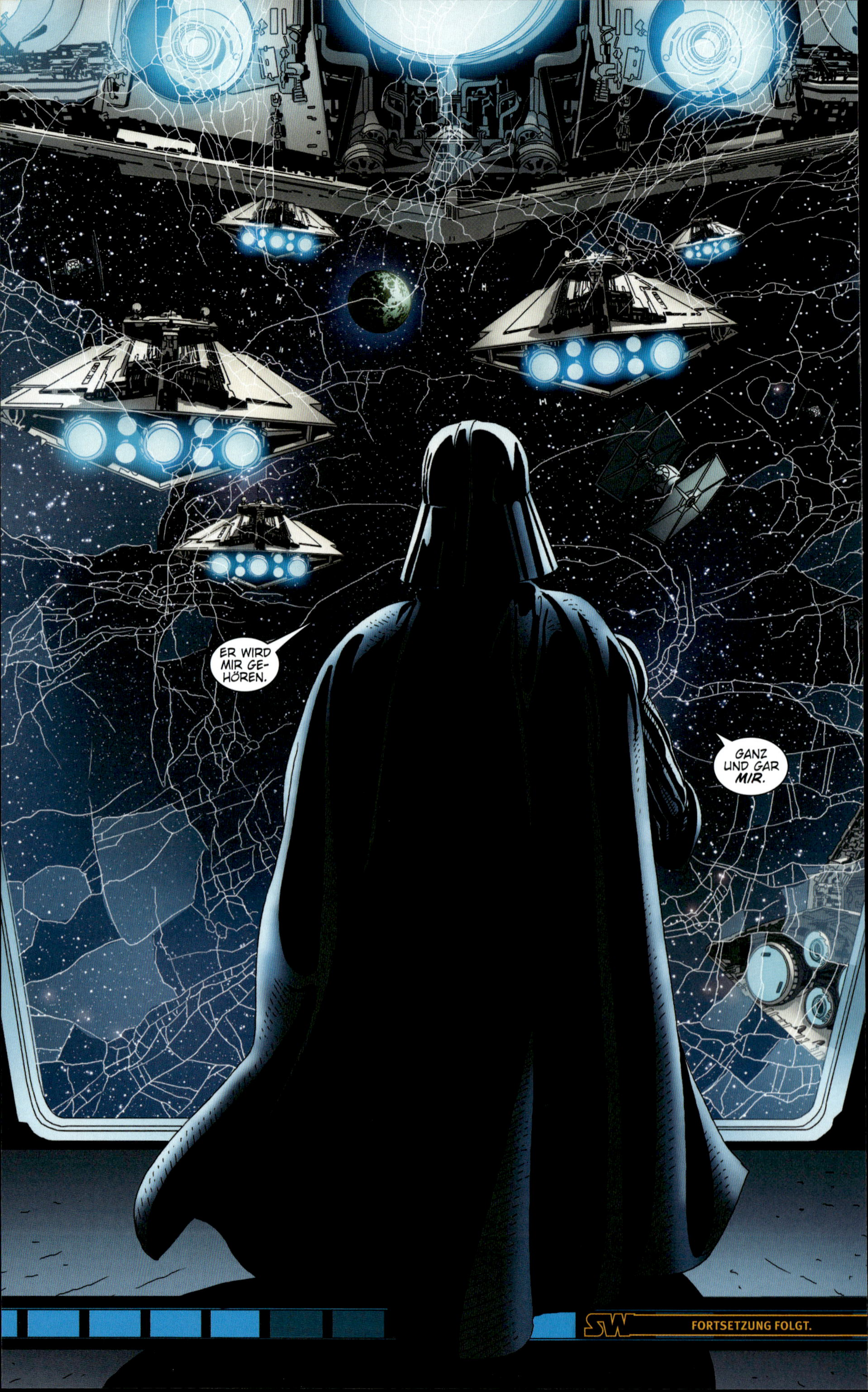
ER WIRD MIR GE-HÖREN.
GANZ UND GAR *MIR*.
SW
FORTSETZUNG FOLGT.

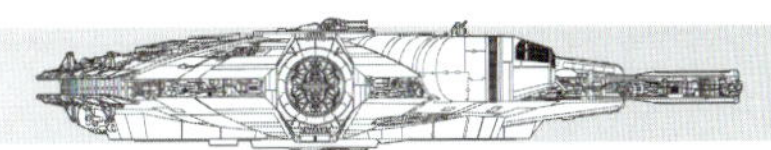

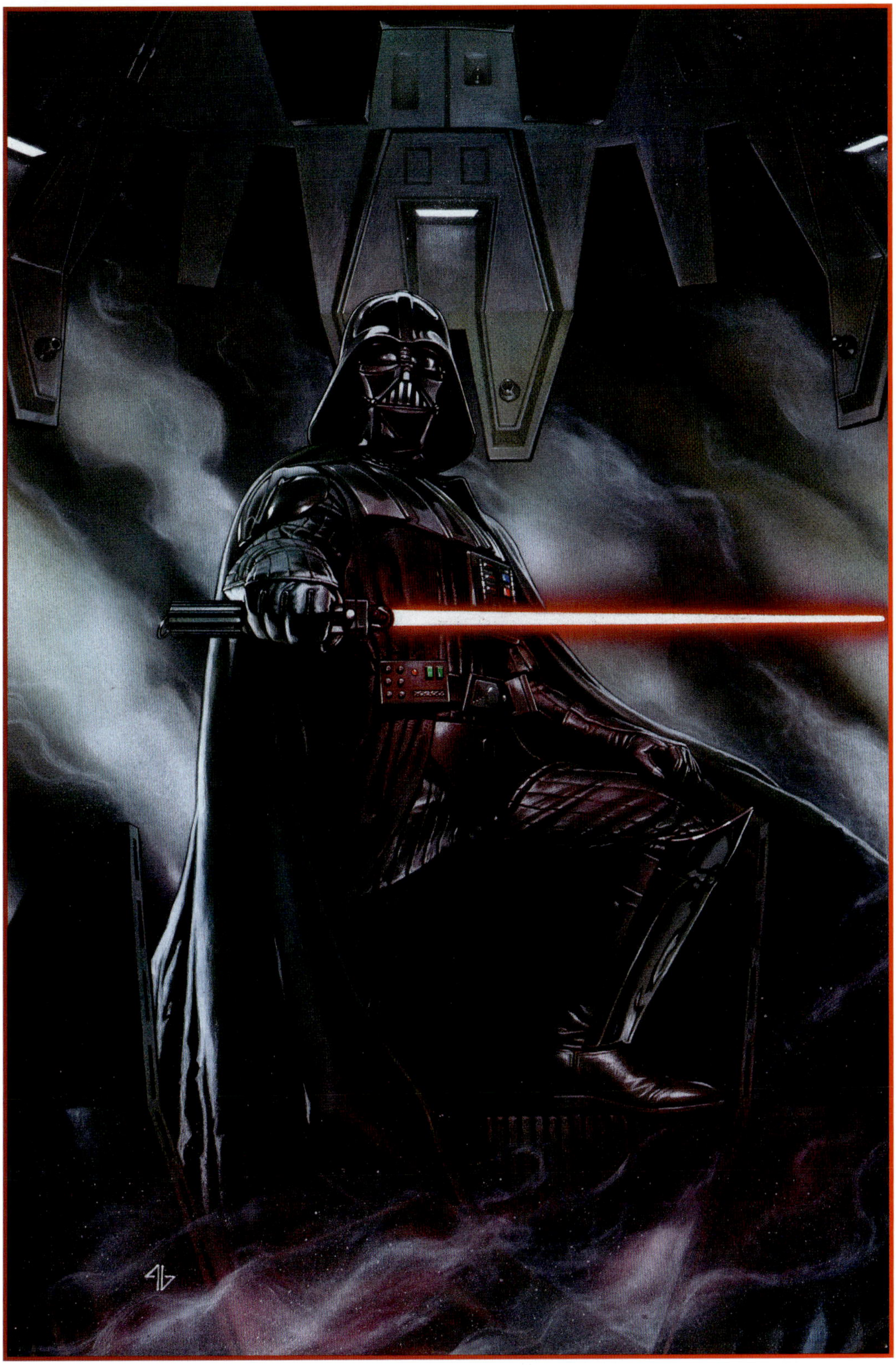

Cover von **Adi Granov** für *Star Wars: Darth Vader* #1

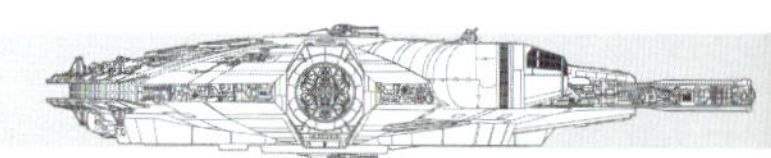

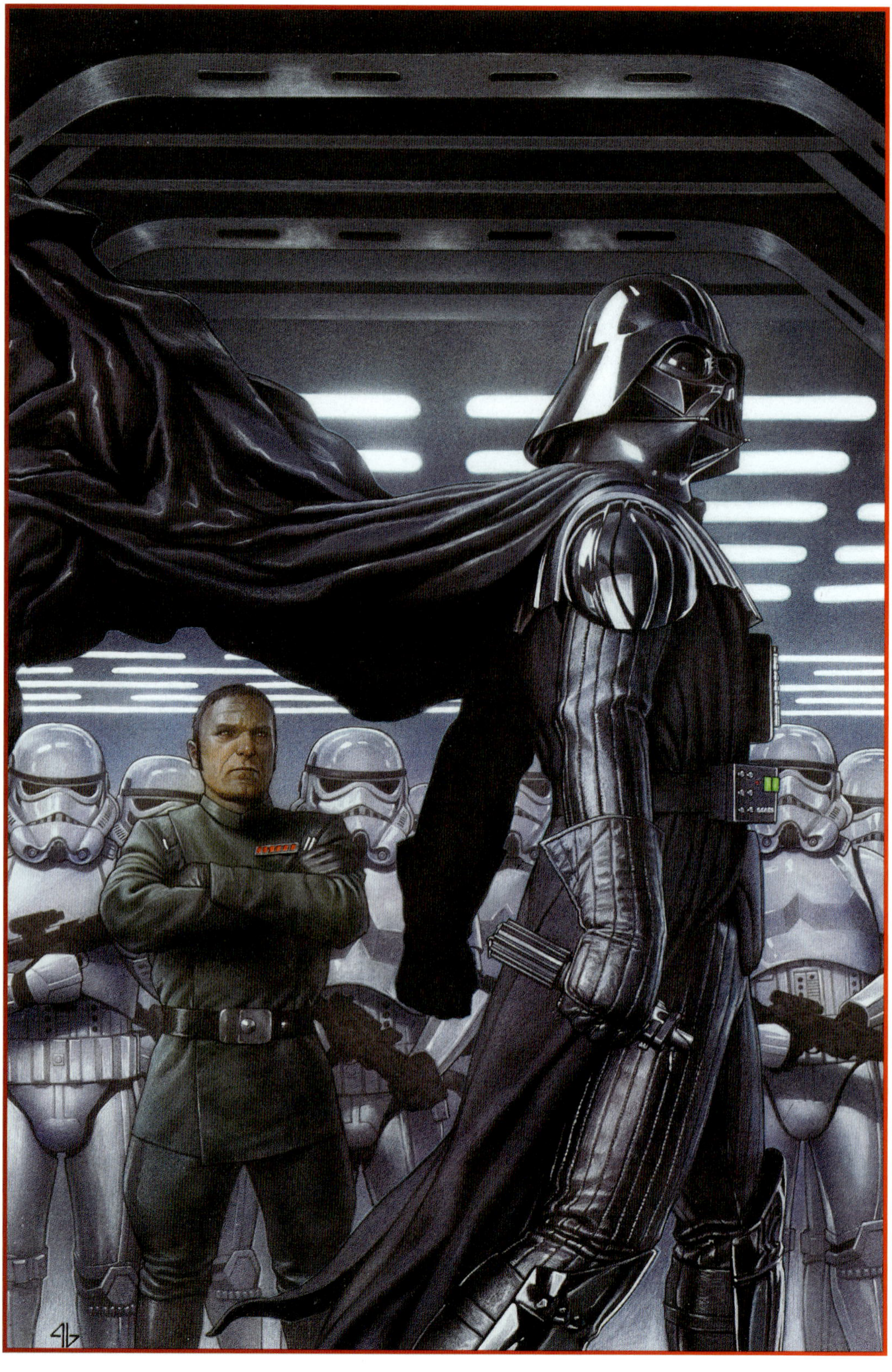

Cover von **Adi Granov** für *Star Wars: Darth Vader* #2

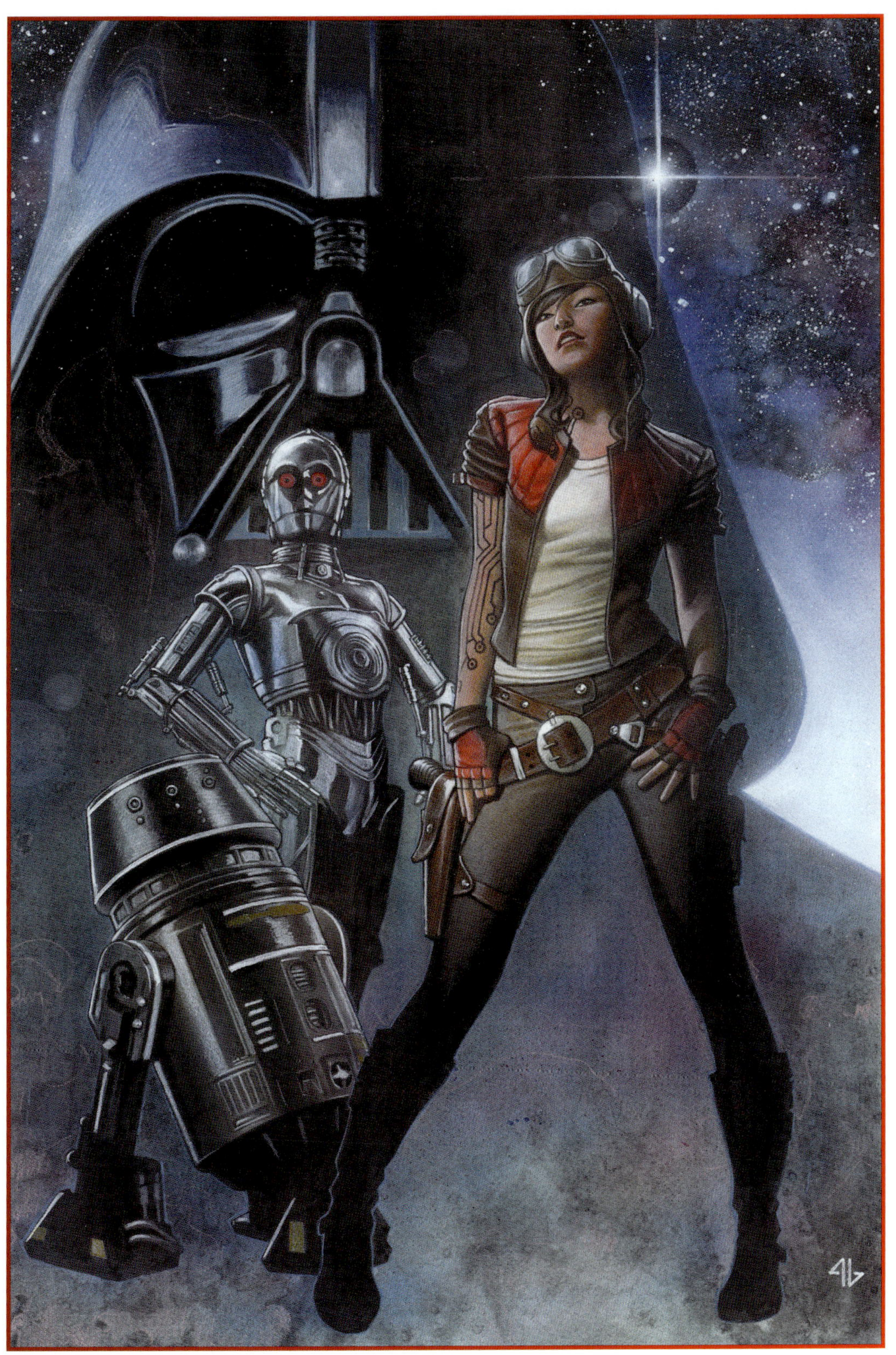

Cover von **Adi Granov** für *Star Wars: Darth Vader* #3

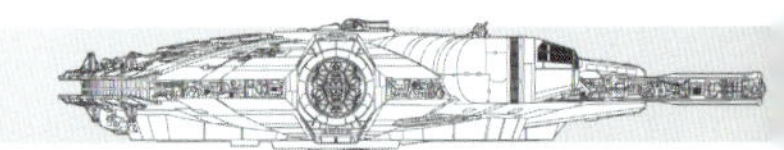

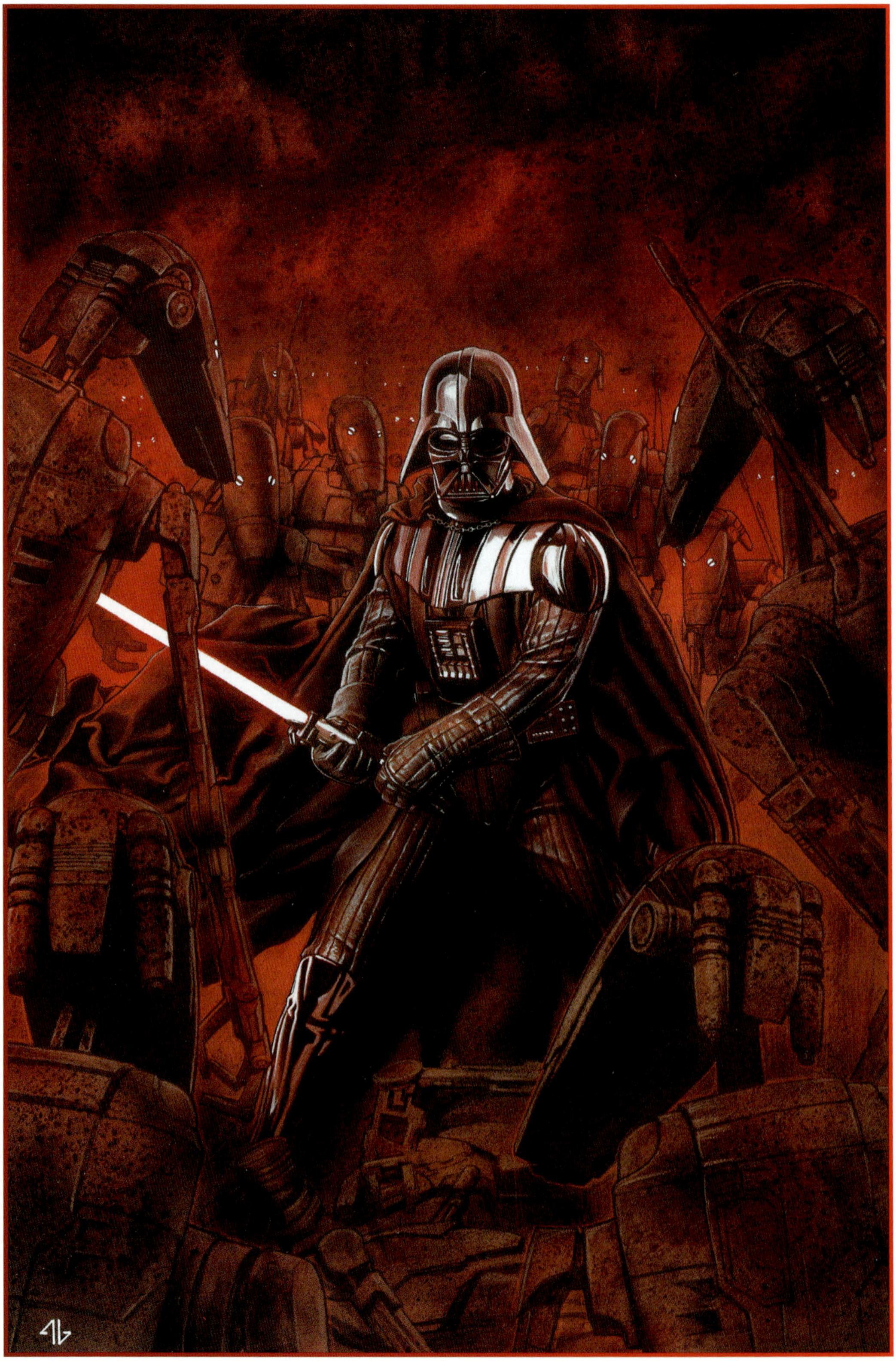

Cover von **Adi Granov** für *Star Wars: Darth Vader* #4

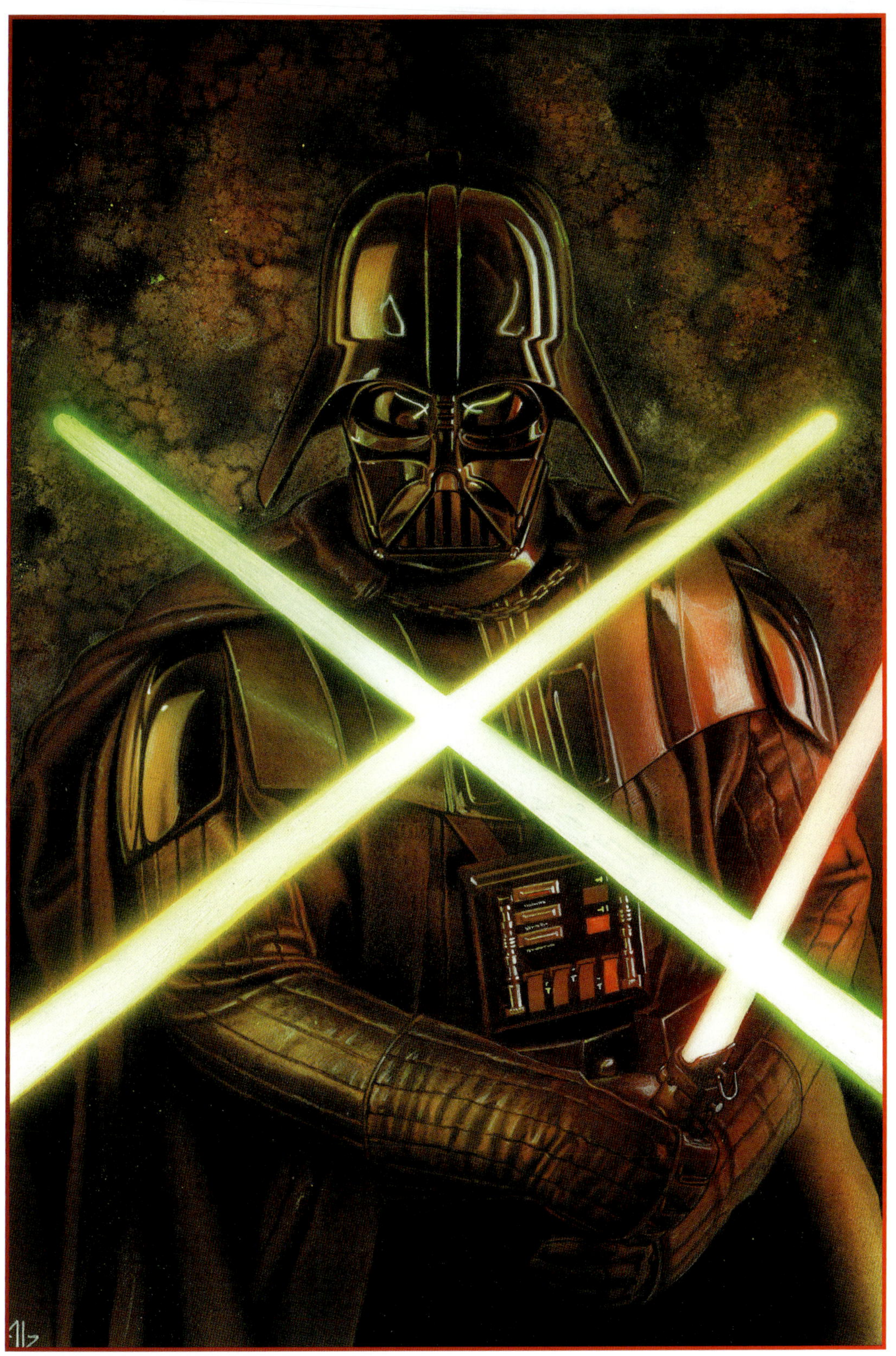

Cover von **Adi Granov** für *Star Wars: Darth Vader* #5

ÜBERSICHT

BEREITS ERSCHIENEN:

1. SKYWALKER SCHLÄGT ZU!
2. DAS ERWACHEN DER MACHT
3. DARTH VADER

IN KÜRZE ERHÄLTLICH:

4. PRINZESSIN LEIA
5. SHOWDOWN AUF DEM SCHMUGGLERMOND
6. DARTH VADER – SCHATTEN UND GEHEIMNISSE
7. KANAN – DER LETZTE PADAWAN

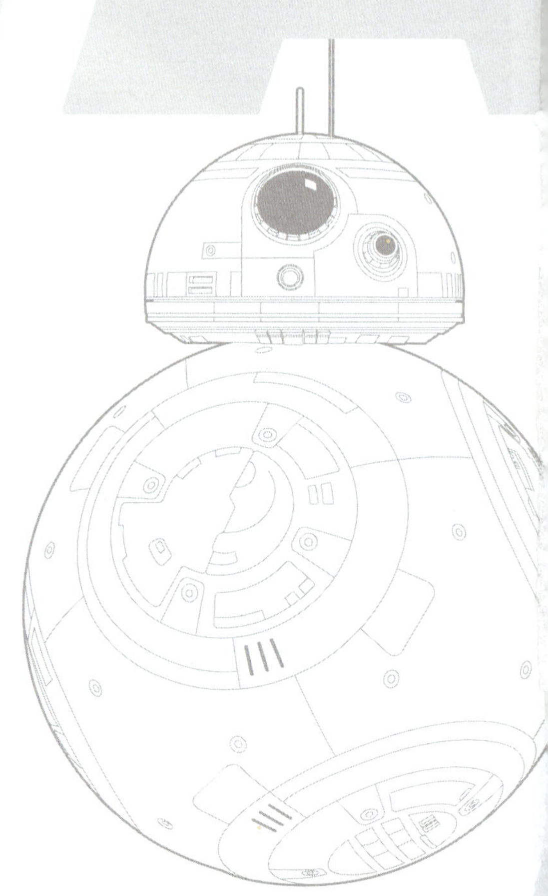